不可不学的
经济学
32定律

陈立之◎著

立信会计出版社
LIXIN ACCOUNTING PUBLISHING HOUSE

图书在版编目（CIP）数据

　　不可不学的经济学32定律/陈立之著.--上海：
立信会计出版社，2016.1
　　（去梯言）
　　ISBN 978-7-5429-4806-9

　　Ⅰ.①不… Ⅱ.①陈… Ⅲ.①经济学－通俗读物
Ⅳ.①FO-49

　　中国版本图书馆CIP数据核字(2015)第244113号

策划编辑　　蔡伟莉
责任编辑　　蔡伟莉
封面设计　　久品轩

不可不学的经济学32定律

出版发行	立信会计出版社			
地　　址	上海市中山西路2230号		邮政编码	200235
电　　话	（021）64411389		传　　真	（021）64411325
网　　址	www.lixinaph.com		电子邮箱	lxaph@sh163.net
网上书店	www.shlx.net		电　　话	（021）64411071
经　　销	各地新华书店			

印　　刷	北京柯蓝博泰印务有限公司			
开　　本	720毫米×1000毫米	1/16		
印　　张	18		插　页	1
字　　数	284千字			
版　　次	2016年1月第1版			
印　　次	2018年1月第6次			
书　　号	ISBN 978-7-5429-4806-9/F			
定　　价	36.00元			

如有印订差错，请与本社联系调换

人生处处是经济，生活时时是经济，我们生活在一个经济的大世界里，我们每天的生活都与经济发生着密切的联系。不论你是身居要职的政府官员，还是拼搏职场的白领精英，或是居家度日的大众百姓，每天考虑最多的就是经济问题。

经济活动看似触手可及、平常不过，然而却又纷繁复杂、神秘莫测。在现实生活中，存在很多奇异的现象，让人感到匪夷所思、困惑不解。

为什么富人越富，穷人越穷？为什么偏处世界一隅的华尔街的震荡能够引发全球性的金融风暴？为什么百年企业在一夜之间突然倒下？为什么天价商品不乏市场？为什么"美女效应"屡试不爽？为什么良币反被劣币驱逐？为什么天天吃着山珍海味也吃不出当年饺子的味道？为什么你的付出总是与回报不相符？为什么被重用的不是你而是他人？

其实，这些奇妙的经济现象背后，都有一只"无形的手"在操纵和掌控，这只"无形的手"就是制约和影响经济形势、大众生活的经济学定律。那些表面看似不合常理、背离生活逻辑的经济现象，都可以运用经济学定律来解释说明。

经济学定律是隐藏于经济活动和经济现象中的、经由经济学家探索思考后加以提炼和总结而成的，是经过千锤百炼、被实践反复验证的金科玉律，也是我们必须掌握的生存利器和成功法则。它们像一扇扇人类智慧的窗户，帮助我们看清复杂的经济世界背后的真相，更深刻地认识人性和社会的本质；它们是人生道路上的一盏盏明灯，指引我们在困境中顺利前进，避免不必要的挫折和走不必要的弯路。

著名经济学家萨缪尔森说得好："学习经济学并非要让你变成一个天才，但是不学经济学，命运很可能会与你格格不入。"无论是国际社会动向、政府决策，还是日常生活中的柴米油盐、衣食住行，我们都可以从经济学定律中获得有益的启示和帮助。对于每个人而言，精于算计是必奉的行为标准；对于市场而言，供需是市场经济的永恒主题，买卖中蕴含无限的玄机。在宏观经济的大势中，我们必须学会如何读懂经济学定律，从而作出合理决策；用经济学的眼光为人处世，趋利避害，创造和谐有利的人生环境。

本书从经营管理、市场营销、购物消费、职场工作、爱情婚姻、人际交往等方面，为你解密马太效应、多米诺骨牌效应、蝴蝶效应、二八法则等与我们生活百态息息相关的32个经典经济学定律。全书以通俗简明的语言，结合典型生动的案例，将深奥的经济学定律娓娓道来，让你在趣味横生的讲述中读懂经济学定律的内涵，掌握经济学定律的原理，树立经济学的思维，用经济学的眼光观察周围的世界，透过错综复杂的经济表象直击其发展的根源，实现自我思维和能力的提升。

经济学定律为我们提供了一种认识世界的平台、分析世界的方式和改造世界的工具，为我们开启财富人生、打开幸福之门提供了一把功能强大的钥匙。掌握经济学定律，洞察经济天机，规避金融风险，经营财富，打理生活，理性取舍，以最小的成本获得最大的收益，做个智慧、快乐、富有的时代经济人！

目录

contents

1 马太效应：
不仅要富，而且要越来越富

一个国王远行前，交给三个仆人每人一锭银子，吩咐他们："你们去做生意，等我回来时，再来见我。"国王回来时，第一个仆人说："主人，你交给我的一锭银子，我已赚了十锭。"于是国王奖励他十座城邑。第二个仆人报告说："主人，你给我的一锭银子，我已赚了五锭。"于是国王奖励了他五座城邑。第三个仆人报告说："主人，你给我的一锭银子，我一直包在手巾里存着，我怕丢失，一直没有拿出来。"于是国王命令将第三个仆人的一锭银子也赏给第一个仆人，并且说："凡是少的，就连他所有的也要夺过来。凡是多的，还要给他，叫他多多益善。"

这个出自《圣经》的寓言，1969年被美国学者罗伯特·莫顿归纳为马太效应。马太效应揭示了好的越好、坏的越坏，多的越多、少的越少的一种现象。用之于经济学领域，则是赢家通吃，富的更富，穷的更穷。

为什么穷人更穷，富人更富

马太效应在各行各业中都有着重要的作用，无论你处于什么阶层，如果你想成为强者，通过努力取得成功，那么你就将是马太效应的受益者。如果你没有努力，可能你就是马太效应的受害者。

在美国乡村住着一个老头，和他住在一起的是相依为命的儿子。

有一天，他的老同学基辛格路过此地，前来拜访他。基辛格看到朋友的儿子已经长大成人，于是就对他说："亲爱的朋友，我想把你的儿子带到城里去工作。"

没想到这位农民朋友连连摇头："不行，绝对不行!"

基辛格笑了笑说："如果我在城里给你的儿子找个对象，可以吗?"

他的朋友还是摇头："不行!我从来不干涉我儿子的事。"

基辛格又说："可这姑娘是罗斯切尔德伯爵的女儿（罗斯切尔德是欧洲最有名望的银行家）。"

老农说："嗯，如果是这样的话……"

基辛格找到罗斯切尔德伯爵说："尊敬的伯爵先生，我为你女儿找了一个万里挑一的好丈夫。"

罗斯切尔德伯爵忙婉拒道："可我女儿太年轻。"

基辛格说："可这位年轻小伙子是世界银行的副总裁。"

"嗯，如果是这样的话……"

又过了几天，基辛格又找到了世界银行总裁对他说："尊敬的总裁先生，你应该马上任命一个副总裁!"

总裁先生摇着头说："不可能，这里这么多副总裁，我为什么还要任命一个副总裁呢，而且必须马上?"

这个人说："如果你任命的这个副总裁是罗斯切尔德伯爵的女婿，可以吗?"

总裁先生当然同意："嗯……如果是这样的话，我绝对欢迎。"

基辛格之所以能够让农夫的穷儿子摇身一变，成了金融寡头的乘龙快婿和世界银行的副总裁，根本的原因就在于他充分利用人们的一种心理：宁可锦上添花，也不雪中送炭。这是中国的传统说法，对这种现象，西方经济学家有另外一种更为哲理化的定义：马太效应。

弱肉强食、优胜劣汰是市场经济中的自然法则，贫困的一个重要根源就是穷人自身素质的相对低下，包括文化素养、努力程度，等等。而自身的贫困反过来又让穷人缺少提高自身素质的能力，这其中的潜在逻辑就是穷人因为穷所以穷，陷入了贫困的恶性循环。

另外，由于穷人自身的背景，人生起点低，在市场竞争中也不能拥有公平竞争的权利，处于弱势群体。于是，《圣经·马太福音》中发出了这样一句感叹："凡是少的，就连他所有的也要夺过来。凡是多的还要给他。"

经济学的灵魂是自由和公平，这也是市场经济蓬勃发展的内在动力。因此，只有去洞察穷人经济学的本质，还穷人以"起点公平"，才是经济学家履行社会职责的方向。正如1998年诺贝尔经济学奖获得者、有"经济学良心"之美誉的印度发展经济学家阿马蒂亚·森在《作为能力剥夺的贫困》开篇说的那样，"贫困必须被视为是一种对基本能力的剥夺，而不仅仅是收入低下。"他的这一思想已经被联合国机构接受并发展为人类贫困指数概念。所以，"劫富济贫"的政策建议是对本不平等的穷人权利的再剥夺，这不仅有违人道主义的经济学良心，也偏离了自由平等的经济学主旨。

就市场经济而言，富人对经济资源配置的控制力是造成贫困现象的重要来源。就像阿马蒂亚·森在《贫困与饥荒——论权力与剥夺》中所言："繁荣过程自身就有可能成为饥荒的诱因。"

应该承认，领先者已经取得过一定的成功，并能够把成功的经验累积起来，形成优势。优势积累得越多，就会有越多的机会取得更大的成功和进步，这就是强者更强。对于弱者，如果想要超越强者，就必须要付出比强者以往多出几倍的努力，一旦弱者成功变成了强者，他也就拥有了和强者一样的优势。

了解马太效应，摆脱贫穷怪圈

任何个人、群体或地区，一旦在某一方面获得成功和进步，就会产生一种积累优势，就会有更多的机会取得更大的成功和进步。

马太效应反映了让富人更加富有，让穷人更加贫穷的一种社会现象。我们来看马太效应，会得到怎样的启示呢？

一方面，自身素质的高低和努力程度是导致穷人越穷、富人越富的最根本原因。

这个社会本来就是一个优胜劣汰的社会，如果自身不努力进取，很快就会坐吃山空，被残酷的社会竞争所淘汰。每个人生来都是平等的，即使有些人出身豪门，有些人出身卑微，也不能决定他全部的未来就一定尊贵或者卑贱。但这些人之所以会出现如此悬殊的高低贵贱，最根本的原因还是源于自身。外界因素只能起到一个辅助作用，而不是决定穷人越穷、富人越富的根源性因素。

穷人之所以会贫穷，一个最重要的自身原因就是不努力，包括知识水平、工作技能、思维意识等。而这些不努力又反过来影响他们的思维，让他们难以突破自己的贫穷思维，因而变得越来越穷。同样，富人之所以会越富，是因为他善于学习、积极进取，在工作技能和思维方式上比穷人要激进，而这些价值观又会反过来影响他们的行动，让他们更加注重自身能力的改进和提高，从而形成富人越来越富有的良性循环。

另一方面，外界的推波助澜也是导致穷人越穷、富人越富的一个重要的辅助原因。

撇开个人因素不谈，在我们周围，确实也存在着诸如社会歧视、收入分配不均、家庭地位悬殊、机遇巧合等外部因素，让一些人天生就享有优厚的待遇和取之不尽的财富，而让另外一些原本就一贫如洗的人更加穷困潦倒。这些外因虽然不是决定事物最终结果的最关键原因，但有时也会对事物发展变化起到重要的影响，甚至会在一定程度上对事物的发展变化起主导作用，从而加剧社会上的贫富分化。

认识了马太效应，就明白了造成贫富差距的经济成因。因此，我们就要对自身状况进行一个清晰的判断，明确自己的优势和不足，用后天的努力去弥补先天的劣势，尽快摆脱贫穷怪圈，走出穷人行列。

收益可以增值，财富可以叠加

收益是具有倍增效应的。你的收益越高，就会越有机会获得更高的收益。

假如你手里有一张足够大的白纸，请你把它折叠51次。想象一下，它会有多高？一米？两米？其实，这个厚度超过了地球和太阳之间的距离。财富与之类似，不用心去投资，它不过是将51张白纸简单叠在一起而已；但我们用心智去规划投资，它就像被不断折叠51次的那张白纸，越积越高，高到超乎我们的想象。

一位著名的成功学讲师应邀去某培训中心演讲，双方商定讲师的酬金是300美元。在那个时候，这笔数目并不算少。

这是一场规模盛大的演讲会，参加的人员很多。这位讲师的演讲非常成功，受到了大家的热烈欢迎。同时，他也因此结交了更多的成功学人士，感觉受益匪浅。

演讲结束后，他谢绝了培训中心给他的报酬，高兴地说："在这几天中，我的受益绝不是这几百美元所能买到的，我得到的东西，早已远远超出了报酬的价值。"

培训中心的领导很受感动，把这个讲师拒收酬金的事告诉了培训中心的所有学员。他说："这个讲师能够深深体会到他在其他方面的收获远远大于他的酬金，这说明了他对成功学的研究达到了很高水平。像他这样的讲师，才能称得上是真正意义上的成功学大师，因为他已经深刻领会了成功的要素和成功的意义。那么，他宣传的成功学一定很具实用性，也是可行的。阅读他所著的成功学书籍，一定会得到真实的成功启迪。"

于是，培训中心的学员们纷纷购买了讲师所著的成功学书籍和录像带等产品。

后来，培训中心又把这个讲师拒收酬金的事，写成激励短文挂在培训中心的阅览室里，参加培训的学员纷纷购买他的书籍和产品，使他的书籍再版了几次，总数超过了百万册。这样，仅在售书方面，讲师的收入就不是一个小数目了。

通过这个故事，我们不难发现，领悟了马太效应，对于我们获得更高的收益非常重要。

现实生活中，人人都希望自己富裕起来。那么，我们不能只看眼前的既得利益，应该把目光放得更远一些，看到马太效应的增值效果，让眼前的收益不断增值。这就好比前面所说的将一张纸折叠51次那样，通过不断累加，你的收益便会越来越多。

大胆投资，让钱生钱

钱是可以生钱的，你只有懂得了金钱的马太效应，大胆地使用你的金钱去投资，才能成为一个真正富有的人。

据《犹太人五千年智慧》记载：

在古代的巴比伦城里，有位名叫亚凯德的犹太人，他因为金钱太多，闻名遐迩。使他成为一位知名之士的另一原因，就是他慷慨好施。他对慈善捐款毫不吝啬，对家人宽大为怀，自己用钱也很大度，可是他每年的收入却大大超过支出。

有一些童年时代的老朋友常来看他，他们说："亚凯德，你比我们幸运多啦。我们大伙勉强糊口的时候，你已成为巴比伦的第一富翁，你能穿着最精致的服装，你能享用最珍贵的食物。如果我们能让家人穿着可以见人的衣服，吃着可口的食品，我们就心满意足了。

"然而，幼年时代的我们，大家都是平等的，我们都向同一老师求学，我们玩相同的游戏。那时无论在读书方面或在游戏方面，你都和我们一样，毫无才华出众之处。幼年时代过去以后，你还和我们一样，大家都是同等的诚实公民，然而现在，你成了亿万富翁，我们却不得不为了家人的温饱而终日四处奔走。

"根据我们的观察结果，你并不比我们辛苦，你做工的忠实程度也未超过我

们。那么，为什么多变的命运之神偏偏让你享尽一切荣华富贵，却不给我们丝毫的福气呢？"

亚凯德于是规劝他们道："童年以后，你们之所以没有得到优裕的生活，是因为要么你们没有学到发财原则，要么没有实行发财原则。你们忘记了：财富好像一棵大树，它是从一粒小小的种子发育而成的。金钱就是种子，你越勤奋栽培，它就长得越快。"

不流动的钱再多都是死钱，而且随着时间的流逝还会贬值。学会投资，让钱流动起来，才能让钱增值，为你带来更多的收入。

布拉德和克里斯是一对非常要好的同学，他们毕业后到同一家公司上班，在公司里担任的职位、领取的薪水也都一样。此外，两个人都非常节俭，因此每个人每年都能攒下一笔钱。

但是，两人的理财方式完全不同。布拉德将每年攒下来的钱存入银行，而克里斯则把攒下来的钱分散地投资于股票。两人有一个共同的特点，那就是都不爱管钱，钱放到银行或股市之后，两人就再也没去管过它们了。

如此这般过了40年，克里斯成为拥有数百万美元的富翁，而布拉德却只有存折上的区区十几万元。

布拉德亲眼看着昔日的同学兼同事，40年来薪水收入相同，节俭程度相同，而克里斯却能成为百万富翁，反观一下自己，40年下来只有十几万元。理财方式的不同造成了如今如此之大的差距。

仔细观察，我们会发现，贫穷的人对于富人之所以能够致富总是归结为运气好或者从事不正当、违法的行业，或者归于富人更努力，或者他们克勤克俭。

这些人绝不会想到，造成他们贫困的主要原因是他们不懂得投资。大多数富人的财产主要是以房地产、股票的方式存放，而大多数穷人的财产是存在银行里，他们认为那才是最保险的。

投资决定收入。一般来说，每进行一次正确的投资，就在助长现金流动，一段时间之后，现金流动会带着更多的金钱回来。乔·史派勒曾写过这样一本书，叫《动手来种钱》。他在书中提到一个只剩下1美分的人，这个人开始用仅有的1美分进行投资。他先将钱兑换成铜币，他心里告诉自己每次花掉的钱，他都要以10倍或更多倍的数量使它们再回到自己手上。这个人最后依靠这种方法获得了更多的财富，最终成了一个富翁。

所以，让金钱流动起来，它就是你的摇钱树。

复利的魔力让你的财富成倍增长

早投资早收益，从现在开始启动你的投资计划，利用时间的复利魔力，让你的财富获得惊人的增长。

有一位白手起家、靠投资股票赚钱的人说："时代不同了，股票涨一下就能进账数百万元，赚钱突然间变得很容易了，挡都挡不住；回想20年前刚进股市的那段日子，我费了千辛万苦才赚了两万多元，真不知道那时候的钱都跑到哪里去了。"

这种经历对许多白手起家的人而言并不陌生。所谓万事开头难，初期奋斗，钱自然很难赚，等到成功之后，财源滚滚时，又不知道为什么赚钱变得那么容易了，这其实是"复利效应"发生了作用。

爱因斯坦说，复利是世界第八大奇迹。所谓复利是指由本金和前一个利息期内应计利息共同产生的利息。即由未支取利息按照本金的利率赚取的新利息，常称息上息、利滚利，不仅本金产生利息，利息也产生利息。"复利效应"即用来指复利在财富增长过程中的巨大作用。一个简单的比喻是，当你养的鸡下了蛋后，你不能把蛋吃了，而要把它变成另一只下蛋的鸡。世界首富比尔盖茨、巴菲特都是靠复利赚取了几百个亿的资产。

在生活中，每个人都渴望可以轻轻松松地赚第二个100万元、1 000万元，达到财源滚滚的境界，问题是要赚第二个100万元之前要先有第一个100万元。然而怎样才能赚到第一个100万元呢？许多人对于投资抱着得过且过的态度，总认为车到山前必有路，船到桥头自然直，然而，随着年纪的增长，眼见别人的财富快速成长，终于警觉到投资的重要性时，却为时已晚。因为时间不够，复利无法发挥功能，大笔的金钱投资出去，却难以有令人满意的回报。

如今，不少年轻人总觉得投资是中年人的事，或是有钱人的事，到了老年再来投资还不迟。但投资能否致富, 与金钱的多寡关联性很小, 而投资和时间长短之关联性却相当大。因为复利的魔力要发挥作用, 则需要相当长的时间。因此, 投资理财就应当从年轻时做起, 而且越早理财越好, 即便是很少量的钱, 只要分配合理, 完全可以让你更快地实现致富的目标。

例如, 如果按照65岁退休, 你每年拿出2 000元投资, 按年投资报酬率为15%算, 那么从不同的年龄开始, 你到最后所能获得的财富将如表1-1所示:

表1-1　投资起始时间不同的方案总回报区别

开始投资的年龄	在退休时所能得到的钱
20岁	8 247 794元
25岁	4 093 907元
30岁	2 028 689元
35岁	1 001 914元
40岁	491 424元
45岁	237 620元
50岁	111 435元
55岁	48 699元
60岁	13 603元

如表所示, 你从20岁开始, 利用复利效应, 那么45年后, 你就有800多万元。如果你从25岁开始投资理财, 40年后, 你的财产就可以达到400多万元。可是当你越晚投资的时候, 你最后所得到的钱越少。

惊人的差别, 时刻提醒着你, 投资理财不是件可早可晚的事情。

正是因为投资要经过漫长时间的复利作用, 那么我们应该知道, 除了充实投资知识及技能外, 更重要的就是即时的投资行动, 投资活动应越早开始越好, 并培养持之以恒、长期等待的耐心。

有关专家说, 今天大多数人不能致富的原因, 是不知如何运用资金, 不能达到以钱赚钱、以投资致富的目标。这是我们教育上的缺失。我们的学校花大量的时间教授学生谋生技能, 以便将来能够赚钱, 但是从不教授学生在赚钱之后如何管钱。大学生训练理财的途径——投资股票, 往往被校方视为投机、贪婪的行为。面对未来财务主导的时代, 缺乏以钱赚钱的正确投资知识, 不但侵蚀人们致富的梦想，而且对企业的财务运作与国家的经济繁荣亦有所伤害。

想要拥有财富的你，请不要再以未来价格走势不明确为借口，而延后你的投资计划！又有谁能事前知道房地产与股票何时开始上涨呢？过去每次价格巨幅上涨，事后总是有许多人悔不当初。价格开始起涨前，没有任何的征兆，你不要指望谁能够敲锣打鼓来通知你，又一个赚钱的好机遇来临了。

正如投资大师巴菲特强调的一样，最安全的投资策略是：先投资，再等待机会，而不是等待机会再投资。明白了这一点，你的投资生活将会进入到另一层境界。

 马太效应活学活用：用基尼系数衡量贫富差距

马太效应指出，任何个体、群体或地区，一旦在某一个方面（如金钱、名誉、地位等）获得成功和进步，就会产生一种积累优势，就会有更多的机会取得更大的成功和进步。延伸到经济学领域，则反映了贫者愈贫、富者愈富、赢家通吃的收入分配不公的现象。

基尼系数则是用于衡量收入分配中马太效应的重要经济指标。基尼系数是意大利经济学家基尼于1912年提出的，定量测定收入分配差异程度，国际上用来综合考察居民内部收入分配差异状况的一个重要分析指标。

基尼系数的经济含义是：在全部居民收入中，用于进行不平均分配的那部分收入占总收入的百分比。基尼系数最大为"1"，最小等于"0"。前者表示居民之间的收入分配绝对不平均，即100%的收入被一个单位的人全部占有了；而后者则表示居民之间的收入分配绝对平均，即人与人之间收入完全平等，没有任何差异。这两种情况只是在理论上的绝对化，在实际生活中一般不会出现。因此，基尼系数的实际数值只能介于0到1之间。

目前，国际上用来分析和反映居民收入分配差距的方法和指标很多。基尼系数由于给出了反映居民之间贫富差异程度的数量界线，可以较客观、直观地反映和监测居民之间的贫富差距，预报、预警和防止居民之间出现贫富两极分化，因此得到世界各国的广泛认同和普遍采用。

　　国际上通常把0.4作为收入分配差距的"警戒线"。一般发达国家的基尼指数在0.24到0.36之间，美国偏高，为0.4。2007年，中国的基尼系数达到了0.48，已超过了0.4的警戒线。

　　将基尼系数0.4作为监控贫富差距的警戒线，应该说，是对许多国家实践经验的一种抽象与概括，具有一定的普遍意义。但是，各国、各地区的具体情况千差万别，居民的承受能力及社会价值观念都不尽相同，所以这种数量界限只能用作宏观调控的参照系，而不能成为禁锢和教条。

　　一部分人已经先富起来了，这是中国的客观现实。大部分人虽然已经解决了温饱问题，收入有所提高，但还算不上富裕，也是中国的客观现实。居民收入差距不断地扩大，就是对中国客观现实的反映。

　　我国在经济增长的同时，贫富差距逐步拉大，综合各类居民收入来看，基尼系数越过警戒线已是不争的事实。据2010年相关报道，我国社会的贫富差距已经突破了合理的限度，总人口中20%的最低收入人口占收入的份额仅为4.7%，而总人口中20%的最高收入人口占总收入的份额高达50%，突出表现在收入份额差距和城乡居民收入差距进一步拉大、东中西部地区居民收入差距过大、高低收入群体差距悬殊等方面。缩小收入差距是摆在政府面前的一个突出的问题。

2 二八法则：
关键的少数决定最终结果

1897年，意大利经济学者帕累托偶然注意到19世纪英国人的财富和收益模式。

在调查取样中，他发现大部分的财富流向了少数人手里，同时，他还发现了一件非常重要的事情，即某一个族群占总人口数的百分比和他们所享有的总收入之间有一种微妙的关系。他在不同时期、不同国度都见过这种现象。不论是早期的英国，还是其他国家，甚至从早期的资料中，他都发现这种微妙关系一再出现，而且在数学上呈现出一种稳定的关系。

这就是著名的二八现象：社会上20%的人占有80%的社会财富。也就是说，财富在人口中的分配是不平衡的。反映在数量比例上，大体就是2∶8。这就是这则应用很广的"重要的少数与琐碎的多数"——二八法则。

二八法则说明，小部分的努力可以获得大的收获；起关键作用的小部分，通常就能主宰整个组织的产出、盈亏和成败。

赢得80%的成就，只需20%的资源

做事面面俱到不如重点突破。把80%的资源花在能出关键效益的20%的方面，这20%的方面又能带动其余80%的发展。

二八法则是经济学上的重要法则，全称是"80/20效率法则"。它反映了一种不平衡性，但它在社会、经济及生活中无处不在。只要细心观察，你就会发现以下现象：

（1）20%的产品或20%的客户，为企业赚得约80%的销售额。

（2）20%的罪犯的罪行占所有犯罪行为的80%。

（3）20%的汽车狂人，引起80%的交通事故。

（4）世界上大约80%的资源，是由世界上15%的人口所消耗。

（5）世界财富的80%，为25%的人所拥有。

（6）80%的能源浪费在燃烧上，只有其中的20%可以应用到车辆中，而这20%的投入，却回报以100%的产出。

（7）在一个国家的医疗体系中，20%的人口与20%的疾病，会消耗80%的医疗资源。

还有很多其他情况也会出现二八法则，如：你的电脑80%的故障是由20%的原因造成的；你一生使用的80%的文句是用字典里20%的字组成的；而在考试中，20%的知识能为你带来80%的分数；同样的道理，你20%的朋友，占据了你80%的与朋友相处的时间……

二八法则可引申为，在任何特定群体中，重要的因子通常只占少数，而不重要的因子则常占多数。因此，从资源配置角度来讲，只要控制重要的少数因子，即能控制全局。例如，在一个单位里，20%的人通常代表80%的人的发言权；在销售市场，80%的销售额是20%的商品带来的；在经营上，总是20%的企业控制80%的市场。

在商品营销中，商家往往会认为所有顾客一样重要；所有生意、每一种产品都必须付出相同的努力。二八法则恰恰指出了，在原因和结果、投入和产出、努力和报酬之间存在这样一种典型的不平衡现象。因此，如果我们遵循二八法则，精确定位，就能达到事半功倍的效果。比如，通用电气公司永远把奖励放在第一，它的薪金和奖励制度非常完善，但只奖励那些完成了高难度工作指标的员工。摩托罗拉认为，在100名员工中，前面25名是好的，要设法保持他们的热情；后面25名差一些，要给他们提供发展的机会。

二八法则提醒我们：集中精力做好最重要的事情，避免把时间和精力花费在琐事上，要学会抓主要矛盾。一个人的时间和精力都非常有限，要想真正"做好每一件事情"几乎不可能，要学会合理分配我们的时间和精力。付出100%，只能收获20%，其余的80%都是做无用功，就被浪费了。如果我们能够知道产生80%收获的，究竟是哪20%的关键付出，我们就能时刻提醒自己把主要的时间和精力放在关键的少数上，而不是用在获利较少的多数上。这就是杰出和平庸的巨大鸿沟。抓住生命中最重要的20%，将它们最大化！

花20%的时间，即可取得80%的成效

把自己的精力放在自己的主要目的上，这是提高一个人工作和生活效率的关键。

理查德·科克在牛津大学读书时，学兄告诉他千万不要上课，"要尽可能做得快，没有必要把一本书从头到尾全部读完，除非你是为了享受读书本身的乐趣。在你读书时，应该领悟这本书的精髓，这比读完整本书有价值得多。"这位学兄想表达的意思实际上是：一本书80%的价值，已经在20%的页数中就已经阐明了，所以只要看完整部书的20%就可以了。

理查德·科克很喜欢这种学习方法，而且以后一直沿用它。牛津并没有一个连续的评分系统，课程结束时的期末考试就足以裁定一个学生在学校的成绩。他发现，如果分析了过去的考试试题，把所学到知识的20%，甚至更少的与课程有关的知识准备充分，就有把握回答好试卷中80%的题目。这就是为什么专精于一

小部分内容的学生，可以给主考人留下深刻的印象，而那些什么都知道一点但没有一门精通的学生却不尽如考官之意。这项心得让他并没有披星戴月终日辛苦地学习，但依然取得了很好的成绩。

理查德·科克到壳牌石油公司工作后，在可怕的炼油厂内服务。他很快就意识到，像他这种既年轻又没有什么经验的人，最好的工作也许是咨询业。所以，他去了费城，并且比较轻松地获取了Wharton工商管理的硕士学位，随后加盟一家顶尖的美国咨询公司。上班的第一天，他领到的薪水是壳牌石油公司的4倍。

运用二八法则，理查德·科克大大地提高了自己在学习和工作上的效率。

二八法则对工作的一个重要启示便是：避免将时间花在琐碎的多数问题上，因为就算你花了80%的时间，你也只能取得20%的成效。你应该将时间花在重要的少数问题上，因为解决这些重要的少数问题，你只需花20%的时间，即可取得80%的成效。

二八法则是一个时间管理上的利器。当我们把二八法则应用到时间管理上时，就会得出以下结论：一个人大部分的重大成就——包括一个人在专业、知识、艺术、文化或体能上所表现出的大多数价值，都是在他自己的一小段时间里达成的。用二八法则来表述就是，80%的成就是在20%的时间内达到的；反过来说，剩余的80%的时间，只创造了20%的价值。

例如，在企业经营中，少数的人创造了大多数的价值，获利80%的项目只占企业全部项目的20%。你就应该学会时刻注重那关键的少数，提醒自己是否把主要的时间和精力放在了那关键的少数上，而不是用在获利较少的多数上，泛泛地做无用功。

总之，我们有必要花一点时间去印证二八法则，几分钟也好，几小时也行。试着找出在时间的分配与所得的成就之间，是否真的有一种不平衡现象。你最有生产力的20%的时间，是不是创造出了80%的价值？你80%的快乐，是不是来自生命中20%的时间？

我们对于时间的品质及其扮演的角色所知甚少。许多人用直觉即可明白这个道理，而千百个忙碌的人并不知道学习管理时间，他们只是瞎忙。我们必须改一改我们对待时间的态度，用时间的二八法则来提高自己运用时间的效率。

把握好20%的关键人才

管理要有所为，有所不为，抓住少数的关键性人才，充分发挥其潜能，以少数带动多数，收到事半功倍的效果。

在企业管理活动中，想取得可喜的成绩，就要抓住核心员工。因为，企业80%的效益是由20%的核心员工来完成的。这20%的骨干员工就是要着重管理的对象，通过他们积极主动的工作与活动，来带动整个团队的活力，从而为整个企业创造更多的价值。

在美国的普儿斯特会员店始终坚持会员制，就是基于这一经营理念。许多世界著名的大公司也非常注重二八法则。比如：通用电器公司永远把奖励放在第一，它的奖金和奖励制度使员工们工作效率更高，也更出色，但只是奖励那些完成了高难度工作指标的员工。摩托罗拉公司认为：在100名员工中，前面25名是好的，后面25名差一些，应该做好两头人的工作。对于后25人，要给他们提供发展的机会；对于表现好的，要设法保持他们的激情。

二八法则之所以得到业界的推崇，就在于其提倡的"有所为，有所不为"的经营方略，能够帮助企业以最少的投入收获最大的效益。如果管理者能够弄清楚企业或团队中的20%到底是哪些，从而将自己经营管理的注意力集中到这20%的重点经营要务上来，采取有效的倾斜性措施，会更有可能将企业做大做强。

汉末，黄巾事起，天下大乱，曹操坐居朝廷，孙权拥兵东吴。

汉宗室豫州牧刘备听徐庶和司马徽说诸葛亮很有学识，又有才能，就和关羽、张飞带着礼物到隆中卧龙岗去请诸葛亮出来帮助他替国家做事。恰巧诸葛亮这天出去了，刘备只得失望地转回去。

不久，刘备又和关羽、张飞冒着大风雪第二次去请。不料诸葛亮又出外闲游去了。张飞本不愿意再来，见诸葛亮不在家，就催着要回去。

刘备只得留下一封信，表达自己对诸葛亮的敬佩和请他出来帮助自己挽救国家危险局面的意思。过了一些时候，刘备吃了三天素，准备再去请诸葛亮。

关羽说诸葛亮也许是徒有一个虚名，未必有真才实学，不用去了。张飞却主张由他一个人去叫，如他不来，就用绳子把他捆来。刘备把张飞责备了一顿，又和他俩第三次访诸葛亮。到时，诸葛亮正在睡觉。刘备不敢惊动他，一直站到诸葛亮自己醒来，才彼此坐下谈话。

诸葛亮见到刘备有志替国家做事，而且诚恳地请他帮助，就出来全力帮助刘备建立蜀汉皇朝。

在我国古代就非常重视对人才的任用，对于当今竞争日益激烈的企业来说，谁抓住了人才，就等于成功了一半。二八法则告诉我们，关键少数造就成功，企业最好的资产是人，企业领导者要挑选好的合作伙伴。充当伯乐，选择一个适合企业发展的"千里马"对企业来说非常重要，可见，重视人才是企业发展的关键。

抓住那些重要的20%的客户

营销不能对每位客户都做到"一视同仁"，应该有侧重地和重要的客户多联系、多应酬。只要抓住那些重要的20%的客户，利润就会有所保证。

在营销活动中，想把所有精力和努力平均分配给每一个客户——"一碗水端平"——是不可取的。明智的做法是充分关注发挥主要作用的大客户，将有限精力投注在他们身上，从而取得事半功倍的效果。

麦当劳的成功诀窍之一，就是运用了二八法则。麦当劳大多数分店是特许经营店。这些分店都由当地加盟投资人出资并负责管理与经营活动，同时承担风险。如果一年开设500家分店，全由麦当劳自己来做，投资需数亿美元。招聘、培训2 000多名员工，建立一个庞大复杂的管理体系，这么多的工作想做好并非易事。

很多企业也采取了连锁方式，却没成功，其失败归因于20%的内部工作没有做好。而麦当劳20%的工作，如超值商品体系、品牌创造与总部管理，运营得很出色，所以既成功地利用了外部资源，又为客户创造并提供了最好的服务。而让更多的投资者（包括员工）在最短时间内拿出更多资金进行投资，只有一种可能，即给予投资者的权益、报酬显著高于常规比率。常规权益分配观念，是自己占大头，别人占小头。采取80/20的权益分配策略，即原则上让对方得大头，自己得小头，不但能够快速扩大规模，还可以让合作者分担更多的责任和风险。

把二八法则运用到市场营销中，会让我们确立更有效的营销策略。一种有效简便的方法是对你的客户进行分类，例如你可以用"ABCDE法"。

"A"类客户：有意购买你产品的企业家或具有决策权的人，但还没有下定决心的潜在客户，而且购买的数额会较大。

"B"类客户：想购买你的产品，具有决定权，不过因为有其他原因而不能马上决策。

"C"类客户：有话语权，比较倾向于购买你的产品，但是没有决策权。

"D"类客户：对你还不了解，但是可以挖掘的客户。

"E"类客户：明确拒绝了你的客户。

通过这种分类，你可以避免把时间和精力浪费在毫无潜力的客户身上，而把应酬的对象选择在前三类重要的客户上。

美国管理协会的一项统计表明：一位有代表性的业务员，他往往拥有众多的客户，然而其中能为他带来大比例的成交额和利润的却只有非常少的几位客户。例如，一位房地产经纪人，在他的150位客户中属于A类的客户只有15位，然而就是这15位顾客却为他创造50%的销售额，而占46%的69位c类客户加起来也才只为他创造10%的销售额。

因此，对于那些占你的销售额比重较大的客户，你就应当为他们花费更多的时间，否则就意味着是对自己的重点客户的忽略。总之，你应记住，你的时间是有限的，你应该把有限的时间用在刀刃上。

将最重要的精力放在最重要的事上

经济学讲稀缺，你的时间、精力、成本都是有限的，你必须学会分配，将最重要的精力分配给最重要的事情，关注最重要的20%，这样才能有好的收益。

弗兰克·贝特格是美国保险业的巨子，他讲述了自己的故事：

"很多年前，我刚开始推销保险时，对工作充满了热情。后来，发生了一点事，让我觉得很气馁，开始看不起自己的职业并打算辞职——但在辞职前，我想弄明白到底是什么让我业绩不佳。

"我先问自己：'问题到底是什么？'我拜访过那么多人，成绩却一般。我和顾客谈得好好的，可是到最后成交时他们却对我说：'我再考虑一下吧！'于是我又得再花时间找他，说不定他还改变了主意。这让我觉得很颓丧。

"我接着问自己：'有什么解决办法吗？'在回答之前，我拿出过去12个月的工作记录详细研究。上面的数字让我很吃惊：我所卖的保险有70%是在首次见面时成交的；另外有23%是在第二次见面时成交的；只有7%是在第三、第四、第五次见面时才成交的，而我，竟把一半的工作时间都浪费在这上面了。这个发现让我激动不已，又燃起了创造佳绩的激情，把辞职的事也抛到九霄云外去了。

"该怎么做呢？不言自明：我应该立刻停止第三次、第四次、第五次拜访，把空出的时间用于寻找新顾客。

"执行结果令我大吃一惊——在很短的时间内我的业绩上升了一倍。"

这就是了解并运用二八法则后带来的改变，弗兰克发现自己的精力和时间都浪费在效益并不明显的7%上，所以业绩并不突出，在二八法则的影响下，弗兰克立即改变了工作方法，把大部分时间和精力用来寻找新客户——他们为他带来了80%的工作收益。

二八法则告诉人们，不论做什么事，都不能平分精力，而要将最重要的精力分配给最重要的事情，关注最重要的20%，这样才能有好的收益。

推销如此，经营管理更是如此。一个成功企业经营者的成功之处，就在于他能从企业发展的过程中找到达到80%利益的那20%的关键所在。

海信集团在2000年推出"8：2"发展战略。其主要内容是在3年内按照8：2的结构比例对海信电视从技术、产品、经营三个方面进行战略调整。在技术上投入新产品研发资金10亿元，其中8亿元投资于胶片信息彩电，2亿元投资于数字化彩电升级换代产品；在产品结构上，胶片信息彩电与数字化彩电升级换代产品的比例调整为8：2；在经营上，相应的实现收益的结构比例也调整为8：2。海信的这一战略实际上是对二八法则的成功运用。

 二八法则活学活用：二八法则要慎用

运用二八法则有着严格的前提假设，离开这些假设来谈论该法则的普遍适用性，就会导出十分荒谬的结论。

第一，假设具备事前判断关键与非关键事物所需的各种信息，否则就无法有效区别关键少数与一般多数。管理复杂系统，如果无法事先确定哪些是少数关键因素，也就不可能提出操作对策。

第二，假设少数关键要素与多数一般要素这两者之间互为独立不相关。事实上，在管理系统中，关键少数与一般多数之间往往存在着双向互动的相关性。因此，用对有机系统进行肢解的方式来获取所谓的关键因素，而把其余的部分均归为所谓的一般因素，这种做法非常荒谬。

第三，假设所找到的关键事物或环节等是可调控的，即二八法则所涉及的关键因素是人类群体理性选择的结果，它是一种人类决策可改变、可利用的规律。如果找出的关键因素是管理者及企业力量所不能改变的，硬要试图违背理性加以改变，就如同头撞南墙、鸡蛋碰石头，会成为笑话，其结果将以失败而告终。从这个角度看，除非管理环境在其存在方式、发展趋势、运行模式、因果关系等方面的变化具有一定的可预见、可调控的特性，否则二八法则就只有解释性，而不具预测性，对管理者来说等于无效。

所以，关于二八法则，在使用中应该注意：要以符合一定的前提假设为先决条件；要将80%与20%看成是一个整体。也就是要在注重20%关键因素的同时，也关注80%非关键因素，在两者协调的情况下，提高整个系统的水平。

3 长尾理论：
冷门有时比热门更有前景

克里斯·安德森是美国《连线》杂志主编，他喜欢从数字中发现趋势。一次跟eCast首席执行官范·阿迪布会面时，后者提出一个让安德森耳目一新的"98法则"。范·阿迪布从数字音乐点唱数字统计中发现了一个秘密：听众对98的非热门音乐有着无限的需求，非热门的音乐集合市场无比巨大，无边无际。听众几乎盯着所有的东西！他把这称为"98法则"。

安德森意识到阿迪布那个有悖常识的"98法则"，隐含着一个强大的真理。于是，他系统研究了亚马逊、狂想曲公司等互联网零售商的销售数据，观察到一种符合统计规律（大数定律）的现象。这种现象恰如以数量、品种二维坐标上的一条需求曲线，拖着长长的尾巴，向代表"品种"的横轴尽头延伸，长尾理论由此得名。

在长尾理论中，克里斯·安德森将集中了人们需求的流行市场称为"头部"，将那些小量的、零散的、个性化的需求所形成的非流行市场称为"尾巴"。长尾理论说明，不热销的东西积少成多，会产生非常高的价值，占据的市场份额等同甚至超过那些热销的商品。

将你的目光锁定在"尾巴"上

长尾理论认为，那些被忽略的冷门产品及不被重视的消费者，往往能够为企业带来意想不到的高额利润。企业管理者应以更多的目光关注这些产品或消费者，从中发掘商机。

由于成本和效率的因素，过去人们只能关注重要的人或重要的事，如果用正态分布曲线来描绘这些人或事，人们只能关注曲线的"头部"，而将处于曲线"尾部"、需要更多的精力和成本才能关注到的大多数人或事忽略。

例如，某著名网站是世界上最大的网络广告商，它没有一个大客户，收入完全来自被其他广告商忽略的中小企业。

如果你留意，便会发现：在销售产品时，厂商关注的是"VIP"客户，无暇顾及在人数上居于大多数的普通消费者。在网络时代，由于关注的成本大大降低，人们有可能以很低的成本关注正态分布曲线的"尾部"，关注"尾部"产生的总体效益甚至会超过"头部"。

长尾理论是网络时代兴起的一种新理论，由于成本和效率的因素，当商品储存流通展示的场地和渠道足够宽广，商品生产成本急剧下降以至于个人都可以进行生产，并且商品的销售成本急剧降低时，几乎任何以前看似需求极低的产品，只要有人卖，都会有人买。这些需求和销量不高的产品所占据的共同市场份额，可以和主流产品的市场份额相当，甚至更大。

需要注意的是，在市场上运用长尾理论时，应该满足三个条件：第一是要有足够的供货商；第二是要有足够的人力；第三是较低的市场售价。

小需求成就未来大产业

效益是可以累积叠加的，那些看似微不足道的小利润可以通过叠加巨大的收益。小商品可以做成大商场，小需求也可以做出大产业。

长尾理论指出，只要产品的存储和流通的渠道足够大，需求不旺或销量不佳的产品所共同占据的市场份额，可以和那些少数热销产品所占据的市场份额相匹敌甚至更大，即众多小市场汇聚成可产生与主流相匹敌的市场能量。也就是说，企业的销售量不在于传统需求曲线上那个代表"畅销商品"的头部，而是那条代表"冷门商品"经常为人遗忘的长尾。

很多想要做生意的人都苦于找不到商机，他们认为现今社会的竞争压力太大了。事实上，商机就在日常的小事里，商机就在生活细节里。在生活中，也许你只满足了别人一个小小的琐碎需求，就能得到一个平步青云的机会；而在商海中，你如果满足一个潜在需求，就会为自己创造滚滚财源。会做生意的人，往往能从别人熟视无睹的生活细节中做出大文章。

20世纪90年代中期，一位四川农民投诉海尔洗衣机排水管老是被堵，服务人员上门维修时才发现，这位农民用洗衣机洗地瓜，泥沙大，当然容易堵塞。服务人员加粗了排水管。顾客感激之余，埋怨自己给海尔添了麻烦，说如果能有洗红薯的洗衣机，就不用烦劳海尔人员了。

这个信息令厂长张瑞敏萌生了一个大胆的想法：发明一种洗红薯的洗衣机。1998年4月，这种洗衣机投入批量生产。它不仅具有一般双桶洗衣机的全部功能，还可以洗地瓜、水果甚至蛤蜊，价格也低。首产1万台投放农村市场后，立刻被抢购一空。这个细节告诉我们：产品创新必须与日常生活紧密结合。用户在日常生活中的不满意点、遗憾点及希望点，就是市场潜在的需求点。据此开发出的新产品，一定会受到用户的欢迎。正如张瑞敏所说："创新存在于企业的每一个细节之中。"农民投诉洗衣机被堵的细节，为海尔创新指明了方向。解决这个问题，就是创新的成果。

每年6月到8月是洗衣机销售的淡季，每年此时，很多厂家就把促销员从商场里撤回去。海尔却没有放弃这个季节的市场，他们通过调查发现，不是老百姓不洗衣裳，而是夏天里5千克的洗衣机不实用，既浪费水又浪费电。于是，海尔的科研人员很快设计出一种洗衣量只有1.5千克的洗衣机——小小神童。

"只有淡季的思想，没有淡季的市场。"海尔通过生活小细节发现了无限的大商机，在夏季的洗衣机市场上占尽先机。当其他企业以降价和推销为手段大力开拓夏季市场时，海尔仍然以高价独特的服务赢得了市场，市场份额继续高居全国第一。正是海尔公司以顾客为中心，从生活细节中发现商机，以市场需求为导向，重视市场调查，才取得了今天的成就。

想要做生意赚钱，低价竞争并不是什么好办法，只会降低自己的利润，而如果能从生活的细节中发现商机，了解顾客的需求，才是上策。一般来说，社会上最需要的行业就是能够替人解决困难的行业，这种行业就是能够赚钱的行业。商机表现为需求的产生与满足的方式上在时间、地点、成本、数量、对象上的不平衡状态。旧的商机消失后，新的商机又会出现。商机转化为财富，必定满足五个"合适"：合适的产品或服务、合适的客户、合适的价格、合适的时间和地点以及合适的渠道。

定位少数人，赚取长尾效益

要使长尾理论更有效，应该尽量增大尾巴，也就是降低门槛，制造小额消费者。

安德森指出，网络时代是关注"长尾"、发挥"长尾"效益的时代。长尾理论描述了这样一个新的时代：一个小数乘以一个非常大的数字等于一个大数，许许多多小市场聚合在一起就成了一个大市场。

不同于传统商业的拿大单、传统互联网企业的会员费，互联网营销应该把注意力放在把蛋糕做大上。通过鼓励用户尝试，将众多可以忽略不计的零散流量，汇集成巨大的商业价值。

在对目标客户的选择上，阿里巴巴总裁马云独辟蹊径，事实证明，马云发现了真正的"宝藏"。

马云与中小网站有不解之缘，据说这与他自己的亲身经历有关。当年，竞争对手想要把淘宝网扼杀在"摇篮"中，于是同各大门户网站都签了排他性协议，导致几乎没有一个稍具规模的网站愿意展示有关淘宝网的广告。无奈之下，马云团队找到了中小网站，最终让多数的中小网站都挂上了淘宝网的广告。此后，淘宝网红了，成为中国首屈一指的C2C商业网站。马云因此对中小网站充满感激，试图挖掘更多与之合作的机会，结果让他找到了重要的商机。其实，用经济学的话说，马云是在利用"长尾效应"。

在中国所有的网站中，中小网站在数量上所占比例远远超过大型门户网站，尽管前者单个的流量不如后者，但它的总体流量相当庞大。而且，中小网站由于过去一直缺乏把自己的流量变现的能力，因此其广告位的收费比较低，这恰好符合中小企业广告主的需求。过去，一个网络广告如果想要制造声势，只能投放在门户网站上，高昂的收费令中小企业很难承受。

以中小企业为目标客户的阿里巴巴获得了成功，这其实就是马云利用长尾理论所获得的成绩。

在日常经济生活中，有一些颇有趣味的商业现象可以用长尾理论来解释。如在网上书店亚马逊的销量中，畅销书的销量并没有占据所谓的80%，而非畅销书却由于数量上的积少成多，而占据了销量的一半以上。

用好长尾理论这把双刃剑

在实际经营过程中，长尾理论并不一定能取得良好的成效。在运用长尾理论为自己服务时，不能抱以太高的期望，要慎重对待。

在日常经济生活中，常有一些颇有趣味的商业现象可以用长尾理论来解释。如在网上书店亚马逊的销量中，畅销书的销量并没有占据所谓的80%，而非畅销书却由于数量上的积少成多，而占据了销量的一半以上。

如果说长尾理论是一种理论观点的探讨，甚至是经济生活中的一种经济业态，无可厚非，但如果以它引导企业行为，其效果未必是乐观的。

首先，长尾绝不意味着仅仅是把众多分散的小市场聚合为一个大尾巴，而是还需要一个坚强有力的头部，以及头部与尾巴之间的有效联系。

其次，相对畅销品来讲，"长尾"是非热销产品，属遗留产品或滞销品，任何企业都不可能有意或着力生产这些产品，更不可能把这些滞销品和处理品作为企业的利润来源甚至是利润支撑；否则，那就是本末倒置，舍近期大利去追逐远期小利。

最后，在传统商业现有的游戏规则下，用长尾理论引导企业行为几乎是不可能的。因为传统商业目前仍然是以"销售量带来的收益持平或者超过成本"这一商业常识作为指导，如果在自己的"零售网络"中最终聚集的用户数量还是非常少的话，依然无法通过这种产品盈利，这时要在"长尾市场"中做生意，不是为时已晚，就是压死企业这头驴的最后一根稻草。

长尾理论是把双刃剑，只有对它正确认识且能正确运用它的人，才能运用它来为自己创造财富，否则就会一败涂地。因此，对待长尾理论的正确态度是，要慎重，要因产品制宜，在一般情况下，单一企业不宜使用。

长尾理论活学活用：长尾理论的实践案例

关于长尾理论的实践应用，我们不妨通过两个案例来进行理解。

案例一：

有人在淘宝上开了一家卖服装的网店。店里"上架"了大约几十款女装，但他没有库存，他是靠上级代理商给他，再直接发给客户。每件衣服加15元就卖。结果他竟然依靠这种方法卖出了很多件。

这个例子说明了在市场上运用长尾理论时，应该满足3个条件：第一是要有足够的供货商；第二是要有足够的人力；第三是较低的市场售价。

网络给我们的一个好处就是我们可以有无限长的货架（这也是长尾理论的一个重要基石）。利用这点，以及这3个并不算难做到的条件，完全可以在淘宝上出售数百种商品——这比一个中型超市的规模还大。

案例二：

上网的时候，我们如果搜索某一个事物，发现关键词结果有时会指向一个网站。点进去一看，这个网站似乎无所不包，但奇怪的是，这个网站没有任何导航页面，有的只是内容的大集合。这个网站利用网络爬虫，把很多网络上的内容搜集到了自己的网站上。于是，这个网站就等于提供了大量的关键词，从而形成了一个关键词的长尾。后来这种做法催生了一种网站模式，这种网站利用网络爬虫（现在叫小偷程序），搜罗内容，吸引流量，赚取广告费。到后来，又出现了以搜集某个特定网站为内容的网站，比如搜罗CSDN或者百度知道等。

多米诺骨牌效应：
千万不要败在第一步

多米诺骨牌是一种非常精彩的游戏，它用木制、骨制或塑料制成长方形骨牌，在游戏时将骨牌按一定间距排列成行。只要轻轻碰倒第一枚骨牌，其余的骨牌就会在第一块倒下的骨牌的带动下产生连锁反应，依次倒下。

多米诺骨牌效应，又称多米诺效应，指在一个相互联系的系统中，一个很小的初始能量就可能产生一连串的连锁反应。它告诉我们，如果忽视了一个小的破坏性的力量，这种破坏性的力量在随着相互传递时，产生的惯性力会导致一个比一个更加快速的倒塌，如果没有纠正过来，事情恶性质的结果无法挽回。因此，不论做什么事，在开始阶段都要慎之又慎，千万不要一着不慎，满盘皆输。

1张牌可以推倒340万张骨牌

一着不慎，满盘皆输，开始的失误，将会使整个计划受到影响，步步受挫，造成恶性循环。因此，不论做什么事，都要走好关键的第一步，千万不要败在第一步。

你能相信吗？从轻轻推倒第一张牌开始，依次传递，结果成功推倒了340万张骨牌。这就是多米诺骨牌游戏中推倒骨牌数的世界纪录。从所拍的视频可以看出，骨牌依次倒下的场面蔚为壮观，其间显示的图案丰富多彩，令人叹为观止。

多米诺骨牌蕴涵着一定的科学道理。其原理是：当骨牌竖着时，重心较高，倒下时重心下降，倒下过程中，其重力势能便转化为动能，当它倒在第二张牌上，这个动能就转移到第二张牌上，第二张牌将第一张牌转移来的动能和自己倒下过程中由本身具有的重力势能转化来的动能之和，再传到第三张牌上。所以每张牌倒下的时候，具有的动能都比前一块牌大，因此它们的速度一个比一个快，也就是说，它们依次推倒的能量一个比一个大。这样，就产生了多米诺骨牌效应。

多米诺骨牌效应产生的能量是十分巨大的。它告诉我们，在一个相互联系的系统中，一个很小的初始能量就可能产生一连串的连锁反应，从而产生巨大的能量。

在生活当中，多米诺骨牌效应是比较常见的。例如，在你家门前的路两旁摆满了很多鲜花，很长一段时间都很整齐，花也开得很鲜艳。可是有一天，一个过路的女孩看见花好看，就顺手摘了一朵。渐渐地，摘花的人就越来越多了，后来干脆有人把花盆一起搬走了……

早晨上班时分，路口人流如织，等红灯的人们焦急地望着交通信号灯，终于有一个性急的小伙子等不及了，开始横穿马路。在这种情况下，如果交警或交协不制止这个愣头青，其他人就会像潮水一样紧跟其后，视红灯若无物。

在干净整洁的广场上，你不好意思随手丢弃纸屑或烟头，而是四处寻找垃圾箱。但如果是一地污物，满阶尘土，你会毫不犹豫地将烟头弹出一个漂亮的抛物线，任其跌落。

一面洁白的墙上，如果出现了第一个"办证"的涂鸦，在不能及时清除的情况下，这面墙很快就会长满"牛皮癣"。

谁是经济雪崩的罪魁祸首

多米诺骨牌效应表明，一个很微小的力量能够引起的或许只是察觉不到的渐变，但是它所引发的却可能是翻天覆地的变化。

第一棵树的砍伐，最后导致了森林的消失；一日的荒废，可能是一生荒废的开始；第一场强权战争的出现，可能是使整个世界文明化为灰烬的力量。

这些预言或许有些危言耸听，但是在未来我们可能不得不承认它们的准确性，或许我们唯一难以预见的是从第一块骨牌到最后一块骨牌的传递过程会有多久。有些可预见的事件最终出现要经历一个世纪或者两个世纪的漫长时间，但它的变化已经从我们没有注意到的地方开始了。

2008年席卷全球的金融危机，几乎给全球带来了一次经济雪崩。其中，"多米诺骨牌"效应的作用显露无遗。

这场源自美国次贷危机的全球金融海啸，波及发达国家几乎所有的金融产品、金融机构和金融市场，发达国家以及不少发展中国家实体经济陷入衰退。这场导致全球经济下滑的美国金融危机的始作俑者是金融机构，其无节制的信贷增长和资产价格泡沫的急剧膨胀是危机爆发的直接原因。

细看这一过程，应从2001年"9·11"事件开始。当时，美联储为了刺激经济，连续降息，低利率加上流动性过剩，直接推动了全球性房地产等资产价格的过热，导致住房贷款需求的增加。由于优质按揭市场已经趋于饱和，发放次级按揭机构就开始转向低等级客户，次级抵押贷款市场因而迅速发展，房屋价格和房屋信用泡沫逐渐变大，直至美国住房供应市场很快饱和。而当美国货币政策发生变动后，利率上调，房价下跌，原本信用等级低的借款人无力还贷，而抵押贷款公司手中的住房抵押品难以出手，也不足以弥补亏空，资金链条由此断裂。抵押贷款市场的危机直接影响了衍生的房产贷款支撑证券、债券以及担保债务凭证（CDO），继而发生CDO大幅贬值，整个信用衍生品市场产生动荡。

紧接着，发行衍生品和管理衍生品的公司股价开始下跌，又引发投资者对金融类公司的普遍忧虑，危机进一步向金融市场传导，造成世界范围内的股价震荡。多米诺骨牌效应日趋明显，不仅对其发源地美国经济予以致命打击，同时也对世界他国经济产生了深远的恶劣的影响。就这样，次贷危机借助多米诺骨牌效应，不断地推倒一块块骨牌，其破坏能量越来越强大，最终，演变为肆虐全球的金融风暴。多米诺骨牌效应在此给世界上了惊心动魄的一课。

多米诺骨牌效应启示我们，对于一些灾难性的事件，需要保持警惕心理，洞察其爆发的征兆，及早采取相关防御性措施，这样当风暴来袭时，我们就不会猝不及防，便能将损失减少到最低限度。

金融体系中的多米诺骨牌效应

多米诺骨牌效应在金融世界里屡见不鲜，一国的经济动荡、金融危机会涉及别的国家，进而引发全球性的金融风暴。

20世纪20年代，随着"一战"的结束，世界经济进入衰退时期，欧洲各国的货币都摇摇欲坠，德国、苏联和法国的马克、卢布、法郎都经历了混乱的时期，德国和前苏联的劳动人民因此陷入绝望的境地。在没有储备、没有外国支援的情况下，大部分人民为了填饱肚子不得不卖命地劳动。很多人被迫流亡，连有声望的贵族这时也变得非常贫穷。在这个时期，法国却上演了一个精彩的成功捍卫货币的故事。

法郎危机也是伴随着第一次世界大战开始的。法国政府在"一战"中花掉了大量军费，这个数字是1913～1914年所有主要参战国军事费用的两倍。"一战"结束后，法国财政出现了62亿法郎的缺口，并且还有巨额贷款。1926年，法郎的汇率开始下滑。人们相信，法郎将会面临和德国马克一样的命运。当时的法国政府内阁束手无策，物价不停上涨，法郎持续贬值。这时，总理雷蒙·恩加莱开始掌权。他通过提高短期利率来把短期借款转为长期借款，并提高税收和削减政府支出，同时他从纽约的摩根银行借来了一笔使法国银行的现汇得以补充的巨额贷款，他的一系列措施恢复了人们对法郎的信任，并由此取得了成功。从此，法郎币值开始走稳，经济和政局也渐趋稳定。

这是一场当之无愧的货币危机保卫战。货币危机的概念有狭义和广义之分。狭义的货币危机与特定的汇率制度（通常是固定汇率制）相对应，其含义是，实行固定汇率制的国家，在非常被动的情况下（如在恶化的情况下，或者在遭遇强大的投机攻击的情况下），对本国的汇率制度进行调整，转而实行浮动汇率制，而由市场决定的汇率水平远远高于原先所刻意维护的水平（即官方汇率），这种汇率变动的影响难以控制、难以容忍，这一现象就是货币危机。广义的货币危机泛指汇率的变动幅度超出了一国可承受的范围这一现象，通常情况表现为本国货币的急剧贬值。

当代国际经济社会很少再看见一桩孤立的货币动荡事件。在全球化时代，由于国民经济与国际经济的联系越来越密切，一国货币危机常常会波及别国。

随着市场经济的发展与全球化的加速，经济增长的停滞已不再是导致货币危机的主要原因。经济学家的大量研究表明：定值过高的汇率，经常项目巨额赤字，出口下降和经济活动放缓等都是发生货币危机的先兆。就实际运行来看，货币危机通常由泡沫经济破灭，银行呆坏账增多，国际收支严重失衡，外债过于庞大，财政危机，政治动荡，对政府的不信任等引发。

1. 汇率政策不当

众多经济学家普遍认同这样一个结论：固定汇率制在国际资本大规模、快速流动的条件下是不可行的。固定汇率制名义上可以降低汇率波动的不确定性，但是自20世纪90年代以来，货币危机常常发生在那些实行固定汇率的国家。正因如此，近年来越来越多的国家放弃了曾经实施的固定汇率制，比如巴西、哥伦比亚、韩国、俄罗斯、泰国和土耳其等。然而，这些国家大多是由于金融危机的爆发而被迫放弃固定汇率，汇率的调整往往伴随着自信心的丧失、金融系统的恶化、经济增长的放慢以及政局的动荡。也有一些国家从固定汇率制成功转轨到浮动汇率制，如波兰、以色列、智利和新加坡等。

2．银行系统脆弱

在大部分新兴市场国家，包括东欧国家，货币危机的一个可靠先兆是银行危机。资本不足而又没有受到严格监管的银行向国外大肆借取贷款，再贷给国内的问题项目，由于币种不相配（银行借的往往是美元，贷出去的通常是本国币）和期限不相配（银行借的通常是短期资金，贷出的往往是历时数年的建设项目），因此累积的呆坏账越来越多。如东亚金融危机爆发前5～10年，马来西亚、印度尼西亚、菲律宾和泰国信贷市场的年增长率均在20%～30%之间，远远超过了工商业的增长速度，由此形成的经济泡沫越来越大，银行系统也就越发脆弱。

3．外债负担沉重

泰国、阿根廷以及俄罗斯的货币危机，就与所欠外债规模巨大且结构不合理紧密相关。如俄罗斯从1991年至1997年共吸入外资237．5亿美元，但在外资总额中，直接投资只占30%左右，短期资本投资约70%。在货币危机爆发前的1997年10月，外资已掌握了股市交易的60%～70%，国债交易的30%～40%。1998年7月中旬以后，俄财政部最终发布"8．17联合声明"，宣布"停止1999年年底前到期国债的交易和偿付"，债市的实际崩溃，直接引发卢布危机。

4．财政赤字严重

在发生货币危机的国家中，或多或少都存在财政赤字问题，赤字越庞大，发生货币危机的可能性也就越大。财政危机直接引发债市崩溃，进而导致货币危机。

5．政府信任危机

民众及投资者对政府的信任是货币稳定的前提，同时赢得民众及投资者的支持，是政府有效防范、应对金融危机的基础。墨西哥比索危机很大一部分归咎于其政治上的脆弱性，1994年总统候选人被暗杀和恰帕斯州的动乱，使墨西哥社会经济处于动荡之中。新政府上台后在经济政策上的犹豫不决，使外国投资者认为墨西哥可能不会认真对待其政府开支与国际收支问题，这样信任危机引起金融危机；而1998年5～6月的俄罗斯金融危机的主要诱因也是国内"信任危机"。

6．经济基础薄弱

强大的制造业、合理的产业结构是防止金融动荡的坚实基础。产业结构的严重缺陷是造成许多国家经济危机的原因之一。如阿根廷一直存在着严重的结构性问题，20世纪90年代虽实行了新自由主义改革，但产业结构调整滞后，农牧产品的出口占总出口的60%，而制造业出口只占10%左右。在国际市场初级产品价格走低及一些国家增加对阿根廷农产品壁垒之后，阿根廷丧失了竞争优势，出口受挫。

7. 危机跨国传播

由于贸易自由化、区域一体化，特别是资本跨国流动的便利化，一国发生货币风潮极易引起邻近国家的金融市场发生动荡，这在新兴市场尤为明显。泰国之于东南亚，俄罗斯之于东欧，墨西哥、巴西之于拉美等反复印证了这一"多米诺骨牌效应"。

投资败在起步，东山难以再起

在这个充满竞争、高速发展的新时代，任何企业都无法长久性地抱有永远鼎盛的期待。所以，明智的创业投资者，从一开始就要研究中止事业时将面临的风险。在此基础上，轻装上阵。

投资创业几乎是每一位有志者的奋斗目标。刚起步时，我们很容易太过冲动，总是思考如何让事业持续到永远。

然而，相关的调查数据告诉我们：让事业永远沿着一个方向持续下去是个不折不扣的幻想。那么，如果能够预测经济衰退或危机什么时候到来，我们就能及时地撤退，从而避免多米诺效应的发生。

美国麦金利咨询公司调查显示，从20世纪20年代至30年代，全球五百强企业的平均寿命是65年，到了1960年变成了30年，而到了1990年平均寿命缩短至15年，估计到了2010年，企业的平均寿命为10年。所以，没有做好撤退的准备就开始创业是一件非常冒险的事情。

虽然顺利地撤退对于确保整体的利润是非常重要的，但人们很少提起它。大概是因为现实中，人们更加关注成功，而避讳失败吧。以往经核算证实赢利的企业，经过总清算后反而有大笔的赤字，账簿上登记的资产根本值不了几个钱。

比如，办公家具和办公用具被算作资产，到了清算的时候，这些东西根本卖不出去。这时它们已经不再是资产了，只是笨重的垃圾，还要付垃圾清理费。

其实，在关闭公司时，各种费用更是昂贵。在此期间，首先必须付给员工大笔的离职补偿，和会计、律师交涉时也必须付给他们丰厚的酬劳，再加上清算并不是一项前途光明的工作，谁都没有心情去做这种事情。在这种情况下，损失可能会被无限制地扩大。

因此，创业投资一定要慎重考虑，做好每个阶段的投资预算和成本控制，步步为营，稳扎稳打，起步阶段只有走得稳才能走得顺，才能走得更远。

具体来说，要尽可能地做到零库存，要坚持预先付款、现金回收的原则，不要有拖欠的货款；不要雇用正式员工，尽可能地使用临时兼职人员；必须严格坚守不签长期租约、不借钱的原则。

在创业的过程中，客户可能希望你能有库存，也可能提出延长付款期等各种要求。如果答应了客户的要求，就有可能让你的事业背负极大的风险。也有的经营者抱着没有风险就没有利益的想法，认为有增加库存的必要。可是如果所得利润不足以维持库存的话，企业的运转就会崩溃。

迄今为止，大家都认为坚持是良好的品质，而且中途停止事业会使我们对顾客心怀歉意。可是，即使是像证券公司这样的大企业倒闭后，也没有多少顾客会因此烦恼。

事实上，与其说中途中止事业要冒很大的风险，倒不如说，不预测中止时间、不采取相应对策才是最危险的。如果撤退的壁垒已经被升高了，想撤退都退不了，不仅仅是事业的寿命，连公司的寿命都会走到终点。

所以，创业投资一定要谨慎，千万不要败在起步期，那样很难东山再起。

 **多米诺骨牌效应活学活用：做个理性投资者**

投资需要理性，否则不仅赚不到更多的钱，还会把自己已有的钱也赔进去。现在，你想知道自己是不是理性的投资者吗？如果想，那就来测试一下吧！

你会如何处理第一笔收入？

A．花销和存款各分配一半。

B．全部花光。

C．都攒起来，花父母的钱。

D．已经没有印象了。

测试结果：

选A：你属于现实主义者，看人看事总是从最实际的角度出发，对于你来说，安稳最重要，你不愿意承担大的风险。所以，对于投资，你总是进退两难，既想有好的机会，又害怕出现意外。你的事业发展会比较平稳，当然也会比较缓慢。

选B：你属于随波逐流者，你一旦投资，钱总是会打水漂，因为你不能周详地规划出适合自己的理财投资计划。不过你也有优点，便是头脑精明，善于把握商机，只要找到一位专家协助你，投资成功自然水到渠成。

选C：你属于胆大心细者，你做事情有着明确的目的性，你是理财中的高手，即便是在商机四伏、真假难辨的情况下，也能够看准形势，洞察一切。一旦投资你是志在必得，只要给你时间，定能成大事。

选D：你属于满足现状者，你占有很好的优势条件，所以你对于规划不会有多大热忱，你不计后果，因为你觉得这是无所谓的事情。投资对于你来说只是一场游戏而已，但还是要提醒你，投资需谨慎，要认真对待，这样你的投资才能健康发展。

5 蝴蝶效应：
小蝴蝶可以引发大风暴

　　1972年，美国气象学家爱德华·洛伦兹在华盛顿的美国科学发展学会上发表一篇演说，大意为：一只亚马孙河流域热带雨林中的蝴蝶，偶尔扇动几下翅膀，两周后，可能在美国得克萨斯州引起一场龙卷风。因为蝴蝶翅膀的扇动，导致其身边的空气系统发生变化，引起微弱气流的产生；而微弱气流的产生，又会引起它四周空气或其他系统产生相应的变化，由此引起连锁反应，最终导致天气系统的巨大变化。蝴蝶效应由此而来。

　　蝴蝶效应说明，初始条件十分微小的变化经过不断放大，其未来状态会产生极其巨大的差别。有些小事可以糊涂，有些小事如经系统放大，则对一个组织、一个国家来说是很重要的，就不能糊涂。

小过错可能扩散成弥天大祸

横扫城镇的龙卷风，常从蝴蝶扇动翅膀开始；横过深谷的吊桥，也常从用一根细线拴住小石头开始。事物彼此之间都有联系，注意小事，别让细节成为你的绊脚石；关注细节，让这些偶然的机会成为助你成功的良机。

如今，蝴蝶效应被广泛应用在天气、股票市场等一定时段内难于预测的复杂系统中。

在金融、贸易日益全球化的今天，世界各国都存在着千丝万缕的经济联系，处于一个相互关联的极其复杂的系统中。一个微小的初始事件，就很有可能引起系统性的整体灾难。

蝴蝶效应同样会作用于一个企业，以及单独的个人。在现代企业管理中，蝴蝶效应需要格外注意。一个企业的发展是复杂的，受到方方面面因素的作用，可以视作一个复杂的系统。要注意每一个微小事件的影响，消除不利的因素，避免它们对企业的未来产生恶劣的冲击；强化有利的因素，使它们对企业未来起到重要的推动作用。

三株集团曾在短短的3年内使销售额提高了64倍，高达80亿元人民币，打造了辉煌耀眼的保健品帝国。但是，一个"常德事件"，一篇"八瓶三株口服液喝死一个老汉"的报道，便使拥有15万员工的"三株大厦"在顷刻间轰然倒下。

事发在1996年的陈伯顺老汉死亡案，起诉后，法院本判定三株胜诉。但这条新闻竟被20多家媒体报道，在社会上造成了极大的负面影响，致使三株的悲剧无可挽回：锐减员工13万人，直接损失达40多亿元。

一个小问题，竟然击垮了偌大的一个企业！"三株"倒下的根由是一篇文章的发表引起大量媒体的炒作，最后让全国老百姓形成"人人喊打"之势，而不管那篇报道的真假、三株集团是否冤枉，这难道不是"蝴蝶效应"的一个典型表现吗？

小失误让爱立信输掉中国市场

在企业经营中，若发现公司有不合理的现象，要立刻设法改正，否则管理上的漏洞很快就会表现在产品和服务上。不要因为产品有毛病就讳而不宣，等到让消费者发觉时，很可能损害公司的名誉、信用，让企业的信誉一落千丈，给企业带来空难性的损失。

有着百年辉煌历史的爱立信，与诺基亚、摩托罗拉并列称雄于世界移动通讯业。自1998年开始的3年里，当世界蜂窝电话业务高速增长时，爱立信的蜂窝电话市场份额却从18%迅速降至5%，即使在中国市场，其份额也从1/3左右迅速地滑到了2%。爱立信从手机销售头把交椅上跌落，不但退出了销售三甲，而且还排在了新军三星、飞利浦之后。

为什么爱立信在中国这块风水宝地上失去了它往日的辉煌？

2001年，爱立信的一款叫作T28的手机存在质量问题。这本来就是一种错误，但更大的错误是爱立信漠视这一错误。

"我的爱立信手机的送话器坏了，去爱立信的维修部门，很长时间都没有解决问题，最后他们告诉我是主板坏了，要花700块钱换主板。我在个体维修部那里，只花25元就解决了问题。"一位消费者明确说出了爱立信存在的问题。那时，几乎所有媒体都注意到了T28的问题，似乎只有爱立信没有注意到。爱立信一再地辩解自己的手机没有问题，而是一些别有用心的人在背后捣鬼。

然而，市场不会去探究事情的真相，也不给爱立信以"申冤"的机会，而是无情地疏远了它。

其实，信奉"亡羊补牢"观念的中国消费者已经给了爱立信一次机会，只不过，爱立信没能好好把握。

1998年，《广州青年报》从8月21日起连续三次报道了爱立信手机在中国市场上的质量和服务问题，引发了消费者以及知名人士对爱立信的大规模批评，而且爱立信的768、788C以及当时大做广告的SH888，居然没有取得入网证就开始在中国大量销售。当时，轻易不表态的电信管理部门也声明，证实了此事。至此，爱立信手机存在的问题浮出了水面，但爱立信采取掩耳盗铃的方式来解决问题，甚至试图拿钱来封媒体的嘴。爱立信广州办事处主任还心虚嘴硬地狡辩："我们的手机没有问题！"

既然选择拒不认错，爱立信自然不会去解决问题，更不会切实去做服务工作。正是这一系列的质量和服务中的缺陷，使爱立信失去了中国市场。同时，也让我们明白，即使是一个由数以百万计的个人行动所构成的公司，同样经不起其中微小行动的偏离。

经济周期：蝴蝶的翅膀怎样扇起飓风

经济生活中，很多事情的发生和"蝴蝶效应"发生作用的机理极为相似，一件微不足道的事情可能就会酿成一场世界性的经济危机。

在我们的经济生活中，类似蝴蝶效应的事情是不断的。经济总会上下波动，这在经济学家看来是再正常不过的了，无须大惊小怪。因为这正验证了经济的周期性。

经济的周期性波动被称为经济周期，它是指总体经济活动的扩张和收缩交替反复出现的过程。每一个经济周期都可以分为上升和下降两个阶段。经济周期一般是指以实际国民生产总值衡量的经济活动总水平扩张与收缩交替的现象，具体表现为经济扩张因受到资源供给约束或消费约束，而出现经济收缩，经济收缩又因资源供给充裕或者消费需求拉动而重新进入经济扩张，周而复始，不断循环。

通常情况下，一个完整的经济周期可以划分为四个阶段：复苏—繁荣—衰退—萧条。其中，经济的复苏和繁荣阶段构成了经济周期中的扩张期，而经济的衰退和萧条阶段则构成了经济周期中的收缩期。在经济周期的上升阶段，即繁荣阶段，最高点称为顶峰。然后物极必反，顶峰也是经济由盛转衰的转折点，此后经济就进入下降阶段，即衰退。衰退严重则经济进入萧条，衰退的最低点称为谷底。当然，谷底也是经济由衰转盛的一个转折点，此后经济进入上升阶段。经济从一个顶峰到另一个顶峰，或者从一个谷底到另一个谷底，就是一次完整的经济周期。

经济周期一般有长短之分，一般而言，有这几种经济周期的学说。

库兹涅茨周期，是一种长经济周期，是1930年美国经济学家库涅茨提出的一种为期15~25年，平均长度为20年左右的经济周期。由于该周期主要是以建筑业的兴旺和衰落这一周期性波动现象为标志加以划分的，所以也被称为"建筑周期"。

朱格拉周期，是一种中周期。1862年法国医生、经济学家克里门特·朱格拉在《论法国、英国和美国的商业危机以及发生周期》一书中首次提出了市场经济存在着9～10年的周期波动。这种中等长度的经济周期一般被后人称为"朱格拉周期"，也称"朱格拉"中周期。

基钦周期，是一种短周期，又称"短波理论"。1923年美国的约瑟夫·基钦从厂商生产过多时，就会形成存货，就会减少生产的现象出发，他在《经济因素中的周期与倾向》中把这种2~4年的短期调整称为"存货"周期，人们亦称之为"基钦周期"。

康德拉季耶夫周期，是一种长周期或长波，是1926年俄国经济学家康德拉季耶夫提出的一种为期50~60年的经济周期。该周期理论认为，从18世纪末期以后，经历了3个长周期。第一个长周期从1789年到1849年，上升部分为25年，下降部分35年，共60年；第二个长周期从1849年到1896年，上升部分为24年，下降部分为23年，共47年；第三个长周期从1896年起，上升部分为24年，1920年以后进入下降期。

作为市场经济中的任何一分子，对经济周期波动必须了解、把握，并能制定相应的对策来适应周期的波动，否则将在波动中丧失生机。在市场经济条件下，企业家们越来越多地关心经济形势，也就是"经济大气候"的变化。

作为政府部门，认识经济周期在市场经济中的运行规律和特征，有助于政府在制定扩张性或收缩性的经济政策以及进行政策转换时，增强预见性，避免滞后性。

经济周期的概念，容易给人们一个错觉，认为既然是周期，应该像元素周期表一样准确无误，是可以预测的，其实不然。我们应当看到，经济周期只不过是对一种现象的描述，事实上不管是哪种理论，都只是对经济波动的一种解释，它是一种马后炮，而不是当头炮。因为影响经济波动的因素是极其复杂的，所谓世事如棋——局局新，就是这个道理。我们可以预测出一年四季24节气的准确时间，但是我们却无法预测一年四季各个节气可能发生的风云突变。影响经济波动的因素就好比这天空中突变的风云，每次都是不同的，因而经济波动是无规律的，几乎不能准确地预测。否则，我们就会消灭衰退，实现经济的长期稳定增长了。

现实当中，人们普遍认为经济波动具有破坏作用，而忽略了它的积极影响。其实在市场经济中，经济波动往往会推动公司改革，加快技术改造，提高管理效率。祸兮，福之所倚。老子的话是对的。

寻找引发销售风暴的蝴蝶

蝴蝶效应告诉我们：小事情一样可以导致大后果，小变化可能会引起大变化。就市场营销而言，若能合理利用蝴蝶效应，往往会起到"四两拨千斤"的作用。

据《第一财经日报》报道：2009年5月，三星电子与百思买在中国正式签订了协同补货（CPFR）协议。

根据该协议，三星电子与百思买在供应链上共同管理采购预测与库存，共享客户信息，而三星的市场部将通过汇总的销售信息分析出大致的研发方向，如用户在最近半年或者一个季度喜欢什么样的手机等。

到目前为止，三星电子已经与北美和欧洲的38家零售流通渠道进行了CPFR合作。从2004年合作开始至今，三星电子销售额增长400%，物流库存减少64%，预测订单的正确率提高至93%，提前备货周期从2005年的11周缩减至2008年的4周。未来，中国的零售商也会成为三星信息链上重要的信息提供者。

在三星看来，如果高速信息流最后不能汇总到设计和专利上，那么这些信息并没有被充分利用。外部的信息获取要配合内部的积极"做功"。

信息反馈的高速战略使三星公司从缩短产品周期中获益。另外，三星还实行

B2B和B2C两个市场并行，不仅生产成品还生产成品的部件。加上市场信息反馈的配合，这使得三星实现了产品多样化、大规模化和成本领导权。

三星还成立了中国经济研究院，分析的内容从家电产业到房地产，再到中国宏观经济。阅读该研究院的报告，读者就可以发现，三星大量搜集了第三方数据，从调研机构易观国际的数据，到各种关于中国经济的统计数据，数据量庞大。

在三星内部人士看来，这种分析对三星内部很有帮助，如中国的房地产情况就对家电销售有影响，而经济的涨落也涉及高端手机的消费心理。三星中国研究院还可对外出售报告产生收入。

故事中，三星巧妙利用了信息的蝴蝶效应，使自己的营销越做越成功。

营销界名人熊兴平在《蝴蝶效应与市场营销——寻找引发销售风暴的那只蝴蝶》中曾指出：要引起一场销售的龙卷风，关键是寻找到在临界点附近那只扇动翅膀的蝴蝶。

第一，让产品成为蝴蝶。利用消费者购买行为的非线性，通过逐渐累积比竞争对手领先1%的优势（微弱优势），在正反馈的自我增加机制作用下，到达终点时便会领先100%，最终打败势均力敌的对手。

第二，让消费者成为蝴蝶。利用口碑营销的病毒式传播原理，找到一位消费者意见领袖（如种植大户、科技示范户），让他成为引发产品销售龙卷风的那只蝴蝶。

第三，让经销商成为蝴蝶。对经销商采取表扬与批评交替结合的办法，通过奖惩激励，逐步把经销商引入到混沌理论的蝴蝶模型中，最后让经销商"化蝶"，引发风暴。

第四，让员工成为蝴蝶。企业员工在不同的条件下会产生天壤之别的销售业绩，若加以引导和激励，企业将呈现积极向上的竞争气氛，员工也可能成为销售竞赛中的那些蝴蝶。

第五，让企业自己成为蝴蝶。企业营销战略是既定战略（领导制定、自上而下）与随机战略（市场引导、自下而上）相结合的混沌战略，企业自己也能进入到混沌模型中而成为那只蝴蝶，如果反馈不当，就可能在一夜之间轰然倒闭；反之，企业就可能成为一夜之间崛起的黑马。

所以，营销中要充分抓住能够引发销售风暴的那只"蝴蝶"，制造蝴蝶效应，产生轰动性的社会影响，从而为企业带来巨额利润。

 **蝴蝶效应活学活用：如何看单双号限行**

某一天，家住北京的董明一反常态起了个大早，因为今天他要挤公交上班。这对习惯于开车上班的他来说颇有些新鲜，但没有办法，自从机动车号牌尾号单双号限行开始实施以后，董明的汽车便只能轮班休息了。这些并不重要，重要的是，他作为北京市民，应积极响应政府的单双号限行政策。

在北京举办奥运会期间，政府决定单双号限行，即从2008年7月20日起，北京正式开始实行为期两个月的限行政策。试行之后，北京又正式开始实行汽车的限行措施。之后，不少省市也纷纷效仿北京的做法，希望通过单双号限行来改善交通拥堵状况。但是，效果似乎并没有预期的好，到了上下班的高峰期，老地点堵车的情况依旧如故。

董明也发现了这点，他本以为乘坐公交车只需半个小时就可以到达单位，但没有料到，在一条路上堵了四十分钟，公交车依然没有前行的意思，这让董明心急如焚。眼看上班的时间就要到了，他还在半路上。

为什么限行之后，依然堵得厉害呢？董明的苦恼也是许多人的苦恼。他听到车上几个人在讨论堵车的事情。

"我这个月都是第二回迟到了，每次都是在这条路上堵。"一个年轻小伙子抱怨道。

一个老大爷不急不慌地说："急啥，过了高峰期就能走动了。"

"那我们也都迟到了，这个月的奖金又没了。"小伙子沮丧地说。

董明忍不住插嘴道："以前开车堵，现在限行了，我们坐公交车也这么堵车，真不知道以后是不是该跑步去上班。"

老大爷笑着说："其实，单双号限行只是一时限制了汽车的数量，短期内人们有可能会看到汽车流量减少，但时间长了，反而会刺激汽车的消费和使用。"

看到董明一脸迷茫，老大爷接着说："举个例子，之前车辆增加，是因社会的进步和人们收入的增加。倘若长期实行单双号限行，随着人们收入的不断增多，有车族完全可以再买第二辆车，这样，遇到限行也不必担心会影响开车出门。即便是现在，很多家庭也拥有两辆车，但一般只开一辆。结果一限行，两辆换着开，限行对他们并没有多大影响。看来，限行政策还是没能解决问题。"

车辆限行，却无法缓解堵车状况，这令许多市民头疼不已。现在有车一族越来越多，据有关数据统计，截至2008年年底，北京市机动车持有量已突破350万辆，平时有大约30%～40%的车被闲置而没有使用，而限行之后，这个库存被充分挖掘，反而使出行车辆增加。所以说，限行不仅对交通改善的作用有限，还不利于提高汽车的使用率。

根据经济学的理论，某样产品在需求一定的情况下，应当是使用率越高越好。同理，汽车也应如此，否则就是社会资源的浪费。

单双号限行政策阻碍了汽车的使用，而且短期的社会成效不能改变一个事实——在长期内，它不可能改变和降低整个社会总的用车需求，只会降低每一辆车的使用效率。

因此，从经济学的角度来看，单双号限行这种措施并没有预想中那么完美。所以，北京市后来又出台了限号政策，在一定程度上改善了拥堵的问题。日后，还会有更科学的办法出台，提高道路的使用效率。

6 测不准定律：
跟风行为会导致市场崩溃

　　测不准定律又名"不确定关系"，由德国物理学家海森堡于1927年提出。它指的是一个微观粒子的某些物理量（如位置和动量、方位角与动量矩，或时间和能量等），不可能同时具有确定的数值，其中一个量越确定，另一个量的不确定程度就越大。

　　测不准定律指出，对任何事物的任何一次探测，其测不准的程度、所探测到的结果，以及事物的真正结果，都是早已决定了的，而且是完全决定了的。测不准的原因是测不全，不能将探测本身对所测事物的影响测出。同自然科学一样，经济学也面临着许多测不准的情况，如股市、基金的变动等。

这是一个"测不准"的世界

我们生存的世界存在许多未知的"测不准"因素，这给我们带来了困难，也带来了挑战。

海森堡的量子力学的测不准定律，带来了物理学上的革命，海森堡因其在量子力学上的重要贡献而获得诺贝尔奖。这一定律冲破了牛顿力学中的死角，表明人类观测事物的精准程度是有限的，或者说错误难免，任何事皆有可能。

对于经济学来说，索罗斯发现了"经济学测不准定律"。这个创造了许多金融奇迹的人，依然在创造着惊涛骇浪般的奇迹。索罗斯号称"金融天才"，其1969年启动的"量子基金"，以平均每年35%的增长率令华尔街的同行目瞪口呆。他似乎在用一种超常的力量左右着世界金融市场，创下了许多令人难以置信的业绩。

传统的经济学理论，总是宣扬市场如何有规律如何有理性。在多年的经商过程中，索罗斯却发现，那些经济理论是多么的不切实际。他对华尔街进行深入分析，察觉金融市场的现实其实就是混乱无序。市场中买入卖出决策并不是建立在理想的假设基础之上，而是基于投资者的预期，数学公式是不能控制金融市场的。人们对任何事物能实际获得的认知都不是非常完美的。投资者对某一股票的偏见，不论其肯定或否定，都将导致股票价格的上升或下跌，因此市场价格也并非总是正确的，总能反映市场未来的发展趋势的，它常常因投资者以偏概全的推测而忽略某些未来因素可能产生的影响。

实际上，并非目前的预测与未来的事件吻合，而是目前的预测造就了未来的事件。所谓金融市场的理性，其实全依赖于人的理性，赢得市场的关键在于如何把握群体心理。投资者的狂热会导致市场的跟风行为，而不理性的跟风行为会导致市场崩溃。这就是他所提出的"经济学测不准定律"。所以，投资者在获得相关信息之后作出的决定，与其说是根据客观数据作出的预期，还不如说是根据他们自己心里的感觉作出的预期。

同时，索罗斯还认为，由于市场的运作是从事实到观念，再从观念到事实，一旦投资者的观念与事实之间的差距太大，无法得到自我纠正，市场就会处于剧烈的波动和不稳定的状态，这时市场就易出现"盛—衰"序列。投资者的赢利之道就在于推断即将发生的预料之外的情况，判断盛衰过程的出现，逆潮流而动。同时，索罗斯也提出，投资者的偏见会导致市场跟风行为，而盲目从众的跟风行为会让人们过度投机，最终的结果就是市场崩溃。

当然，这"测不准"当中，他又有"测得准"的由盛而衰的波动定律，投资者的赢利之道就在于及时地推断即将发生的新情况，逆流而动。可究竟何时动何时不动，又完全取决于投资者本人的悟性。他说："股市通常是不可信赖的，因而如果在华尔街你跟着别人赶时髦，那么你的股票经营注定是十分惨淡的。"

经济学里的"测不准"

经济领域存在很多测不准的因素，存在许多未知的风险，但是风险也是机遇，也为我们发挥创造力提供了空间。

经济学中常用的马歇尔局部均衡"供给—需求"模型，包含相当多的"其余条件"，如偏好稳定、市场出清、不考虑其他商品等，可是在现实经济生活中，这一点是无法办到的，我们无法构筑这样一个定律能够完全发挥作用的环境。

1974年，美国政府为清理给自由女神像翻新扔弃的废料，向社会广泛招标。

由于美国政府出价太低，有好几个月没人应标。正在法国旅行的一个得克萨斯人听说了这件事，立即乘飞机赶往纽约。看过自由女神像下堆积如山的钢块、螺丝和木料，他喜出望外，未提任何条件，当即就签字包揽了下来。纽约的许多运输公司为他的这一愚蠢举动暗自发笑，因为在纽约，对垃圾的处理有严格的规定，弄不好就要受到环保组织的起诉。

就在一些人要看这个得克萨斯人的笑话时，他开始组织工人对废料进行分类。他让人把废铜熔化，铸成小自由女神像，用废水泥块和木头块加工成底座，把废铅、废铝做成纽约广场型的钥匙挂，最后他甚至把从自由女神像上扫下的灰尘都包装起来，出售给花店。不到三个月的时间他让这堆废料变成了350万美元现金，使每磅铜的价格整整翻了一千倍。

不得不承认，生活中，有时候一个创造性的创意带来的实际成效，抵得上100个人缺乏创新的千篇一律的劳动。实现这种大幅度的飞跃，不仅需要主动性，还需要发挥创造力。

在新的未知领域，有很多难以准确估计、精确测量的不确定性，但这些地方也正是提供跳跃的最好平台。

比如，资金是制约企业初期创业发展的一个重要因素，这就为企业的前途增加了不确定性。但是，有的时候，越缺少资金，企业对市场的适应性也会因此越强。因为过分依赖资本本身就会使得公司面临风险，所以企业轻装上阵，反而能没有负担地发挥创造性。

你能把鸡蛋立起来吗

测不准定律启发我们，无论在何时何地，敢于创新的企业越多，为社会创造的利益也会越多，市场也才能够以更快的速度发展。

哥伦布——意大利航海家，因发现美洲大陆成为名垂千古的航海家。在当时，他也被称为时代的英雄，但同时这一称谓也遭到很多人的猜疑和非难，他们认为，"只要给任何人一艘好船，一直往西班牙开，谁都能发现新大陆，有什么了不起的。"

有一天，哥伦布当着猜疑和习难他的人的面说，"你们谁能把鸡蛋竖立起来？"周围人都面面相觑，每个鸡蛋的顶部都是椭圆形的尖，怎么可能竖立起来呢？这时，哥伦布把鸡蛋的尖端轻轻敲开一点，鸡蛋就竖立在桌子上了。这时，有人叫起来："这么简单，我也会！"哥伦布缓缓地说，"是啊，这是很简单的事情。可有人可以发现它，有人却发现不了它，难的是第一个发现的人。"

将鸡蛋竖立起来的创新意识和冒险精神成就了哥伦布，他的发现成为新大陆开发和殖民的新纪元，进一步推动了世界各地的文化交流，同时为西班牙王室带来加勒比海群岛、南非地区丰富的自然资源和物质财富，使西班牙一跃成为欧洲最富裕的国家。

在经济学中，这种能将鸡蛋竖立起来的创新精神也同样重要。创新概念的起源为经济学家熊彼特在1912年出版的《经济发展概率》一书，他在书中提出，创新是把一种新的生产要素和生产条件的"新结合"引入生产体系，可以引入一种新产品、新的生产方法、开辟新的市场，获得原材料的新的供应来源。

利用创新，企业家可以获得新的利润，这种利润大致源自三个方面。

（1）对企业家在创造性破坏活动中负担的风险进行奖赏。

（2）市场不均衡带来的暂时性利润。

（3）通过不公平交易获得的不正当利润。

其中，第三种利润最不应当去争取，会受到非议，而另外两种方式获得的利润，不管多少都不会受到非议，还值得人们大力学习，这也是很多企业家执著于创新的动力来源。

中国人常常说，祸福相依，创新依然如此，众所周知，创新研发的成本非常高，而且很多研发在短时间内是看不到收益的，随时都可能面临着"竹篮打水一场空"的窘境，所以，有多少人拥有敢于创新追求风险的"哥伦布精神"呢？

20世纪70年代，当三星集团宣布自己要进行半导体的创新研发时，大多数三星员工、民众甚至政府都对此怀疑乃至于恐惧。因为研发生产半导体需要很大的资金投入，稍有闪失，整个三星集团都会因此全军覆灭。再加上当时半导体的国际市场非常不稳定，即使研发成功，万一半导体的国际市场已成明日黄花，又该怎么办？但是，当时三星集团的会长坚持认为要将三星转型为高附加值、尖端技术产业和节约资源型产业，只有创新半导体，三星才会有更好的明天。凭借着不断的创新研发精神，三星终于坐上了全球半导体市场占有率第一的位子，从而缔造了企业创新的传奇。

不是所有的创新都可以获得成功，所谓冒险，就是从一开始就具备很大的失败的可能性。企业家只有具备高度的创新精神和勇于承担风险的能力，才会审时度势，抓住机遇，斩钉截铁地去投资看起来似乎异常艰难的创新研发。当企业的创新资本打水漂的几率在50%以上，这时的企业家如果还要选择投资，那就可以说这个企业家是"风险偏好者"，如果企业家在经过仔细调查后认为回报率在

50%以上时才投资时，就可以说这个企业家是"风险回避者"。

不可怀疑的是，创新能为个人、企业、社会带来很大的收益，所以，为了保障创新者的利益，很多国家都实施了一系列的制度来保护因创新而破产或者失败的企业家，让其不用因担心后路而退缩。虽然企业破产了，但企业家个人和企业员工不会受到很大的损失，越是发达的国家，这种保护创新的制度就越完善。

创新是战胜变化世界的法定

敢于不走寻常路，才能够有所创新。只有不因循守旧，才能发现新的生机。

自主创新能力代表着一个国家的核心竞争力，同时也是企业生存和发展的关键，是企业实现跨越式发展的第一步。纵观《财富》五百强企业，只有不断创新，才能在竞争中保持主动，立于不败之地。不怕否定自我、更新自我，而能够不断创新，以一种不甘落后的精神将企业推向高峰。

《易经》有云："穷则变，变则通，通则久。"所以企业在面对瞬息万变的竞争环境时，尤其需要创新，从"变"中搜寻规律，追求长久的发展。

在二十世纪二三十年代，福特汽车因为结实耐用、价格低廉的T型车而独领风骚十余年，但随着时代变迁，消费者的消费需求发生了重大的变化，人们更多的追求款式和节能效果。而福特汽车公司的产品，不仅颜色单调、而且耗油量大、废气排放量大，完全不符合当时的客户需求。此时，通用汽车公司和其他几家公司则紧扣市场脉搏，生产节能降耗、小型轻便的汽车，在20世纪70年代的石油危机中，后来居上，使福特汽车公司一度濒临破产。福特意识到自己的判断失误，转而生产豪华型节能轿车。但是先机已经失去，直到今天，福特汽车再也没有昔日的辉煌。所以，福特公司前总裁亨利·福特深有体会地说："不创新，就灭亡。"

一头驴子背盐过河，在河边滑了一跤，跌在水里，背上的盐融化了。驴子站起来。感到身上轻松了许多。驴子非常高兴，获得了经验。后来有一回，它背了棉花，以为再跌倒，可以同上一次一样。于是走到河边的时候，便故意跌倒在水里。可是棉花吸收了水，驴子非但不能站起来，而且一直往下沉，直到被水淹死。

现实生活中像驴子一样蠢的人总是屡见不鲜。从古到今，因抱着不合时宜的经验不放而失败的人不乏其例。成功的经验固然有其总结之处，然而一味地固守也足以败事。汲取前人总结的精华并没有错，错在我们并没有时时刻刻因地制宜地进行变革和创新。如果我们能够将前人的经验加以改造和完善，并在此基础上创新，形成自己的观点和创意，那一定能够捕捉新的机遇，为自己创造一片天空。

一个好的开始是成功的一半，无论何时开始都不会太迟，重要的是你能够及时捕捉对自己有利的机遇，大胆创新，那么成功就会属于你。

时代在变革，我们遇到的问题也总在变化，市场变得越来越错综复杂，越来越难以预测，如果我们还守着旧的方法不肯松手，如果我们还照搬旧的教条不肯创新，那么怎么能解决新的问题呢？在许多事情上，我们失败的原因常常只有两种，一种是因为经验不足，而另一种则是因为经验过多，最后异化成"经验主义"，那还何谈成功呢？经验不会总是正确的，凭经验办事有时也会出错。我们只有学会了改变并且善于创新，才会离成功越来越近。

测不准定律活学活用：创意经济发展五模式

测不准现象在经济学中普遍存在，也正是这种"测不准"的存在，促进了创意经济的发展。这里，为大家介绍一下创意经济最典型的几种发展模式。

1. 传统保护型与旅游泛化型

依据本地城镇与街区的传统文化、建筑、工艺与人文资源，或利用专项基金进行传统艺术或遗产文明的保护性移植、复制与传承，均可以列为创意经济的范围；而旅游泛化型则多依靠旅游经济带动，在以旅游业为主的同时，由创意艺术家与商家相互促动形成新的创意工业。

2. 企业推动型

企业推动型是指企业依靠自身的资源与优势，在发现、识别并选择了创意经济作为企业投资的产品方向后，整合社会创意与中介人群，与其他街区社区的发展定位形成互动与差异，成为当地创意产业的主力推动者这一创意经济发展类型。其成功案例有深圳华侨城的旅游地产双主题开发模式，成都置信地产古城再造与旅游地产模式，北京红石地产"长城公社"实验性建筑俱乐部模式，上海证大地产现代艺术馆与商业地产一体模式，等等。

3. 政府驱动型

以国际战略形态由政府积极推动创意产业发展的类型。该类型以美国、英国、日本、新加坡、韩国和中国香港为代表，尤以英国政府1997年后大力推动的"创意工业"成效最为显著。

4. 社区合作型

社区合作型是指政府在公共发展的区域政策指导下，在调动财政、税收、金融、补贴、科研、规划等政府力量的同时，充分发挥市场、社会、企业不同的创新力量，吸引各国各地创意阶层共同参与，形成复合性的区域创新商业模式创意产业新社区。这种发展形态以上世纪90年代以来东柏林旧城区的成功改造最具代表性。

5. 艺术家驱动型

原生态的创意经济形态。其主要代表是闻名于世的美国纽约的soho区。近年来在中国出现的北京798厂大山子艺术区、上海苏州河仓库艺术区、昆明上河创库区等，是创意产业在中国开始起步的先声。

7 看不见的手原理：
谁是市场的幕后操纵者

据圣经《但以理书》记载：巴比伦王伯沙撒在宫中设盛宴，正饮起见，忽然显出一只手，在宫墙上写下三个神秘的词：弥尼、提克勒、毗勒斯。众人不解其意。先知但以理说："你冒渎天神，为此，神放出一只手，写下这些字。意思是：'弥尼'——你的国位已告结束，'提客勒'——你在天秤里的分量无足轻重，'毗勒斯'——你的国度即将分裂。"

受此启发，亚当·斯密提出了"看不见的手"的原理。这一命题的含义：社会中的每个人都在力图追求个人满足，一般说来，他并不企图增进公共福利，也不知道他所增进的公共福利为多少，但在这样做时，有一只"看不见的"手引导他去促进社会利益，并且其效果要比他真正想促进社会利益时更大。这只"看不见的手"实际上就是人们自觉地按照市场机制的作用自发调节着自己的行为，并实现消费效用最大化和利润最大化。

亚当·斯密的法宝——"看不见的手"

"看不见的手"的原理自提出以来对经济学及人们的生活产生了深刻的影响，不仅在当时，即使到现在，斯密的观点仍然是现代经济学的中心。

1787年，亚当·斯密到伦敦与他的忠实信徒、英国历史上著名的首相皮特见面。斯密是最后一个到达会面地点，当他一进屋时，所有人都起立欢迎他。斯密说："诸位请坐。"皮特回答说："不，你坐下，我们再坐，我们都是您的学生。"皮特对斯密如此恭敬，原因在于斯密提出的"看不见的手"的原理为当时各界名流奉为经典。

"看不见的手"的原理最初的意思是，个人在经济生活中只考虑自己利益，受"看不见的手"驱使，即通过分工和市场的作用，可以达到国家富裕的目的。后来，"看不见的手"便成为表示资本主义完全竞争模式的形象用语。

亚当·斯密的后继者们以均衡理论的形式完成了对于完全竞争市场机制的精确分析。在完全竞争条件下，生产是小规模的，一切企业由企业主经营，单独的生产者对产品的市场价格不产生影响，消费者用货币作为"选票"，决定产量和质量。价格自由地反映供求的变化，其功能一是配置稀缺资源；二是分配商品和劳务。

通过"看不见的手"，企业家获得利润，工人获得由竞争的劳动力供给决定的工资，土地所有者获得地租。供给自动创造需求，储蓄与投资保持平衡。通过自由竞争，整个经济体系达到一般均衡，在处理国际经济关系时，遵循自由放任原则，政府不对外贸进行管制。"看不见的手"反映了早期资本主义自由竞争时代的经济现实。

"看不见的手"揭示出自由放任的市场经济中存在的一个悖论，认为在每个参与者追求自己的私利的过程中，市场体系会给所有参与者带来利益，就好像有一只看不见的手在指导着整个经济过程。

在正常情况下，市场会以它内在的机制维持其健康的运行，其中主要依据的是市场经济活动中的理性经济人原则，以及由理性经济人原则支配的理性选择。市场机制就是依据经济人理性原则而运行的。

在市场经济体制中，消费者依据效用最大化的原则作购买的决策，生产者依据利润最大化的原则来作销售决策。市场就在供给和需求之间，根据价格的自然变动，引导资源向着最有效率的方面配置。这时的市场就像一只看不见的手，在价格机制、供求机制和竞争机制的相互作用下，推动着生产者和消费者作出各自的决策。

市场是组织经济活动的好方法

市场调节就好比一只无形的手，而价格就是无形的手用来指引经济活动的工具。

对于每个人而言，市场是再熟悉不过的地方。当一个人进入超市买东西，可以说，他进入了一个市场。从某种程度上说，经济学就是伴随着市场的发展而发展起来的。

想象一下，如果没有市场，我们的生活将会怎样？我们该如何获得我们想要的东西，如食物、衣服、日常生活用品等。有人可能会问："我天天去市场，包括菜市场、服装市场等，但我不太明白为什么是市场，而不是其他什么类似的方式来组织经济活动，市场它到底好在哪里？"

市场的重要性在于，它提供了一种机制，使得人们相互进行交易，无论是企业还是个人，价格和利益的激励引导着他们各自的选择，这就是我们一般说的市场调节。

市场上的白菜卖两元一斤，而萝卜只卖五角一斤，那么农民们就会纷纷决定要种更多的白菜，原来用来种萝卜的地也改来种白菜了。3个月后，大量的白菜流入了市场，而萝卜却无人供应了。过量的白菜供给导致其价格一下狂跌到了两角钱一斤，而萝卜却因为供给不足大幅涨价。这下子农民便会想，再种白菜不但已经无利可图，甚至可能亏本，而种萝卜可以给我带来更多的收入。于是农民们开始拔了白菜改种萝卜，当大量的萝卜涌入市场的时候，他们也会遇到像种白菜一样的市场结果。如此反复，市场上会出现供需趋于平衡的状态。

表面上看，上面的故事只是农民在萝卜与白菜中的选择，而事实上，这是一种市场调节。亚当·斯密在书中写道："他通常既不打算促进公共的利益，也不知道他自己是在什么程度上促进那种利益。由于宁愿投资支持国内产业而不支持国外产业，他只是盘算他自己的安全；由于他管理产业的方式目的在于使其生产物的价值能达到最大限度，他所盘算的也只是他自己的利益。在这种场合，像在其他许多场合一样，他受着一只看不见的手的指导，去尽力达到一个并非他本意想要达到的目的。也并不因为事非出于本意，就对社会有害。他追求自己的利益，往往使他能比在真正出于本意的情况下更有效地促进社会的利益。"

亚当·斯密用这只"无形的手"介绍市场经济对于经济活动的重要性，通过分散的、无数的个人的决策在市场上进行相互交易，这样就能够促进社会的利益。市场经济的核心优势便是竞争机制，竞争机制带来"优胜劣汰"，而优胜劣汰的压力驱使人人都会更加努力，从而整个社会的效率就会提高，也就创造更多的财富。

当然，尽管市场调节对于经济活动十分重要，但是市场也绝非万能，"市场失灵"的情况屡见不鲜，这正说明市场调节本身不能有效配置资源。

政府不能只当市场的"守夜人"

政府不应当只充当市场的"守夜人"，应当通过宏观调控等措施来改善市场状况，通过自己的行为来改善市场结果。

乌托邦国处于一片混乱中，整个社会的经济处于完全瘫痪的状态，工厂倒闭，工人失业，人们束手无策。这个时候，政府决定兴建公共工程，雇佣200人挖了很大的坑。雇200人挖坑时，需要发200个铁锹；发铁锹时，生产铁锹的企业开工了，生产钢铁的企业也开始工作了；发铁锹时还得给工人发工资，这时食品消费行业也发展起来了。通过挖坑，带动了整个国民经济的消费。大坑终于挖好了，政府再雇200人把这个大坑填好，这样又需要200把铁锹……这样，萧条的市场终于一点点复苏了。经济恢复后，政府通过税收，偿还了挖坑时发行的债券，一切又恢复如常了。

这则著名的经济学寓言"挖坑"，来源于英国经济学家凯恩斯的一本著作《就业、利息和货币通论》，凯恩斯通过这则寓言引申出了政府干预理论。

众所周知，在凯恩斯之前的西方经济学界，人们普遍接受以亚当·斯密为代表的古典学派的观点，即在自由竞争的市场经济中，政府只扮演一个极其简单的被动的角色——"守夜人"。凡是在市场经济机制作用下，依靠市场能够达到更高效率的事，都不应该让政府来做。国家机构仅仅执行一些必不可少的重要任务，如保护私人财产不被侵犯，但从不直接插手经济运行。

然而，日益庞大的经济体系难免会出现一些运转不正常的现象，当这种不正常现象被扩大化，就会影响到人们的生活，影响到整个经济体系的快速发展。这时，政府将会站在大众的利益和整个国家经济发展的高度出面协调。经济学家曼昆将之总结为：政府在一定时候可以改善市场结果。

事实证明，自由竞争的市场经济导致了严重的财富不均，从而造成经济周期性巨大震荡，社会矛盾尖锐。1929～1933年期间爆发的全球性经济危机就是自由经济主义弊端爆发的结果。因此，以凯恩斯为代表的政府干预主义者浮出水面。他们提出，现代市场经济的一个突出特征，就是政府不再仅仅扮演"守夜人"的角色，而是要充当一只"看得见的手"。政府必须平衡以及调节经济运行中出现的重大结构性问题，这就是政府干预理论。

政府干预经济的主要任务是：保持经济总量平衡，抑制通货膨胀，促进重大经济结构优化，实现经济稳定增长。调控的主要手段有价格、税收、信贷、汇率等等。

从经济学角度讲，宏观调控就是宏观经济政策，也就是说，政府在一定时候可以改善市场结果。人们说，市场本身就是一只看不见的手，那么为什么经济还需要政府的调控呢？因为市场这只手再伟大，也始终不能离开政府的保护。有了政府宏观经济政策的保障，市场才能有效运行。从另一方面讲，市场虽然是经济活动的主要组织方式，但是也会出现一些市场本身不能有效配置资源的情况，经济学家将其称为"市场失灵"。当然，政府有时可以改善市场结果并不是说它总是能够调控市场。那什么时候能够调控，什么时候不能呢？这就需要人们利用宏观调控的经济学原理来判断什么样的政府政策在什么情况下能够促进经济的良性循环，形成有效公正的经济体系，而什么时候宏观调控又无法实现既定目标。

政府要成为好医生

政府在对宏观经济进行调控时，应该根据市场情况和各种调节措施的特点，机动灵活地选择哪一种或哪几种政策措施，这就是相机抉择。

有人将政府比作一名医生，要善于根据国民经济出现的不同症状选用不同的政策配方。比如在经济发生严重衰退时，这相当于一个人病情已经非常严重，这样就不能下见效比较慢的"药"，而应该下"猛药"，如紧急增加政府支出或举办公共工程。

相反，当经济开始出现衰退的苗头时，这好比一个人刚出现疾病的症状，这时就不宜下"猛药"，因为"猛药"的副作用较大。此时，应该开具作用缓慢但副作用小的"药"，如有计划地在金融市场上收购债券以便缓慢地增加货币供给量，以降低利息率。

作为一名好医生，还要善于将不同的药搭配起来使用。政策的搭配一般有这样几种方法：一是为了更有效地抑制经济衰退，可以把扩张性的财政政策与扩张性的货币政策配合使用；为了更有效地削弱经济膨胀，可以把紧缩性的财政政策与紧缩性的货币政策配合使用。二是可以把扩张性的财政政策与紧缩性的货币政策配合使用，以便在刺激总需求的同时又不至于引起太严重的通货膨胀；或者把扩张性的货币政策与紧缩性的财政政策配合使用，这样既能降低利息率，增加投资，又可以减少政府支出，稳定物价。

国民经济的躯体要是有了病，一般表现为通货膨胀率和失业率超过了正常的标准。由于通货膨胀率和失业率之间存在交替关系，所以某一项指标超过正常标准而另一项指标还有余地时，可有计划地调高另一指标而使这一项指标回到临界点以内。

当然，对于政府来说，"预则立，不预则废"，只有把不利于国民经济稳定增长的因素消灭在萌芽状态，才能避免国民经济大起大落、招致不必要的损失。当国民经济的躯体出现了大病时才出来"力挽狂澜"，紧急抢救，这样的政府调控未必是成功的宏观调控。因此，只有密切关注国民经济的一切变化，保持国民经济的持续和健康发展，这样的政府才能算作是好政府。

 **看不见的手原理活学活用：宏观调控**

关注房地产市场的人在2010年最大的印象恐怕是政府对房地产的宏观调控政策了。2010年，中国房地产调控呈现"三波"推进形态。第一波为以"国十一条"为代表的紧缩型调控，第二波为以"国十条"为代表的打压型调控，第三波为以"9·29"新政为代表的管制型调控。三波政策的严厉程度不断升级，共同组成了这轮堪称史上最严厉的宏观调控。

从政策出台的机制分析，"国十一条"明显着重强调"压"，成为中国新一轮房地产紧缩政策的起点。"国十条"提出"坚决遏制部分城市房价过快上涨"，政策严厉程度再次升级。2010年9月29日，多部委新政出台。以巩固楼市调控成果为目的，"国十条"中"30%首付款""停发第三套及以上住房贷款""停发无证明非本地居民住房贷款"等政策被进一步强化，并推广至全国。同时新政还要求"房价过高、上涨过快、供应紧张的城市，要在一定时间内限定居民家庭购房套数"，掀起了中国房地产宏观调控的又一高潮。其严厉程度堪称史上之最。

在接连三波的调控下，中国部分城市房价过快上涨的势头得到了一定的抑制。

宏观调控就是国家运用计划、法规、政策等手段，对经济运行状态和经济关系进行干预和调整，把微观经济活动纳入国民经济宏观发展轨道，及时纠正经济运行中的偏离宏观目标的倾向，以保证国民经济的持续、快速、协调、健康发展。经济学认为，宏观调控的手段和作用是通过制订计划（经济手段），指明经济发展的目标、任务、重点；通过制定法规（法律手段），规范经济活动参加者的行为；通过采取命令、指示、规定等行政措施（行政手段），直接、迅速地调整和管理经济活动。其最终目的是为了补救"看不见的手"在调节微观经济运行中的失效。如果政府的作用发挥不当，不遵循市场的规律，也会产生消极后果。

在现代市场经济的发展中，市场是"看不见的手"，而政府的引导被称为"看得见的手"。为了克服市场失灵和政府失灵，人们普遍寄希望于"两只手"的配合运用，以实现在社会主义市场经济条件下的政府职能的转变。

事实上，经济学家把"宏观调控"这个词理解为宏观经济政策。在实际应用上，宏观调控的含义正在慢慢改变。在市场经济环境下，长期引领西方经济的自由经济主义观念对政府的宏观调控不甚赞同。

20世纪80年代，经济研究部门称为宏观调节部，表明在当时的经济形势下对宏观调节只有一点敬畏，后来慢慢改称为宏观调控部，这是因为政府对经济的控制有所加强。宏观调控由此演变为一个长期的宏观经济政策概念，在任何时候都要存在。

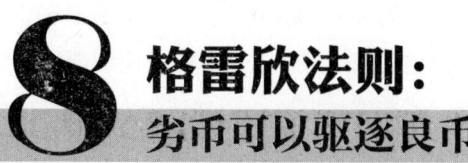

8 格雷欣法则：
劣币可以驱逐良币

　　格雷欣法则，也称劣币驱逐良币法则，是指良币在流通中被收藏起来，以致最终被驱逐出流通领域，实际价值低于法定价值的劣币却在市场上泛滥成灾。

　　16世纪的英国商业贸易已经很发达，玛丽女王时代铸制了一些成色不足（即价值不足）的铸币投入流通中。当时在英国很受王室看重的金融家兼商人托马斯·格雷欣发现，当面值相同而实际价值不同的铸币同时进入流通时，人们会将足值的货币贮藏起来，或是熔化或是流通到国外，最后回到英国偿付贸易和流通的，则是那些不足值的"劣币"，英国因此遭受巨大损失。鉴于此，格雷欣对伊丽莎白一世建议，恢复英国铸币的足够成色，以恢复英国女王的信誉和英国商人的信誉，以免在贸易中受到不足价值铸币的"驱逐"。

　　这就是劣币驱逐良币效应，产生这种现象的根源在于当事人的信息不对称。因为如果交易双方对货币的成色或者真伪都十分了解，劣币持有者就很难将手中的劣币花出去。

劣币驱逐良币普遍存在

　　劣币驱逐良币是一种市场现象，存在于各个领域，我们不能回避这种现象，但可以通过了解这种现象发生的规律及其内在根源，加以因形势利导，免受"劣币驱逐良币"其害。

　　"劣币驱逐良币"的现象在市场上是普遍存在的。在信息不对称的前提下，因为卖方比买方掌握更多的信息，从而会产生柠檬市场效应。柠檬市场效应是指在信息不对称的情况下，好的商品往往遭受淘汰，而劣等品会逐渐占领市场，从而取代好的商品，导致市场中都是劣等品。本来按常规，降低商品的价格，该商品的需求量就会增加；提高商品的价格，该商品的供给量就会增加。但是，由于信息的不完全性和机会主义行为，有时候，降低商品的价格，消费者也不会作出增加购买的选择；提高价格，生产者也不会增加供给。

　　"二手车市场模型"可以形象地解释这种现象。

　　假设有一个二手车市场，买车人和卖车人对汽车质量信息的掌握是不对称的。买家只能通过车的外观、介绍和简单的现场试验来验证汽车质量的信息，但是很难准确判断出车的质量好坏。因此，对于买家来说，在买下二手车之前，并不知道哪辆汽车是质量好的，他只知道市场上汽车的平均质量。当然，买家知道，市场里面的好车至少要卖6万元，坏车最低要卖2万元。那么，买车的人在不知道，车的质量的前提下，愿意出多少钱购买他所选的车呢？买家只愿意根据平均质量出价，也就是4万元。但是，那些质量很好的二手车卖主就不愿意了，他们的汽车将会撤出这个二手车市场，市场上只留下质量低的卖家。如此反复，二手车市场上的好车将会越来越少。

　　产品的质量与价格有关，较高的价格诱导出较高的质量，较低的价格导致较低的质量。"劣币驱逐良币"使得市场上出现价格决定质量的现象，因为买者无法掌握产品质量的真实信息，这就出现了低价格导致低质量的现象。

　　明代四川有三个商人，都在市场上卖药。其中一人专门进优质药材，按照进价确定卖出价，不虚报价格，更不过多地取得赢利。另外一人进货的药材有优质有劣质的，售价的高低根据买者的需求程度来定，然后用优品或次品来应对他们。还有一人不进优质品，只求多，卖的价钱也便宜。于是人们争着到专卖劣质药的那家买药，他店铺的门槛每个月换一次。过了一年他就非常富裕了。那个兼顾优品和次品的药商，前往他家买药的稍微少些，过了两年也富裕了。而那个专门进优质品的药商，不到一年时间就穷得吃了早饭就没有晚饭了。

在这个故事中，卖优质药材的反倒穷得揭不开锅，卖劣质药材的反倒很快致富，这和柠檬市场上的"劣币驱逐良币"现象十分相似。

其实我们可以发现，格雷欣法则无处不在。比如人才市场，由于信息不对称，雇主愿意开出的是较低的工资，这根本不能满足精英人才的需要。信贷市场也有格雷欣法则在发挥作用，信息不对称使贷款人只好确定一个较高的利率，结果好企业退避三舍，资金困难甚至不想还贷的企业却蜂拥而至。认识了格雷欣法则，在很多时候可以使我们免受"劣币驱逐良币"带来的危害。

劣币驱逐良币的根源：信息不对称

传统的市场竞争机制是优胜劣汰，可是在信息不对称的情况下，市场的运行可能是无效率的，并且会导致"劣币驱逐良币"的恶果。

有一个关于信息不对称的故事：

一个商人到教堂，跟神父忏悔道："我……我有罪……"

神父："说吧，我的孩子。"

商人："'二战'开始没多久，我藏匿了一个被纳粹追捕的犹太人……"

神父："这是好事啊，为什么你觉着有罪呢？"

商人："我把他藏在地窖里，而且……而且我让他每天交给我15法郎租金……"

神父："你为了这件事而忏悔吗？"

商人："是的，我现在很后悔……我一直还没有告诉他战争已经结束了！"

　　这个故事中的商人与犹太人对"二战"的认知产生了信息不对称，即商人知道战争已经结束，而犹太人并不知道战争结束了，犹太人为寻求庇护仍然每天支付租金给商人。如果在信息完全对称的情况下，即商人和犹太人都知道战争结束了，犹太人在战争结束后不可能仍每天支付租金给商人。

　　在现实经济中，信息不对称的情况十分普遍，其影响之大，甚至影响了市场机制配置资源的效率，造成占有信息优势的一方在交易中获取太多的剩余，出现因信息力量对比过于悬殊导致利益分配结构严重失衡的情况。

　　市场经济发展了几百年，都是处于不对称信息的情况之下，当人们没有发现信息不对称理论的时候，比如亚当·斯密的时代，市场并没有显示出多少缺陷，亚当·斯密甚至把"看不见的手"推崇备至，自由的市场经济理论学者都宣扬市场的自由调节，反对对市场进行干预。

　　今天，信息经济学逐渐成为新的市场经济理论的主流，人们打破了自由市场在完全信息情况下的假设，才终于发现信息不对称的严重性。

　　占有信息的人在交易中获得优势，这实际上是一种信息租金，信息租金是每一个交易环节相互联系的纽带。每一个行业都是特殊信息的汇总，生产一种产品要工程师的专业信息和技术人员的技术信息以及销售人员的市场信息，把产品变成商品进行交换，需要商人的专业渠道信息和价格信息。俗话说，隔行如隔山，这座山其实就是信息不对称，而要获得这些信息是要付出成本（代价）的。不对称信息实际上可以被看作对信息成本的投入差异，消费者往往没有对商品的信息投入成本，这必然与生产者之间产生信息投入成本差异，生产者利用信息投入差异获取利润正是为了补偿先前付出的信息成本。

　　信息经济学的价值不在于揭示了信息不对称，而在于说明了信息和资本、土地一样，是一种需要进行经济核算的生产要素。

买的没有卖的精

　　作为买卖的双方，商家和消费者都是理性的经济人，其最终目的都是想让自己的利益最大化，而由于双方信息的不对称，在实际生活中消费者总处于劣势地位。

> 买者：你这件衣服多少钱？
>
> 卖者：550元。
>
> 买者：太贵了，我最多给250元。
>
> 卖者：250多不好听啊，干脆我以进价卖给你，450元。
>
> 买者：还是太贵了，300元怎么样？
>
> 卖者：300元太便宜了，要不咱们都让一步，400元成交。
>
> 买者：350元给不给？不给我就走人。
>
> 卖者：等会儿、等会儿，350元就350元吧。这次绝对是亏本卖给你了。

现实生活中，我们常会碰到这样的状况。是我们捡便宜了，还是商家获利了，这恐怕只有商家自己知道。之所以会出现这种状况，主要是由买卖双方占有的信息不对称造成的。

人们在购买商品的过程中，对商品的个体信息认知会产生信息不对称的情形。有些商品是内外有别的，而且很难在购买时加以检验、如瓶装的酒类，盒装的香烟，录音、录像带等。人们或是看不到商品包装内部的样子（如香烟、鸡蛋等），或是看得到、却无法用眼睛辨别产品质量的好坏（如录音、录像带）。显然，对于这类产品，买者和卖者了解的信息是不一样的。卖者比买者更清楚产品实际的质量情况。

信息经济学认为，信息不对称造成了市场交易双方的利益失衡，影响社会的公平、公正原则以及市场配置资源的效率。在商家和消费者对商品所了解的信息中，商家总是比消费者要了解得更多，消费者了解到的只是商品的款式、颜色、大小等外观特点，对于其真正的情况，就无法得知实际情况了，而只能通过商家的宣传来了解。

俗话说，隔行如隔山，这座山其实就是信息不对称，而要获得这些信息是要付出成本（代价）的。商家的优势就是在于对商品信息和营销策略的占有，而且信息占有量要尽可能多的大于消费者，只有这样才能保证在每一次交易中获利。所谓"买家没有卖家精"正是这一个道理。知己知彼，方能百战百胜，在买卖的博弈过程中，消费者占有信息的劣势就注定与商家的较量要失败。当然，如果让消费者意识到自己受骗的商家绝非高明的商家，因为他的顾客越来越少；真正高明的商家会让消费者心甘情愿的上当，且浑然不觉。

再举一个例子：比如你想在附近的餐馆吃饭，但是不知道哪家最好，所以最好的办法还是找一个大家都熟悉的品牌店，因为大家都知道品牌店不会差。由于顾客不会一家家去寻找最好的餐馆，所以一般来说老字号餐馆能够收费更高。

21世纪就是一个信息社会，对于个人来说，拥有信息越多，越有可能作出正确决策。然而现实情况是，一小部分人垄断事物状态的信息，而另外绝大多数人则缺乏事物状态的信息。因此，提高我们获取信息的能力，增加我们获得信息的渠道，使我们的头脑充满智慧和理性，这样我们才能在消费时尽可能减少信息不对称给我们造成损失。

没有必要处处追求完美

现实世界是不完美的，信息不对称也是正常的。我们没有必要去追求完美，也没有必要在任何情况下都要实现信息完全对称。

在农村，大多数人都是经人介绍，然后步入婚姻。男女双方几乎没有经历过真正意义上的恋爱，存在着严重的信息不对称现象。

在农村的婚姻择偶过程中，由于经济地位的不独立，导致女性处于被动地位，因此在婚姻关系确定之前，作为人力资本的供应方，她会想方设法地要求信息完全对称，会尽力找寻信息传递的渠道来了解男方。但根据现实条件，通过自由恋爱、正常交往来了解男方的可能性不大；在由媒妁之言促成的婚姻中，媒婆，即介绍人似乎成了信息传递的唯一渠道，其作用不可小觑。但众所周知，中国有句古语"宁拆十座庙，不毁一门亲"，何况媒人在促成一门亲事后还大有利益可图，因此通过媒人来了解男方，也只能片面了解，要识"庐山真面目"，难度之大可以想象。

但是可以发现，由于信息不对称而结合的夫妻，很多结婚后的感情基础坚如磐石，不能不说是很奇怪的现象。

信息不对称说得通俗一点就是当事人双方并不完全了解。每一方的信息都分为双方皆知或容易得到的公开信息，以及只有各方自己知道、对方花大代价才能获得，或者根本无法获得的私人信息。当双方只知道对方的公开信息，不完全知道私人信息时，就称为信息不对称。信息不对称造成信息多的一方欺骗另一方的可能性。

政府与公众信息不对称将使行政权力失去监督，滋生政府腐败；企业委托人与代理人信息不对称会引起机会主义行为；劳动力市场上信息不对称会使雇主和求职者受到侵害；人与人之间信息不对称是诚信丧失的根源……所以，信息不对称问题是经济学的热门话题。

不过，信息不对称也不见得完全是坏事。夫妻双方信息完全对称，各自连自己的一点隐私都没有，生活往往并不幸福。距离产生美，糊里糊涂的爱，也许能更幸福一点。其实仔细想想，信息太对称，这世界反倒无趣了。在信息化的今天，还是给各方留一点私人空间为好。

当然，这并不是说，信息不对称就好得不得了。在许多情况下，我们还是要努力获得对方更多的信息。比如，政府行为要尽可能公开化，要买二手车还需要请专家鉴定等。

只要我们收集对方信息所花费的成本小于所得的收益，减少信息不对称就是理性的。或者说，寻找更多信息增加的成本小于由此增加的利益，寻找更多信息就是理性的。绝对理想的东西在现实世界中是不存在的，我们追求次优化或较完美的状态，是我们认同不对称信息的重要原因。

 **格雷欣法则活学活用：爱情里的劣币与良币**

有个长得十分漂亮的女孩子，金发碧眼，开朗大方，但一直没有男生敢追她。追慕者们这样想：这么漂亮的女孩，怎么轮得到我来追？肯定有那些比我更有钱的男人，比如巴菲特去追求她。于是长叹一声，转而追求其他女孩去了。

巴菲特在华尔街巧遇来纽约观光的漂亮女孩之后，也颇为心仪，但是巴菲特转念一想：这么漂亮的女孩，怎么轮得到我来追？肯定有那些比我年轻的小伙子，比如比尔·盖茨去追求她。于是巴菲特长叹一声，转而与结发老妇相伴而去。

漂亮女孩去微软公司面试时，巧遇比尔·盖茨。面对如此佳人，比尔·盖茨心中一阵激动，但他转念一想：这么漂亮的女孩，怎么轮得到我来追？肯定有那些比我更强壮的人，比如乔丹去追求她。于是比尔·盖茨长叹一声，埋头继续与司法部周旋。

漂亮女孩去观看篮球比赛时，邂逅飞人乔丹。面对如此佳人，乔丹也为之心动，但乔丹冷静下来一想：这么漂亮的女孩，怎么轮得到我来追？肯定有那些比我更英俊的小伙，比如她的同学或同事，早就已经把她追到手了。于是乔丹长叹一声，转身来个空中走步。

这就是漂亮女孩的困惑。

想追求漂亮女孩的人相互之间都不能互通信息，也不了解漂亮女孩的尴尬处境和真实想法。结果想追求她的男人都根据自己的预期来决定是否要去追求漂亮女孩。由于大家都预期追求漂亮女孩一定是极高的门槛，最后造成大家都退缩不前的局面。

在这个过程中，大家只观察到了女孩的美貌，只发现了自己的不足之处，而根本不知道其他任何信息，最后每个人都相信追求漂亮女孩的代价将是很高的，因而大家都不采取行动。反而是那些考虑问题简单、懵懵懂懂的普通男生追到了漂亮女孩——也就是"劣币驱逐良币"了。只不过，这里的"劣币驱逐良币"不是"劣币"有多么嚣张，而是"良币"主动让步，把机会留给"劣币"了。

这在经济学中被称为逆向选择。造成"鲜花总是插在牛粪上"的原因就是信息不对称下的逆向选择。那些对漂亮女孩向往已久的崇拜者们相互之间，以及和漂亮女孩之间都不能沟通信息，只能造成一段段充满可能的佳缘最终以遗憾告终。

爱情的市场也是一个"劣币"与"良币"共存的市场，我们在逆向选择的作用下，或许不免阴差阳错地和心目中完美的梦中情人擦身而过。为了最大化地避免遗憾，要么你在遇到心仪对象时应好好把握敢于追求，要么和那些人一样，收起自己不切实际的幻想，过平平淡淡才是真的幸福生活吧。

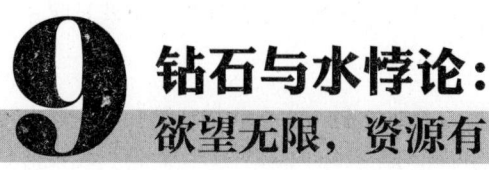

9 钻石与水悖论：
欲望无限，资源有限

几个世纪以来，经济学家一直争论这样一个问题：水和钻石相比，谁的价值更高一些呢？

毫无疑问，一杯水和一颗钻石同时摆在你面前，我们当然会说水的作用更大，但是你会选择水吗？恐怕多数人会选择钻石，因为他们觉得钻石比水的价值更大。这是为什么呢？

为什么水对人类的作用这么大，可它的价值却如此低？为什么钻石除了能让人炫耀财富外，几乎没什么用途，却价值如此大呢？这就是困扰经济学家几百年之久的著名的"钻石与水悖论"，也就是价值悖论。

钻石与水悖论首次由约翰·劳提出，后来亚当·斯密试图说明价值决定因素时借用了这个例子，只不过亚当·斯密没有致谢，也称作价值悖论。它要说明的意思是：没什么东西比水更有用，但能用它交换的货物非常有限，很少的东西就可以换到水。相反，钻石没有什么用处，却可以用它换来大量的货品。用中国的谚语来说，就是"物以稀为贵"。

越是稀缺的东西越是珍贵

物以稀为贵，越是稀缺的东西，越是珍贵，越是能够受到人们的追捧和需求。

著名经济学家亚当·斯密曾在一次演讲中提到："仅仅想一下，水是如此充足便宜以至于提一下就能得到，再想一想钻石的稀有……它是那么珍贵。"当供给条件变化时，产品的价值也会变化，亚当·斯密注意到，一个在阿拉伯沙漠里迷路的富裕商人会以很高的价格来购买水。如果工业能成倍地生产出大量的钻石，钻石的价格将大幅度下跌。

经济学家约翰·劳就用数量与需求的关系来解释"钻石与水悖论"，他认为，虽然水对人类的作用很大，但世界上水的数量远远超过人们对它的需求，而钻石却恰恰相反，数量远远小于人们对它的需求，所以钻石的价值高，而水的价值小。

西方边际学派用"边际效用"说明价值悖论。因为相对于人的需求来说，水的总量是取之不竭的，而人们对喝水的需要是有一定限度的，随着肚子逐渐鼓胀起来，水就变成可喝可不喝了，即此时水的价值很小。相对于人的需求来讲，钻石的数量少得可怜，十分难得，自然钻石的边际效用很大，按照边际效应决定商品价值的观点，钻石的价值很大。

我们生活的地球上，生产资源有限，而人们对商品和服务的需求却是无限的。我们的金钱、时间等有限的资源，便是经济学中所指的"稀缺"。稀缺性并不是说数量很少，而是指不可以免费得到，必须要有所付出才可以，而得到的多与寡，取决于你付出代价的多少。

当你想考取一所名牌大学时，当你想要追求一个可爱美女或"钻石王老五"时，当你想买一个LV限量包时，都会面临稀缺的存在。那么，亿万富翁就无须面对稀缺的烦恼了吗？其实不是，对比尔·盖茨这样的人来讲，或许他想要在更短的时间内做更多的慈善事业，或许他想要拿出更多的时间陪陪家人，享受更多的家庭温暖，对于他来说，时间总是稀缺的。所以，稀缺是每个人都必须面临的问题。

对某些稀缺的产品来说，其价格往往会高到令人瞠目结舌的地步。以手机号为例，在2009年新版的吉尼斯世界纪录中，卡塔尔电信运营商拍出了全球最昂贵的手机号码。一个6666666的手机号是于2006年5月23日被拍卖的，最终成交价格为1000万卡塔尔里亚尔，根据当时汇率水平计算约合275万美元。吉尼斯世界纪录此前记载的最昂贵的手机号码是中国四川航空以48万美元拍得的88888888的手机号。

个性号码是有限的，有限的资源不可能使每个人得到满足。因此，在资源稀缺的前提下，对于这些吉祥号码，就必须以高价才能获得。

其实，资源的稀缺性，有些是天生的，如金子、钻石等，有些是衍生的，如耕地，随着人口的增多，人均耕地越来越少，因为稀缺更显其价值。用经济学中的稀缺性解释生活中的许多现象，我们可以明白很多经济学道理。

所以，不管是看似便宜的水（其实据统计，地球淡水含量也在逐年迅速减少），还是"钻石恒久远，一颗永流传"的钻石，其真实的价值都是根据稀缺度来决定的。如果我们不珍惜水资源，到"最后一滴水将是我们的眼泪"时，水的价值是千万颗钻石也换不来的。

我们常常会听说某个手机号或汽车牌照卖出了天价，这正是资源稀缺性的体现。因为这种手机号或汽车牌照的数字非常独特，而且是唯一的，不会再有第二个。物以稀为贵，这样的商品人人都想买，就会卖出很高的价格。鲁迅说过，北京的白菜太不值钱了，但南方的白菜拉到北京，就不叫白菜了，叫胶菜，而且价格要高很多。

一个物品可以成为商品出售，首先是因为它是稀缺的，并不是因为人们的需求，例如阳光和空气，人人都需要，但因为太多，所以不会成为商品。但是淡水资源却越来越少，所以淡水的价格原来免费供应，现在也开始涨价。当一个商品变得稀缺的时候，它就开始变贵了。黄金因为属于稀有金属，所以价格才高。权力之所以人人追捧，也是因为权力是稀缺的。

"二桃杀三士"带给我们什么启示

资源的稀缺性是经济学的前提之一。稀缺性对社会、对人们的生活产生巨大的影响，正是稀缺性导致了竞争和选择，促进了社会的发展。

春秋时期，齐景公手下有三员猛将，公孙接、田开疆与古冶子都为齐景公立下过汗马功劳。这三个人自恃勇猛，对齐景公也不放在眼里。晏子建议齐景公把这三个人剪除，以免将来留下祸患。景公也觉得应及早剪除，但是三人战功赫赫，又勇猛无比，齐景公也觉得很无奈。晏子说，应当巧斗。他向景公建议，赐给他们三人两只桃子，让他们分吃。只赏赐给最有功劳的人。拿到桃子后，三个大臣开始争夺，竞相陈述自己对国家的功劳。最后两个人得到桃子，另外一个羞愧自杀。得到桃子的两个人见同伴因自己而死，也便羞愧自杀。

这是《晏子春秋》里的记载，三员大将被两只桃子杀死——历史上有名的二桃杀三士的故事。可能有人觉得，同伴自杀，自己也就自杀吗？太不划算了吧。可是别忘了，当时春秋时期的人都是很讲义气的，所以见到同伴自杀，自己也自杀是没什么奇怪的。晏子利用的就是经济学上的稀缺性，只给两只桃子，三个人无论如何也分不好，杀死三个勇士的不是两只桃子，而是稀缺性，因为稀缺才产生互相之间的竞争和争夺，最后在争夺中死亡。

想象一下，如果资源不是稀缺的，而是极大富足的，那么世界会完全变样。自然界中就不会有优胜劣汰，不会有厮杀，每个生物都可以得到满足。人们不用工作，不用考虑买房子，因为土地是富足的，不用考虑衣食住行，一切资源都是富足的。那样的世界就没有任何活力，会变成死水一潭，最终走向毁灭。

就像我们的住房紧缺问题，随着人们物质生活水平的提高，我们对住房条件的要求也越来越高，很多人不再满足于只能遮风挡雨的小门小户，而更多地期望房屋兼具实用性和美观性。而这种实用性则包括住房面积的大小、房屋的舒适性和房屋所处地理位置的便利性等要求，这样，即使人口不增长也会产生住房压力，所以在有限的土地上满足如此庞大人群的需求，住房紧缺就是显而易见的事情了。这也就能很好地解释为何在物质文明高度发达的今天，我们还是会感到资源的稀缺。

稀缺性是人类面临的永恒问题，它与人类社会共存亡。比如，当穷国政府为把有限的财政收入用于基础设施建设还是教育方面而争论不休时，富国政府也正为把收入用于国防还是社会福利而发愁；当穷人为一日三餐担心时，富人正在考虑是打桥牌还是打高尔夫球。

由于稀缺性的存在，决定了人们在使用经济物品中不断作出选择，如决定利用有限的资源去生产什么、如何生产、为谁生产以及在稀缺的消费品中如何进行取舍及如何用来满足人们的各种需求，这些问题被认为是经济学所研究的主题。只有当物品稀缺时，才能被认为是社会财富的一部分。

拨开海湾战争的迷雾——稀缺性

资源的稀缺性是人类社会永恒的问题，也是引发人类社会动荡不安的重要因素之一。

稀缺性，是经济物品的显著特征之一。经济物品的稀缺并不意味着它是稀少的，而是指它不可以免费得到，要得到这样一种物品，必须自己生产或用其他经济品来加以交换。

"稀缺"二字，代表着两种不同的含义：一个是稀有的，另一个是紧缺的。在西方经济学中，稀缺被用来描述资源的有限可获得性，是指相对于人们无穷的欲望，资源是稀少短缺的。在经济学里，稀缺被用来描述资源的有限可获得性。人的欲望是无限的，但资源是有限的，相对于无限的欲望，有限的资源就是稀缺的。

伊拉克石油资源丰富，1993年已探明了的石油储量达1120亿桶，仅次于沙特阿拉伯，居世界第二位，约占世界已探明总储量的10%。

2003年3月20日，以美国和英国为主的联合部队正式宣布对伊拉克开战。澳大利亚和波兰军队也参与了此次联合军事行动。军事行动是在美国总统乔治·W·布什对伊拉克总统萨达姆·侯赛因所发出的要求他和他的儿子在48小时内离开伊拉克的最后通牒到期后开始的。

战争爆发大约三个星期之后，美军顺利进入巴格达市区，途中并没有遇到任何顽强抵抗。伊拉克官员则突然消失，去向不明，大批伊拉克军队向美军投降。伊拉克战争以美国付出极少的伤亡而迅速结束。

海湾战争中美国经过了联合国的授权，而伊拉克战争，联合国一再不通过美国开战的决议，然而美国绕开了联合国，直接发动了战争。也就是说，这次战争是不合法的。美国何以不遵循联合国宪章，逆国际民意而坚持打击伊拉克呢？其背后"石油战争"才是最根本的目的。

美国的政府官员从不讳言他们这一目的：控制伊拉克石油。据《世界日报》报道，时任美国国防部副部长的沃尔夫维茨在新加坡参加亚洲安全会议期间，在回答记者提问时表示："让我们简单地看这个问题，伊位克与朝鲜之间最大的区别在于经济资源，在这个问题上我们别无选择，伊拉克这个国家到处都是石油。"

人类的欲望总是超过了能用于满足欲望的资源，正是资源的稀缺性引起了竞争与合作。竞争就是争夺对稀缺资源的控制，竞争是社会配置资源，即决定谁得到多少稀缺资源的方式。所谓合作就是与其他人共同利用稀缺资源、共同工作，以达到一个共同的目的。通过合作的形式是为了以有限的资源生产出更多的产品，合作是解决资源稀缺性的一种途径。

资源的稀缺性是人类社会永恒的问题，经济学产生于稀缺性的存在。也正因为资源稀缺，才需要经济学研究如何最有效地配置资源，使人类的福利达到最大化。

经济学上的资源有效配置是指资源效用的最优化。最优化是指资源在利用的过程中不仅本身的效益得到充分的发挥，而且还要考虑资源在运用过程中与其他资源的协调配合，从而产生更有效用的社会产品。

隐私经济，是赚钱的好营生吗

隐私由于其稀缺的特性，容易引发人们的关注，发生一种社会现象和效应，隐私效应可产生经济效应，隐私也可以卖钱。但追求隐私经济不能走极端，要遵守道德和法律的准绳。

明朝时，远离都城的城市里，有一个富甲一方的贵族。据传，他的儿子生下来时，胸口有日月星辰胎记，堪称一奇，引来众人观看。只是这贵族贪财，哪肯让人们白看，只有有钱人才能看上一眼，因为看一次要掏白银50两。正因看到的人少，结果事情越传越悬，有人说这孩子身上长的不是胎记，是天上的日月本尊；还有人说那胎记会发光发热，犹如真的日月一般……一夜之间，这个小孩子的事情传遍了大街小巷。

事情传到宫中，皇帝听闻，感到十分好奇，这么有趣的事情还是第一次碰到。他想，一定要亲眼见见这孩子。于是，皇帝几日内便赶到贵族家门口，说自己愿意出重金看这婴儿一眼。贵族没见过皇帝，但是见这人架势非常，随从甚多，便琢磨此人非富即贵，前几日来的几个有钱人都要了50两，这个就要价200两吧。

他一说出价格，皇帝身边的公公就不愿意了："什么东西啊，居然要价200两？"

贵族一听，也不高兴了，说："小儿的事是我家里的私事，小儿的身体自然也是极其私人的，怎么能随随便便让人看，要你200两还贵么？不然，我给您200两，您脱光了让我看看？"

贵族能用儿子身上的胎记大做文章，赚取钱财，正是利用了人们对孩子隐私的好奇。被贵族掖着藏着的孩子的私密信息，竟变成了一种可以生财牟利的商品。当好奇心让人们心甘情愿地掏出钱来时，其实这也构成了消费行为。贵族无意中导演了一场"隐私经济"戏码。

听起来，"隐私经济"这词似乎并不陌生，在报纸杂志上，我们常常可以看到某某明星曾经整过容，某美女大学生为了生计甘当二奶，某某富商因其身体残疾离婚，某某老翁为了娇妻偷偷注射激素，等等。这些都是人们的隐私，只是不知道从何时起，原本的秘闻充斥在各式各样的杂志上，成为最鲜亮的卖点，并在一片"大爆隐私""情感独白"的吆喝声中引发洛阳纸贵的现象。

现实告诉我们，隐私由于其稀缺的特性，容易引发人们的关注，发生一种社会现象和效应，隐私效应可产生经济效应，隐私也可以卖钱。

那这种现象是如何形成的？该如何解释？

隐私可以作为一种商品来售卖，说明它具有一定的交换意义，能够满足人们的某种消费需求，能够形成市场上的供给和需求。也就是说，有人愿意买，有人愿意卖。

人们对隐私的消费，源自需求，也就是有人想知道这些隐私。知道这些隐私做什么？无非是满足人们的好奇心和窥视心理。经济学家梁小民说过，好奇心是人类的天性，满足好奇心和满足人类其他欲望一样没有差别，对隐私的了解也是人们的一种欲求。当这种隐私激发起的好奇心越强烈，人们就越愿意掏钱来得知这些隐私。就像八卦上的名人隐私一样，明星的名气越大，大众对他的关注越多，也就越好奇，这样的名人隐私也越卖钱。

2005年5月，民间流传出一本通讯录，据说它收录了几百名影、视、歌明星的电话号码，其上面不仅有诸多演员、导演、主持人，还有著名电视栏目的记者、中央电视台台长，等等。名单以北京明星居多，除了内地明星，吴倩莲、曾志伟等港台明星的电话也在其中。据行家说，该电话录被以800元的高价叫卖。

另外，有人在北京街边的地摊上还会看到同其一起出售的"世界500强CEO通讯录"，而两本通讯录售价高达2 000余元。

隐私可以转化为财富，可以被出卖，而市场上的人也有了消费隐私的机会，所以隐私便"形成了自己的价值"。在这种市场需求的刺激下，有人想要花钱买，自然就会出现一部分人来提供。

随着"消费隐私"趋势的发展，经营隐私已经成为一个前景广阔的产业，而且是一个市场门槛极低，社会需求量极大，投资少、收效快、赢利空间巨大的产业。何况被贩卖的是别人的隐私，无需成本，又真假难辨，就算信息是假的，也不怕人投诉。商业"唯利是图"的原则告诉人们，这是个稳赚不赔的"好营生"。

盈利如是，又引起了人们对另外一个重要问题的思考——以窥探个人隐私为卖点的商业活动，是否会侵犯别人的正当权益？市场上的供需的确会带来隐私交易，但它应与其他交易一样也需要法律和道德的约束，在未经当事人同意的情况下，贩卖隐私的行为也会受到法律追究。娱乐杂志在将别人的"私家猛料"报道之前，是否要考虑其来源的合法性？如何合理地利用隐私资源，以满足公众心理消费的需要，这也是"贩卖者"首先要考虑的问题。

 钻石与水悖论活学活用：经济人假设

有一位妇人在纽约市的多家报纸上刊登了一美元卖宝马车的广告，人们并不以为然，因为一美元是不可能买到宝马车的。一周过去了，没有人去买这辆廉价的宝马车。刚毕业的小伙子约翰看到这则广告，满怀希望地拿着一美元按报纸上的地址去买这辆宝马车。很快，约翰就和卖车的妇人办好了手续。约翰问："为什么这辆宝马车只卖一美元呢？"妇人说："因为我的丈夫去世了，他的遗产全都是我的，只有这一辆宝马车属于他的情人。根据他的遗嘱，要把这辆车拍卖，拍卖所得的款项全部归他的情人。所以，一美元即可。"于是约翰高高兴兴地开着宝马车回家了。

经济人假设，也叫"理性经济人"，是经济学中最根本的一个假设，整个经济学大厦就是建立在这个假设基础上的。

经济人假设认为，因为资源的稀缺性，每个人都受到资源稀缺的约束（如收入的限制、时间的限制、价格的限制等），人的思考和行为都是在既定的约束下追求自己利益的极大化。如同上文中的约翰，他很乐意用一美元去购买一辆宝马车。所谓经济人假设是指，作为个体，无论处于什么地位，其人的本质是一致的，即以追求个人利益，满足个人利益最大化为基本动机，都希望以尽可能少的付出，获得最大限度的收获，并可为此不择手段。

亚当·斯密在《国民财富的性质和原因的研究》（简称《国富论》）中的一段话对理性经济人有较为清晰的阐述："我们每天所需要的食物和饮料，不是出自屠户、酿酒家和面包师的恩惠，而是出于他们自利的打算。我们不说唤起他们利他心的话，而说唤起他们利己心的话，我们不说我们自己的需要，而说对他们有好处。"亚当·斯密的这段论述向我们表明：人和人之间是一种交换的关系，能获得食物和饮料，是因为商家们要获取自己最大的利益。

大卫·李嘉图提出来经济人的"流氓假设"：社会是由一群无组织的个人

组成的，每个人以一种计算利弊的方式为个人的利益行动；每个人为达到这个目的，尽可能地合乎逻辑地思考和行动。

在经济学家的眼里，千差万别的活生生的人都是理性经济人——不懈地追求自身最大限度地满足的理性的人。显然，经济人都是自利的，以自我利益的最大化作为自己的追求。当一个人在经济活动中面临着若干不同的选择机会时，他总是倾向于选择能给自己带来更大利益的机会，即总是追求最大的利益。

因此，理性经济人是自利的，但自利并不完全等于自私。如一个虔诚的教徒受到了感化，充满了行善的愿望，当他人得到幸福的时候，他就会觉得自己也幸福——他是自利的，但并不自私。

无论个体的行为是成功地为个体带来正的经济利益的流入，还是带来负的经济利益的损耗，在作出决策时，个体都是理性的经济人。在社会以及经济活动中，人人都是理性经济人。比如说买一件商品，人们都希望买到的是"物美价廉"的商品，绝不希望买到"物次价高"的商品，因为在经济活动中，人会保持最大的自利，也许在结果上买了"物次价高"的商品，但这个不会改变个体是理性经济人这一事实。

可以说，理性经济人是经济学最基本的概念之一。

10 边际效用递减原理：
付出多少不等于能回报多少

　　边际效用递减原理是指，如果不断添加相同增量的一种投入品（其他投入品保持不变），会导致的产品增量在超过某一点后下降，增加的产量就会变得越来越少，甚至使总产量绝对减少。

　　在经济学中，边际效用是一个十分重要的概念，边际效用递减也是经济学的基本规律之一。经济学家用边际效用解释价值，引起了经济学上一种革命性变革。所以，边际效用理论的出现被称为经济学中的"边际革命"，它成为现代经济理论的基石之一。

让人生厌的杰米扬的汤

没有卖不出去的产品，只有消费者不需要的产品。只要不是杰米扬的汤，一定可以卖出去。

杰米扬准备了一大锅汤，请朋友福卡前来品尝。

杰米扬热情地说："请啊，老朋友，感谢你的光临！这个菜是特别为你准备的。"

福卡回答："不，亲爱的朋友，吃不下了。我已经吃得塞到喉咙眼了。"

"没关系，才一小盆，总会吃得下去的。这汤味道多鲜啊！"

"可我已经吃过三盆哩！"

"嗨，何必计数呢？尽量喝吧，只要你喜欢。凭良心说，这汤真香，真稠，看那层浮油在盆子里凝结起来，简直跟琥珀一样。请啊，老朋友，替我吃完它！吃了有好处的！喏喏，这是鲈鱼，这是肚片，这是鲟鱼。只吃半盆，吃吧！"杰米扬喊自己的妻子，"亲爱的，你来敬客，客人会领你的情的。"

杰米扬就这样热情地款待福卡，一个劲儿劝他吃，不让他休息，不让他喘气。福卡的脸上大汗如注，勉强又吃了一盆，并装作吃得津津有味的样子，把盆子里的汤吃了个精光。

杰米扬嚷道："这样的朋友我才喜欢，我最讨厌那些吃东西挑三拣四的人了。看你吃得这么香，我真高兴！好，再来一盆吧！"

可怜的福卡虽然喜欢喝汤，但这样喝却跟受罪一样。他马上站起身来，抓起帽子、腰带和手杖，用足全力跑回家去了，从此再也不来杰米扬的家了。

当福卡喝第一碗汤时，感到无比鲜美，在经济学家看来，就是这碗汤发挥了效用。所谓效用就是指人们消费某种物品时所得到的满足程度。例如，吃一个面包得到物质上的满足，或看一场电影得到的精神满足。效用完全是消费者的主观感觉，取决于个人的偏好，没有什么客观标准。

尽管效用是主观的，但所有人的消费都遵循一个共同规律，这就是随着所消费同一种物品的增加，给消费者带来的满足程度是递减的。例如，福卡喝杰米扬的第一碗汤时，一定感到味道鲜美（满足程度高），喝第二碗汤的感觉不如第一碗汤那么好（满足程度减少了）。当喝了一碗又一碗时，满足程度越来越低，最后成为痛苦（负效用），以至于不得不逃之夭夭。经济学家把这种普遍现象概括为边际效用递减规律。

现在许多企业都为产品卖不出去发愁。其实产品卖不出去，并不是消费者没有购买能力，而是你的产品不能满足消费者的要求，给消费者带来了边际效用递减，成了"杰米扬的汤"。

中国号称瓷器大国，但市场上却几乎都是图案与造型极为相似的青花瓷。这种同样的瓷器，你顶多需要一套。相同的瓷器再多就边际效用递减了，甚至没地方放，边际效用就为负的了。但是不是瓷器市场就这样有限呢？当然不是。相同的瓷器才带来边际效用递减，不同的瓷器就不存在边际效用递减。记住，边际效用递减是对同样东西数量增加而言的，不同的东西满足消费者的不同需要，就没有边际效用递减。瓷器可以有不同的造型与图案，不同瓷器可以满足不同需求，带来不同的效用。例如，实用性的瓷器可以在生活中用；艺术瓷器可以作为欣赏，给消费者带来精神享受；为儿童喜爱的动画瓷器，可以满足父母爱孩子的需求，则是另一种满足。这样的三套瓷器当然就不存在边际效用递减，因而也就不会没有需求了。

消费者对物品有多大需求取决于其消费这种物品得到了多少边际效用。消费者从一种物品中得到的边际效用大，就愿意出高价买。反之，消费者从一种物品中得到的边际效用小，就只愿出低价。如果边际效用为零，甚至负数，像杰米扬的第三、第四碗汤，消费者绝不会买。

边际效用递减规律是经济学的基本研究方法之一，不仅在理论上，而且在实际工作中也起着相当大的作用，值得引起我们的重视。

第一块三明治和第三块不同

天天吃着山珍海味也吃不出当年饺子的味，同样的食品，吃第一次和最后一次的感觉是相差很大的。

美国总统罗斯福连任三届后，曾有记者问他有何感想，总统一言不发，只是拿出一块三明治面包让记者吃，这位记者不明白总统的用意，又不便问，只好吃了。接着总统拿出第二块，记者还是勉强吃了。紧接着总统拿出第三块，记者为了不撑破肚皮，赶紧婉言谢绝。这时罗斯福总统微微一笑："现在你知道我连任三届总统的滋味了吧!"这个故事揭示了经济学中的一个重要原理：边际效用递减规律。

那么我们先来看看什么是效用，效用是物品满足人们欲望的能力，是消费者在消费商品时所感到的满足程度。说到效用，我们想起了一个著名的幸福方程式。当代美国经济学家萨缪尔森把幸福作为一个经济问题进行研究时，他就提出了一个幸福方程式：

幸福=效用÷欲望

从这个公式来看，幸福取决于两个因素：效用与欲望。当欲望既定时，效用越大越幸福；当效用既定时，欲望越小越幸福。从经济学的角度讲，效用则指的是人从消费某种物品（或劳动）中得到的满足程度。一般情况下，消费的各种物品越多，所得到的效用也越大。

我们再来看看边际，经济学上认为边际就是最后一个。边际效用是消费某种物品时增加最后一单位消费所增加的满足程度。总效用是消费一定量某物品与劳务所带来的所有的满足程度。

假设一个人吃馒头，吃第1个馒头获得3个单位（满足程度），吃第2个馒头获得2个单位（满足程度），吃第3个馒头获得1个单位（满足程度）。假设馒头是免费的，你说他应该吃多少个馒头？他会一直吃下去么？显然不会，如果他是理性的，他一定会选择边际量，即在吃第X个馒头时，已经不能获得任何满足，馒头已经吃腻了，没有任何意义了，这时候，他就停止吃馒头了。假设，他在吃第4个馒头时，获得0个单位（满足程度），继续吃下去，可能就是负的满足程度，比如吃到第5个馒头时，觉得恶心、想吐，因此，他还是吃4个或者3个为好。因此，即使是免费的东西，比如这里是馒头，虽然边际成本为零，但是由于边际收益是递减的，随着吃馒头的个数增加，满足程度不断下降，等到边际收益等于边际成本时，理性的人在这个边际量的地方实现了均衡。

中国人大多都知道朱元璋"珍珠翡翠白玉汤"的故事。年轻时，落魄的朱元璋曾受乞丐的"百家饭"接济而得以活命，他觉得那顿饭是他吃过的世间最好的美味。在其富贵天下吃尽世间美味后仍对那碗所谓的"珍珠翡翠白玉汤"念念不忘，甚至找来当年做饭之人为其烹制，但已找不出来当年的滋味了。一样的东西为何对朱元璋有不同的效果呢？最后，朱元璋感叹道："肚饥了糠也甜，肚饱了肉也咸。"由于环境和社会地位的不同，不同阶段的朱元璋对物质、精神生活的期待不同，得到的感受也是截然不同的。

现在我们的生活富裕了，我们都有体验"天天吃着山珍海味也吃不出当年饺子的香味"的感觉，这就是边际效用递减规律。设想如果不是递减而是递增会是什么结果，吃一万个面包也不饱。所以说，幸亏我们生活在效用递减的世界里，在购买消费达到一定数量后因效用递减就会停止下来。

投入成本与收益未必对等

人们常说，"一分耕耘，一分收获"，但是现实生活中，往往并不是这样，投入成本与收益的不对等，才是现实世界中的真相。

在生活中，我们常常会发现边际效益递减的情况。比如在农业生产中，随着肥料的增加，农产品的产量先是递增的，当达到一个浓度后，再增加肥料，农产品的产量是递减的。肥料太多就会把庄稼都烧死了，最后连种子都收不回来。

对每个人来说，当然希望效益越多越好，但是生产要素的投入与效益之间并不是成正比的关系，并不是投入越多，效益就越多。投入太多的成本，结果往往令人失望，因为成本与收益并不总是正比递增的。

当把一种可变的生产要素投入一种或几种不变的生产要素中时，最初这种生产要素的增加会使产量增加，但当它超过一定限度时，增加的产量会递减，最终还会使产量绝对减少。这一现象普遍存在，就被称为边际效益递减规律。

"一个和尚挑水吃，两个和尚抬水吃，三个和尚没水吃"的故事，从边际效益变化的角度来看，一个和尚挑水吃到两个和尚抬水吃，说明边际效益已经递减，当发展到三个和尚时，已经递减到没有水吃了。这是对边际效益递减规律最生动的写照。

根据边际效益递减规律，边际产量先递增后递减，递增是暂时的，而递减则是必然的。边际产量递增是生产要素潜力发挥，生产效率提高的结果，而到一定程度之后边际产量递减，则是生产要素潜力耗尽，生产效率下降的原因所致。

那么，如何把握"度"的界线呢？简单来说，当一次新增的成本投入不能带来更长远的更大利益时，这样的成本投入就应该放弃。这样做，我们能以最少的成本获得最大的收益。

在现实生活中，投入多少成本才能获得最佳收益，往往取决于个人的实际情况。其实，这个世界上不是什么人都能把握好度的。有的人从养几只鸡开始，发展成为养殖大王；有的人投资数百万元养殖家禽，最终却亏本。把握好成本与收益的"度"，不仅与个人的素质相关，还跟个人生存的环境和社会因素有关，如家庭出身的因素、所在地区的大环境以及政策限制和倾斜等软环境。

再比如，一个人在饥寒交迫的时候，得到一把米，能解决他的生存问题，他自然会感激不尽。不过，如果继续给他米，那么这个人就会觉得理所当然，慢慢变得心安理得。

我们第一次接触到某事物时，情感体验最为强烈，第二次接触时，会淡一些，第三次，会更淡……以此发展，我们接触该事物的次数越多，我们的情感体验也越为淡漠，一步步趋向乏味。这就是边际效益递减。

曾经有一个母亲在女儿出嫁前嘱咐女儿："到了婆家，记住不要一直做好事。"这位母亲深谙边际效益递减规律。母亲担心女儿一直做好事，婆家会认为这个媳妇天生就是这样，对她所做的好事不会记上心，反而会有更多的要求，甚至不允许她日后出现一点点的细小差错。

一个人做一件好事并不难，难的是一辈子都做好事。生活里我们经常会遇到这样的事，第一次帮助了某人，他会对你心存感激。第二次帮助他的时候，他的感恩心理就会淡化。数次之后别人甚至将你的付出当成是理所当然的事。一旦他所期望的帮助没有出现，反而对你心存怨恨。

由此可见，把握"度"是一种艺术，是一种智慧，它既需要理性，也需要阅历的积淀。

打破边际产量递减的魔咒

企业增加的投入和得到的产量并不完全是呈正比例的，因为这个过程存在着边际递减规律：也就是随着投入的增加，得到的额外产出逐渐减少。

为了考察生产过程与其总成本之间的联系，我们以大伟的糕点店为例。

先假设我们考察的是短期经营行为，也就是说，大伟的糕点店并未取得重大的技术进步，规模是固定的，并且店内生产的糕点量是由工人的数量决定的。

当大伟雇佣1个工人时，店内可以生产出50块糕点。当有2个工人时，可以生产90块糕点，当有3个工人时，可以生产120块糕点……如图10-1所示。

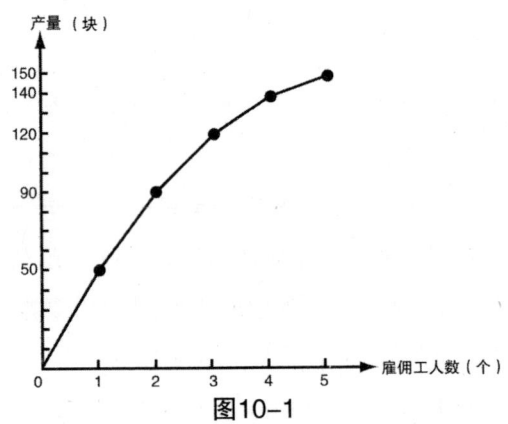

图10-1

如上图所示，它表现了投入量（工人数）和产量（糕点量）的关系，被称为生产函数。从图中还可以看出，随着工人数量的增加，糕点的数量也在增加。由此，经济学家提出了边际产量的概念——投入增加1单位时所得到的产量的增加。

值得注意的是，随着工人数量的增加，工人的边际产量在逐渐降低。很容易可以计算出，第一个工人的边际产量是50块，第二个工人的边际产量是40块，第三个工人的边际产量是30缺，到第四个工人的边际产量就只有20块了。可能存在的原因是，由于工人的增多，大家只能共用设备，分享的空间也越来越小，使工人效率下降了。边际收益递减规律可以这样表述：在增加一种投入而保持其他条件不变时，所增加投入的边际产量至少自某点开始会逐渐下降。

不过，和其他规律一样，边际产量递减规律也有前提条件——生产技术没有发生重大变化、固定生产要素不变，这两个因素缺一不可。如果从长期上考察，生产技术可能有很大进步，而一切生产要素都变化了，这条规律也就不起作用了。

边际收益递减规律在其他各行各业也是普遍存在的。比如在农业中，农民对肥料的使用在开始时对增产的贡献最大，随着肥料的增加，增加肥料的贡献越来越少，最后呈负值。又比如在人事上，政府和企业的富余人员存在，使机关人浮于事，严重存在边际产量递减规律，这时就有必要"减员增效"。这就要求我们正确对待边际产量递减规律，考察边际产量递减规律发生的条件，采取针对性的措施，减少不必要的投入，以避免相关损失，提高整体效益。

边际效用递减原理活学活用：创造多样化产品

边际效用递减原理提醒我们，企业要更好地发展，就要不断进行创新，生产不同的产品去满足消费者的需求，减少和阻碍边际效用递减。

边际效用理论的应用非常广泛，经济学上的需求法则就是以此为依据的，即用户购买或使用商品数量越多，则其愿为单位商品支付的成本越低（因为后购买的商品对其带来的效用降低了）。

了解边际效应的概念，你就可以尝试在实际生活中运用它。

例如，你是公司管理层，要给员工涨工资，给3 000元月薪的人增加1 000元带来的效应一般来说是比6 000元月薪增加1 000元大的，可能和给6 000元月薪的人增加2 000元的相当，所以似乎给低收入的人增加月薪对公司更有利；另外，经常靠增加薪水来维持员工的工作热情看来也是不行的，第一次涨薪1 000元后，员工非常激动，大大增加了工作热情；第二次涨薪1 000元，很激动，增加了一些工作热情；第三次涨薪1 000元，有点激动，可能增加工作热情；第四次……直至涨薪已经带来不了任何效果。

如果想避免这种情况，每次涨薪都想达到和第一次涨薪1 000元相同的效果，则第二次涨薪可能需要2 000元，第三次需要3 000元……或者使用其他激励措施，例如第二次可以安排其参加职业发展培训，第三次可以对其在职位上进行提升，虽然花费可能相当，但由于手段不同，达到了更好的效果。

边际效用递减规律也给经营者另一些启示，消费者连续消费一种产品的边际效用是递减的。如果企业连续只生产一种产品，它带给消费者的边际效用就在递减，消费者愿意支付的价格就低了。如何改变这种情况？在经济领域，产品的多样化理论可以解决这个问题。因为，企业的产品不断创造出多样化的产品，即使是同类产品，只要不相同，就不会引起边际效用递减。

例如，同是笔记本电脑，根据消费者买电脑的需求，可以做成不同型号，有的消费者买电脑是为了玩游戏且追求时尚，就可以对这类消费者侧重内存、显卡和外观；有的消费者是为了可移动性强，那么就要为这类用户节约重量；这样，同是笔记本电脑，却成为了不同产品，就不会引起边际效用递减。如果是完全相同，则会引起边际效用递减，消费者的购买欲就会下降较快。

11 美女经济效应：
美丽就是生产力

美女经济，就是围绕美女资源所进行的财富创造和分配的经济活动。美女经济是一种以美女为介质的特殊传媒经济，作为一种特有的经济形式，在美丽后面，美女经济有其特定的经济要素、运行机制，因而形成了自己的经济特点。

大众传媒是20世纪人类技术进步、经济发展的产物。它从一诞生开始，即以一种巨大的穿透力，并借助于某种神秘的物化机制，迅速扩展到人类生活的方方面面，对当代社会的政治、经济、文化实践活动产生了广泛而深刻的影响，美女经济就是大众传媒发展到一定阶段的必然产物。美女经济以其亲和力强、感染力强的特点，在传播过程中效果良好，成为各界竞相争取的传播载体。

美女经济时代到来了

女人顶起半边天，经济是女人的，更是美女的。美女改写了经济，美女引领经济时尚。

从2003年起，各种名目的选美比赛纷纷在中国登场：环球小姐、国际小姐、世界小姐、中华小姐、中国小姐、上海小姐等评选不断刺激着人们的眼球，而"人造美女"的出现更是为这项蓬勃发展的"产业"火上浇油。除去"顶尖级""世界级"和"专业级"的各种大赛，地方性、行业性的"选美"也名目繁多："校园选美""网络选美""孕妇选美""虚拟人选美"此起彼伏。表现形式主要有：选美、模特、服饰、珠宝、减肥、美容、美发、文身、彩绘、健美、化妆、摄影、文化等。

"美女效应"已经从最初的选美模特大赛普及到民众的生活层面，直接介入了民众的经济生活。在中国，美女主要集中在艺术表演、媒体、公关以及服务业和文秘等领域，美女的容貌被公认能发挥异常的作用。

这种美女效应就是美女经济的一部分。美女经济，这个词汇在经典经济学词典里没有解释，即使目前，也还没有一个权威的定义，只有两种不同的说法。

一是所谓美女经济，就是围绕美女资源所进行的财富创造和分配的经济活动，其宗旨是开发美丽资源，服务市场经济，其本质是以美丽为介质，传播、提升、放大经济价值。

二是利用"美女搭台、经济唱戏"，把消费者的注意力转移到产品、服务贸易上的经济活动。这种经济行为的核心是"消费"美女，并有着鲜明的功利色彩和商业目的。

在"选美"过程中，美女们凭借自身的条件，加上刻意的"修炼"，刺激大众的眼球，进而成为商业促销的手段和吸引注意力的工具。

西汉时，临邛首富卓王孙有个漂亮的女儿，叫卓文君。一天，卓王孙请客，司马相如也在被请之列。席间，司马相如在众人的要求下，弹了一首《凤求凰》，琴声打动了屏风后面的卓文君，她偷看司马相如后，"心悦而好之"。事后司马相如让"侍者"当红娘，与卓文君连夜私奔到成都。

卓王孙听后大怒，并对劝说的人说："女至不材，我不忍杀，不分一钱也！"卓文君与司马相如面临窘迫的生活，决定把车马卖掉，到临邛开酒店，卓文君当街卖酒。卓文君的美貌吸引了众多的人前来光顾，两人的生活因为酒铺生意的兴旺而逐渐好转。

卓王孙后来在别人的劝说下，分给卓文君仆人上百人、钱百万，以及她出嫁时的衣被财物。卓文君与司马相如回到成都，不再卖酒。

卓文君"当垆卖酒"的故事体现了汉代的"美女经济"效应，因为美貌多才的卓文君在大庭广众下卖酒，所以吸引了更多人前去买酒，才会使得两人的生活状况得到改善。

一笑倾城，再笑倾国，千古流传的"美人效应"在市场经济时代摇身变成了热辣的"美女经济"。选美大赛使媒体获得了较高的广告收益；利用美女做形象代言人的商家提高了产品的关注度及购买率；美女还为赞助商带来了广泛的广告效应。这一切所产生的经济效益就是"美女经济"。

其实，真正意义上的现代美女经济是起源于20世纪50年代英国的世界小姐大赛，而中国的美女经济则萌芽于中国改革开放后的20世纪80年代。随着选美产业的日渐成熟和社会心态的更加开放，中国的美女经济时代到来了。

美女经济因何大行其道

市场选择了美女，美女激活了经济。美女经济适应了时代的需求，是市场经济发展的必然选择。

美女经济其实是市场发展到相当程度的产物，是社会进步的一种表现，更是市场选择的结果。尽管我国的美女经济出现的时间已经不算短了，但总的来说，还不成熟。美女经济是许多人眼中的另类经济，但它本身的存在是无可厚非的，只是需要规则加以约束。

美女经济之所以风行全球市场，究其原因，主要有以下六大方面。

第一，观众看了俊男靓女，心情愉快。

第二，商家利用美女做形象代言人可以提高产品的关注度及购买率；赞助商得到的好处就是，美女为他们带来了广泛的广告效应。

第三，选美也是一个培养人才的过程。通过选美，提高了美女的知名度，使这些选手变得更有修养，形象更好，增加了进入娱乐圈的可能，带动文化发展，最终促进社会发展。

第四，选美带动了周边产业的发展。为了选美，美容美发、百货公司、珠宝公司、服装公司、宾馆酒店、摄影冲印等行业加起来，为选美大赛服务的人员将超过上千人，此外不少人通过选美走上大银幕、拍广告等，可以带动GDP增长。

第五，举办这些活动的媒体，不仅借此吸纳了广告，还提高了收视率、扩大了发行量。

第六，通过各种选美大赛，群集的美女除了吸引大众的注意力外，也让大众关注到了举办地的环境以及所提供的各种服务，从而对一个城市的形象起到了提升和引导作用，对旅游业的发展也有着不可低估的影响。

正是因为这种"多赢"局面，无论是企业还是媒体，对美女经济才有十分的热情，不断地推波助澜。美女经济还带来了另外的经济效应。媒体在不断向观众输送美女的形象时，激发了许多不是天生丽质的女人们按美女的标准重新塑造自己的热情，由此带动了化妆品产业和美容整形业的突飞猛进。看看满大街的美容院和商场柜台里琳琅满目的化妆品，就可以感受到美女经济的魅力和冲击力了。

美丽是种强大的经济推动力

美女经济通过让人们从美丽消费中产生美感，得到美的享受和精神满足，成为不可阻挡的潮流。

"美女经济"是更高层次的"注意力经济"和"信任经济"，涉及范围大、领域广。美女的感召力正在渗透到许多行业，诸如"婚纱秀""时装秀""内衣秀""轿车秀""空调秀"，打美女牌、算经济账，已经成为一些厂家商家的"常规武器"。我们在"消费"美女的同时，也在"制造"美女，"模特大赛""西部小姐""都市小姐""明日之星"等选美活动的轮番上演就是明证。商业操作在制造美女的同时，既拉动了经济增长，也引导着社会审美观念。许多选秀赛事不仅取得了良好的经济效益，而且取得了不俗的社会效益。

一位法国经济学家曾说，一个国家和地区的"美女经济"质量是考察这个国家和地区的国际化程度、大众消费取向和投资发展空间的一个重要因素。美女产业是对人们工作、生活的优化，是我们提高生活质量不可或缺的一部分。美女经济的美丽导向影响力和庞大的消费需求市场刺激了这种需求的供给群和交换机制的出现，带来了美女经济的发展和繁荣，美女经济的发展与繁荣带动了更广泛的美丽消费。

近两年，随着"环球中国小姐""世界模特大赛"等"选美秀"的轮番上演，加上不断升级的美容整形、美女广告促销等现象，"美女经济"风潮正在席卷中国，并对我国的社会发展产生了广泛而深刻的多重影响。

美女经济的出现适应了大众生活的需求。人们在满足了基本的温饱需求之后，逐渐从单一的价值导向消费转向关注起消费中的附加价值。美女经济作为市场经济发展的产物，也宣扬了人皆有之的"爱美之心"。完善的市场经济需要完美的社会欣赏，利用美女天生丽质的特殊价值来包装和促进经济是时代发展的一种必然产物，对丰富人们的精神生活是有利的。社会越进步，经济越发展，社会对美女经济的需求就越大。美女经济已成为推动经济发展的重要力量。

最有效益的美女经济就是：广告。美女广告为企业创造的经济效益难以计数。现在的模特产业，已从单一的时装模特发展到车模、手模、脚模、IT模、珠宝模等各种产品领域。

最直接和最受益的美女经济就是：选美。选美是一种商业行为。无论是举办者、参与者，或是旁观者，都将在美女经济的各种活动中受益。

从以貌取人到以美论价

美貌是一种独特的优势，是一种不可替代的资源。爱美之心，人皆有之，以貌取人是人之常情，市场经济中按美讨论价也就不足为奇了。

虽然我国有些道德判断标准认为品德和学问应该排在相貌之前，强调"不要以貌取人"，说"人不可貌相，海水不可斗量"。但真实生活中，不论我们承认与否，美貌已经作为一种生产性资源存在。如今，国内各种名目的选美活动竞相拉开帷幕，并掀起了所谓"选美经济"浪潮。选美给年轻的女孩儿们提供了一个展示自我的舞台，并为其一夜成名、跻身演艺圈提供了一条最为便捷的途径。而对于美貌的关注，还表现在整容越来越多地成为人们谈论的话题，并逐渐被接受。有媒体曾追踪报道一个女孩因为相貌丑陋，一直找不到工作，尽管她已成功考取多种资格认证。

在现实生活中，我们也确实常会碰到以貌取人、以美论价的事情。

在国外，演员奥兰多·布鲁姆在《魔戒》之中只是一个配角，但由于他是一个帅小伙儿，所以在获得奥斯卡各项大奖的《魔戒》各路人马中，他赚钱最快、最多，到现在已经赚了32亿港币。

那么，为什么会出现"美丽溢价"的现象呢？

首先，美貌具有较好的正外部性。俊男靓女会让人产生眼前一亮的感觉，人们也更喜欢跟他们打交道。

虽然必须凭外貌吸引顾客的行业不多，但面容姣好的男女，即使居于幕后，亦具经济效益。是否雇用某个应聘者，不仅仅要看他是否具有职业所需的专业知识，还要关注他是否能够很好地融入企业之中，能否很好地与顾客打交道，能否与同事和睦相处。用经济学的语言来说，雇用一个员工所付出的成本不仅仅取决于支付给这个员工的工资（显性成本），还和同事的幸福程度有关（隐性成本）。新进员工越难相处，工作环境越差，同事的幸福程度就越低，而相应的，公司就需要提高工资以抵消员工的不满意，以留住人才，从而间接地提高了雇佣新员工的成本。而同事的幸福程度越高，公司所支付的成本就越低（公司可以支付更少的工资给感觉更幸福的工人）。作为经济理性人，雇主自然会选择相对成本最低的雇员。此外，我们喜欢外表有吸引力的人，因为我们更容易服从我们喜欢的人，所以时装店通常都挑漂亮的人做他们的现场销售人员。相貌好的推销员，相貌能帮助他推销。在老板看来，老板也愿意奖励这些工作出色又漂亮的人。因为好的面孔能更好地服务于和消费者、同事和顾客的交道之中。可见，美貌是一种生产性资源。

美貌是一种稀缺资源。经济学认为，相对于人的需求来说，资源都是稀缺的。尤其是像美女这种先天性占决定作用的资源更是稀缺。

物以稀为贵，市场按照资源配置的规律，给美貌这种稀缺资源开出高价就不足为怪了。

美丽善用，赚取高额薪水

美丽不是万能的，美丽需要内在的修养滋润，需要外在的能力支撑。为你的美丽注入内涵，让美丽具有持久的生命力。

南京一家国际贸易公司曾宣布：

将在南京招聘美女营业员，而且将根据美丽程度的不同，给予不等的薪酬待遇。该公司以貌取人、分等付薪的用人办法，具体说来共分10个层次：最高的"一级美女"一经雇用，月薪是5 000元保底，另外还将根据其对手机、数码相机、摄像机等产品的当月推销情况付给提成；而"档次"稍低的二级美女营业员，则保底收入要低400元；以此类推，每低一档少收入400元。

该公司总经理表示，他们以貌定薪的出发点是想在激烈的市场竞争中取胜。手机、相机、摄像机等数码产品，其消费对象主要是年轻人，年轻漂亮的营业员容易获得消费者的亲近，而且年轻营业员自身对数码产品的性能容易掌握。

漂亮是资本赚钱更容易？美国一项研究结果分析了这种说法产生的原因。这份发表于《经济心理学》期刊上的报告认为，长相好看的人与长相一般的人相比，在工作中更易获得良好人际关系和较高酬劳。但研究人员同时指出，如果光长得好看但能力不足，反而更容易被相貌平常的人超越。

英国《每日邮报》报道，美国经济学家詹姆斯·安德烈奥尼和里根·佩特里主持了这项研究，他们按照相貌吸引力不同将研究对象分成三组，观察每个人的行为举止并分析他们获得财富的能力。

安德烈奥尼和佩特里在论文中宣称，他们发现一种"美貌升值"现象，即容貌美丽的人会比一般长相的人获得更多薪酬，而长相一般的人又会比相貌不具吸引力的人获得更多酬劳，这种现象在不同职业中广泛存在。

然而，美貌并不是万能的。如果以自己的美丽自持，认为漂亮就可以得到一切，不需要费力就可以达到别人努力的结果，那就大错特错了。

美貌是一种稀缺资源，但不是必不可少的，是可以替代的。此外，随着时间流逝，漂亮呈边际效用递减的趋势，一旦青春不再，所有建立在美貌基础上的成果终将化作泡影。而长相一般的女性，她们无论在工作中还是在生活中，都要凭借自己的努力去奋斗，她们往往要付出比一般人更多的努力，所以她们一般更有才华。而才华随着时间流逝并不会边际效用递减，相反会随着时间递增呈现递增的趋势，所以她们的生活才会更稳定。

美丽是需要一定的内涵作支撑的，外表的吸引力单薄而脆弱。漂亮的女性要想保持自己对别人的吸引力，就应加强自己的修养。一个单纯漂亮的女人只是一个花瓶，而一个漂亮却粗俗不堪的女人就是连花瓶都不如。只有将内在的丰富和外在的长相结合起来的美才是永久的美，才能释放出永久的光华。

 ## 美女经济效应活学活用：吸引眼球，抓住效益

"注意力经济"是IT行业的著名论断，是随着互联网的发展而产生的，这一概念是迈克尔·戈德海伯1997年在美国发表的一篇题为《注意力购买者》的文章中提出的。戈德海伯说："获得注意力就是获得一种持久的财富。在新经济下，这种形式的财富使你在获取任何东西时都能处于优先的位置。财富能够延续，有时还能累加，这就是我们所谓的财产。因此，在新经济下，注意力本身就是财富。"

　　注意力经济也叫眼球经济，是依靠吸引公众注意力获取经济收益的一种经济活动，在现代强大的媒体的作用下，眼球经济比以往任何一个时候都要活跃。电视需要眼球，只有收视率才能保证电视台的经济利益；杂志需要眼球，只有发行量才是杂志社的经济命根；网站更需要眼球，只有点击率才是网站价值的集中体现。

　　眼球经济俨然已经占据了上风。例如，灌注了时尚元素的藤蔓家具完全褪去了原始、低调的形象，堂而皇之地跻身流行前沿，那姿态犹如山珍海味后的田间野菜。流行，就是令人难以捉摸。

　　经济学家们经过调查认为，大约63%的消费者是根据商品的包装和环境进行购买决策的。正是因为这样，现在的市场经济被称为眼球经济。只有吸引到消费者的注意，品牌才能被消费者接受，产品才能被消费者购买。包装决定着消费者购买与否的消费行为，通常从新产品包装就能判断出其前期的市场表现如何，因此企业必须利用包装的影响才能完成自己的产品推广和品牌树立。

12 凡勃伦效应：
消费有时只是一种炫耀

凡勃伦效应，是由美国经济学家凡勃伦提出的，它是指消费者对一种商品需求的程度因其标价较高而不是较低而增加。凡勃伦效应反映的是人们进行挥霍性消费的心理愿望。

凡勃伦效应反映了一种"炫耀性消费"现象，这种现象是指顾客购买商品的目的不仅仅是为了获得直接的物质满足与享受，而是为了获得心理上的一种满足。随着社会经济的发展，人们的消费会随着收入的增加，而逐步由追求数量和质量过渡到追求品位格调。只要消费者有能力进行这种感性的购买，凡勃伦效应就会出现。这也就是为什么有时商品价格定得越高越畅销的原因。

花钱是为了让人嫉妒

消费的一个重要目的是给他人留下印象，也称之为"炫耀性消费"。消费者花钱是为了让他们的朋友及邻居嫉妒，以及跟上其朋友及邻居的消费水平。出于炫耀财富的需要，人们愿意为功能相同的商品支付更高的价格。

款式、材质差不多的一双皮鞋，在普通的鞋店卖50元，进入大商场的柜台，就要卖到几百元，却总有人愿意买。1.66万元的眼镜架、6.88万元的纪念表、168万元的顶级钢琴，这些近乎"天价"的商品，往往备受追捧。

其实，消费者购买这类商品的目的并不仅仅是为了获得直接的物质满足和享受，更多的是追求心理上的满足。这就出现了一种奇特的经济现象，即一些商品价格定得越高，就越能受到消费者的青睐。这就是经济学上所说的凡勃伦效应。

1899年，凡勃伦出版了《有闲阶级论——关于制度的经济研究》一书，该书出版后即引起极大轰动。他在书中指出，他曾注意到一种炫耀性消费现象，即购买商品的目的不仅仅是为了获得直接的物质享受，更是为了获得心理上的一种满足。他说，一件美丽的东西若价格不昂贵，便会被认为不美丽。凡勃伦把商品分为两类，一类是非炫耀性商品，一类是炫耀性商品，非炫耀性商品仅仅发挥了其物质效用，满足了人们的物质需求。而炫耀性商品不仅具有物质效用，而且能给消费者带来虚荣效用，使消费者通过拥有该商品而获得受人尊敬、让人羡慕的满足感。鉴于此，消费者都会不遗余力、毫不犹豫地购买那些能够引起别人尊敬和羡慕的昂贵商品。就是这个原因，造就了炫耀性消费——价格越贵，人们越疯狂购买；价格便宜，反倒销售不出去。

由于炫耀性消费这一概念本身的模糊性，凡勃伦受到了广泛的批评。但是自20世纪80年代以后，随着西方社会由生产主导型社会向消费主导型社会的全面转变，消费问题越来越受到学界的关注，人们才逐渐认识到凡勃伦效应的重要性。

20世纪80年代以后，博弈论、信息经济学方法被逐渐采用，经济学的炫耀性消费理论又迎来一个全新的发展阶段。

1985年，弗兰克认为，炫示效应因商品种类不同而不同。他把商品区分为两类：一类是可以看到的有形商品，如汽车和住房，与其他人所拥有的同类商品的比较在很大程度上影响着这些商品的价值，即这类商品的消费会影响消费者在某一社会环境中的相对地位，故被称为位置商品；另一类商品的消费是外界无法看到的，如储蓄产品和保险单，因此被称为非位置商品。弗兰克的研究就是考察人们怎样对不同种类商品的消费产生影响。

1995年，皮森道佛用重复的约会博弈模型来解释在不断更新的时尚周期中消费者如何进行消费决策以赢得理想的社会地位（通过约会交际的形式）。

1996年，巴格威尔和伯恩海姆把凡勃伦效应定义为"出于炫耀财富的需要，人们愿意为功能相同的商品支付更高的价格"，而炫耀财富则是为了赢得理想的社会地位。他们假定，炫耀性商品与一般商品的内在功能完全相同，所不同的只是它们被赋予了炫耀性色彩。

1997年，科尼奥和利安娜用一种新的视角解释了凡勃伦效应的产生机制。他们认为，从众效应和势利效应的产生依赖于社会规范如何通过相对收入来决定社会地位，消费者关于炫耀性商品的消费决策建立在对社会地位提高与非炫耀性商品消费损失进行权衡的基础之上。

随着经济的发展，人们的消费习惯随着收入的增加，而逐步由追求数量和质量过渡到追求品味。了解了凡勃伦效应，对于企业制定经营战略有很大的帮助。比如凭借媒体的宣传，将自己的形象转化为商品或服务上的声誉，使商品附带上一种高层次的形象，给人以"名贵"和"超凡脱俗"的印象，从而加强消费者对商品的好感。

镀金时代——炫耀消费几时休

很多时候，人们买一样东西，看中的并不完全是它的使用价值，而是希望通过这样东西彰显自己的财富、地位或者名誉。

据高盛投资银行统计，中国已成为全球第三大奢侈品消费国，其奢侈品消费总额仅低于日本的41%和美国的17%。高盛预测，截至2008年，中国的奢侈品消费额的年增长率将在20%左右，预计到2015年其年增长率将为10%，到那时中国的奢侈品消费总额有望超过115亿美元，中国也将替代日本成为世界第一大奢侈品消费国。

戴一只几百元的上海手表和戴一只价值百万元的江诗丹顿手表，其使用功能是相同的，都可以显示时间。但戴一只用18K金做壳、镶满钻石的名牌江诗丹顿表能显示出主人与众不同的身份。

经济学家把消费这种价格极其昂贵的名牌商品称为炫耀性消费，其含义是，这种消费的目的并不仅仅是为了获得直接的物质满足与享受，而在更大程度上是为了获得一种社会心理上的满足；这种消费行为的目的不在于其实用价值，而在于炫耀自己的身份——通常也称为"显摆"。有人这样调侃说："哥戴的不是表，是记忆。"

由于消费者可能是想通过使用价格高昂、优质的产品来引人注目，具有一定的炫耀性，因而这种现象又被称为"炫耀性消费"。其实，这反映了一种消费心理——炫耀性心理。炫耀性心理，是指存在于消费者身上的一种商品价格越高反而越愿意购买的消费心理倾向。1894年，美国工业发展的速度已超过其他资本主义国家，跃居世界第一位。经济的飞速发展造就了一大批暴发户，而这些暴发户的行为则成了凡勃伦关注的焦点。凡勃伦以其敏锐的洞察力亲眼目睹了"镀金时代"的暴发户们在曼哈顿大街购置豪宅，疯狂追逐时髦消费品的行为。

奢侈品对富人具有炫耀性的效果，如购买高级轿车显示地位的高贵、收集名画显示雅致的爱好等，这类商品的价格定得越高，需求者反而越愿意购买，因为只有商品的高价，才能显示出购买者的富有和地位。这种消费随着社会发展有增长的趋势。

炫富心理其实在普通人的日常生活中也很常见。消费心理学研究也表明，商品的价格具有很好的排他作用，能够很好地显示出个人收入水平。利用收入优势，通过高价消费这种方式，高层次者常常能够有效地把自己与低层次者分开。这也正是消费者出手阔绰，常有"惊人之举"的原因所在。

20世纪90年代初手机刚出现时，天津街头出现过这样一个镜头：一位西装革履的年轻男士手拿一个"大哥大"，边走边大声冲它喊话。同一条路的另一侧，一位年轻女子手里也拿着一个"大哥大",饶有兴致地聊天。因为这条路太窄,路人很快发现这一对男女分别是在跟对方通话,而两人相距只是一条路,不到10米的距离!也就是说,他们完全可以从耳边收起"大哥大",直接面对面聊。

有人讥讽说,这是北方人爱显摆,即使在用不上手机的情况下,他们也"坚持"掏出那玩意儿,让别人看到他是用"大哥大"的老大。因为那时手机刚兴起,买一部"大哥大"加上号码得一两万元。

只选对的,不选贵的

顾客的炫富心理刺激了天价商品的诞生,商家因此获利丰厚。然而贵重的商品未必就是最适合自己的,消费应当"只选对的,不选贵的"。

很多人通过价格及品牌来表现自己的优越。如果价格下跌,炫耀性的成分就降低了,这种物品的需求量有可能减少。比如说,一部价值20万的手机,现在1万元卖给一位富人,他也许根本都不会瞧一眼;一顿20万元的年夜饭,如果请他免费品尝,大概也会被拒绝。因为这些物品里只剩下实际使用效用,不再有炫耀性的效用。

在我们的生活中,款式、材质差不多的一件衣服,在普通的店卖100元,进入大商场的柜台,就要卖到几百甚至上千元,一样有人愿意买。上万元的纪念表、上百万元的顶级钢琴等这些近乎"天价"的商品,近年来也越来越在市场上走俏。

掌握财富的人究竟如何使用财富都是他们自己的事,与别人并无太多关系,但越来越多的人不关注事物的本质,而是盲目追求表面的花哨噱头,使得整个社会都陷入浮躁之中。一些普通的白领,甚至一般工薪族,为买一件衣服节衣缩食付出几个月薪水为代价,这也就难怪商家愿意把商品越卖越贵了。

美国人罗伯特·西奥迪尼写的《影响力》一书中有这样一个故事:

在美国亚利桑那州的一处旅游胜地,新开了一家售卖印第安饰品的珠宝店。由于正值旅游旺季,珠宝店里总是顾客盈门,各种价格高昂的银饰、宝石首饰都卖得很好。唯独一批光泽莹润、价格低廉的绿松石总是无人问津。为了尽快脱手，老板试了很多方法，例如把绿松石摆在最显眼的地方，让店员进行强力推销等。

然而，所有这一切都徒劳无功。在一次到外地进货之前，无计可施的老板决定亏本处理掉这批绿松石。在出行前她给店员留下一张纸条："所有绿松石珠宝，价格乘二分之一。"等她进货归来，那批绿松石全部售罄。店员兴奋地告诉她，自从提价以后，那批绿松石成了店里的招牌货。"提价？"老板瞪大了眼睛。原来，粗心的店员把纸条中的"乘二分之一"看成了"乘二"。

降低绿松石的价格并不能将绿松石卖出，大幅度提价后，反而很快卖掉了，这个故事形象地反映了经济学中的凡勃伦效应。

为什么总有人只买贵的，不选对的？这是因为以下原因。

其一，他们的购买行为具备"消费的象征"，即借助消费者消费表达和传递某种意义和信息，包括消费者的地位、身份、个性、品位、情趣和认同，消费过程不仅是满足人的基本需要，而且也是社会表现和社会交流的过程。

其二，是"象征的消费"，即消费者不仅消费商品本身，而且消费这些商品所象征的某种社会文化意义，包括消费时的心情、美感、氛围、气派和情调。

随着社会经济的发展，人们的消费观念也在悄然发生着变化，由追求数量和质量过渡到追求品位格调。如某财富新贵建造的办公楼极尽豪华，某城市商人团购劳斯莱斯数量又创新高……不管是玩名牌还是购房、买车，人们层出不穷的奢侈消费花样，为的都是得到心理上的满足。他们购买的不是商品的价值，而是一种伴随商品的身份优越感。

商家愁的就是没人愿意花钱。这种炫耀性消费者的凡勃伦心理，自然正中商家的下怀。商家当然会设法满足这些人的心理，将商品价格定得更高，使商品附带上"名贵"和"超凡脱俗"的形象，从而加强消费者对商品的好感。

有句广告叫"只选对的，不选贵的"，可以说是对凡勃伦心理最好的注解。贵，是没有上限的，而我们应该做的，是选择自己需要的。

高价格要与高质量相匹配

制造商品名贵感可促进商品销售，但是要把握一个前提：高档次、高价格需与高质量相匹配。

日常生活中，我们总能看到一件在普通小店卖几十元的衣服，进入大商场的专柜，就卖到几百元，仍然有很多人愿意买。上万元的皮包、眼镜架、手表等，人们大呼天价的同时也能走俏。其实这就是运用凡勃伦效应，迎合顾客的奢侈消费心理。

因此，我们可以利用凡勃伦效应来探索新的经营策略。例如通过提升商品的包装档次，提高定价，给人一种"名贵"的感觉。或者借由媒体宣传，将自己的形象转化为商品或服务上的声誉，使商品附带上一种高层次的形象，给人以"超凡脱俗"的印象，这些都能加强消费者对商品的好感，从而激起顾客的购买欲望，提高商品的市场销售额。

师父为了启发徒弟，给他一块石头，叫他去地摊上卖。师父说："不要真的卖掉它，你只是试着卖掉它。注意观察，多问一些人，然后告诉我在市场它能值多少银子。"

徒弟看着这块虽然花纹很美，但很普通的石头，心中充满了迷惑，但他还是按照师父的话去做了。市场上有一些人看了石头想：它可以当成一个很好的小摆设。于是便出了价，想要买那块石头，但只不过才给了几个铜板，徒弟没有卖。回来后，他对师父说："它最多只能卖几个铜板。"师父说："现在你再去黄金市场看看，问问那儿的人，但是仍不要卖掉它，问问价就可以了。"

徒弟就又去了黄金市场，他后来从黄金市场回来时兴奋地对师父说："那里的人出了1 000两银子。"师父又说："现在你再去珠宝市场，看它能卖多少钱。"

于是，徒弟又去了珠宝市场那儿。他简直不敢相信，有些珠宝商愿意出5万两银子来买这块石头。这时徒弟仍没有卖。于是那群买家开始抬价——他们出到10万两、20万两、30万两。徒弟说："这样的价钱我还是不能卖，我只是问问价。"他心里却想："这些人疯了！我觉得地摊上的价格已经足够了。"

回来后，师父对他解释说："现在你明白了吧，人生就是要有自信，要敢于高估自己。"

在上面的故事中，虽然师父告诉徒弟的是做人的道理，但是从卖石头这个角度看，我们会发现，这种让人难以理解的现象背后其实就是凡勃伦效应在起作用。

从凡勃伦效应中，我们可以领悟出一条营销规则，即价格越高的商品，越能受到消费者的青睐。其实这是一种正常的经济现象，因为随着人们消费能力的提高，单纯追求数量和质量的时代已经过去，人们更加注重商品的品位和格调。因此，经营者可以瞄准消费者的这一心态，推动高档消费品和奢侈品市场的发展，从中获得利润。当然，好质量是前提。

避免走入高档商品消费的误区

追求利润最大化是商家经营的必备信条，很多商家利用消费者的炫耀性消费需求，迎合特定消费者对于奢侈物品的偏好，推出一些售价昂贵的奢侈品。炫耀消费不能头脑发热没有节制，要警惕跌入商家高档商品背后的利润陷阱。

更常见者，以拥有动物皮制作的奢侈品最突出，比如鳄鱼皮的手包、紫貂皮围巾、水貂皮大衣……每一件都动辄数万元起价，甚至有人讲"哪天若能拥有一件紫貂皮大衣，则此生无憾"，人类与生俱来的喜新厌旧特性又迫使人们不停地追逐更多珍稀动物的皮毛。于是，大量的财富消费在这上面，而LV、蒂凡尼等品牌也成了东西方皆知的奢侈之物。

100多年来，世界经历了很多变化，人们的追求和审美观念也随之而改变，奢侈品LV不但声誉卓然，而且仍保持着无与伦比的魅力。人们不仅迷恋于它的时尚耐用，而且迷恋于它尊贵的历史，以及品牌背后所暗示的主人身份。虽然一件印有"LV"标志这一独特图案的交织字母帆布包动辄上万元，但丝毫不影响人们的购买兴趣。

对于人的消费而言，维持和延续人体基本生存的生活资料属于必需的消费品，如满足人体新陈代谢所需的食物、满足人们保暖的衣服和住房等。高价奢侈品又称为非生活必需品，在国际上被定义为"一种超出人们生存与发展需要范围的，具有独特、稀缺、珍奇等特点的消费品"。奢侈品在经济学上，是指价值/品质的关系比值最高的产品。从另外一个角度上看，奢侈品又是指无形价值/有形价值的关系比值最高的产品。从经济意义上看，购买奢侈品实质是一种高档消费行为，本身并无褒贬之分。因此，买生活必需品还是买奢侈品，永远只是不同的消费选择。

后来的经济学家们将这种追求高档商品来炫耀财富的商品称之为凡勃伦物品，甚至画出了一条向上倾斜的需求曲线——价格越高，需求量越大。凡勃伦物品包含两种效用：一种是实际使用效用；另一种是炫耀性消费效用。而后者由价格决定，价格越高，炫耀性消费效用就越高，凡勃伦物品在市场上也就越受欢迎。消费者往往花费了不菲的价钱，却很难得消费相对应的使用价值。消费者用于高档商品花费中的大部分都被商家攫取了，成为了他们的利润。

因此，我们应当理智看待高档名贵商品，慎重购买，切莫头脑发热，中了商家的圈套，跌入了商家的利润陷阱。

 **凡勃伦效应活学活用：小心凡勃伦效应陷阱**

根据凡勃伦效应，大家都懂得了消费者消费的目的，不仅仅是为了获得直接的物质满足与享受，更大程度上是为了获得一种心理上的满足。这种炫耀性消费，深受有钱人的欢迎。因此，很多企业就利用这种消费心理，一切以吸引消费者的眼球为基准，不惜代价，甚至拼命砸钱。

一顿饭5万元，听起来不可思议，但不少企业却乐此不疲。"赞助5万元便可与前来中国的世界级电影明星、现任美国加州州长的阿诺·施瓦辛格同桌进餐"的消息吸引了许多企业前来竞争。

从管理学的角度讲，这种"事件营销"的策略确实有其赢利点，参与企业或许能利用"与施瓦辛格共宴"等热点事件的新闻效应，获得一定的商业利益，但不少企业却过分夸大了炒作这类事件的效能，从而落入了凡勃伦效应的陷阱。

确实，消费者购买商品的目的除了直接的物质满足与享受，还为了获得心理上的一种满足，但不少人却忽视了一个前提：为吸引眼球所支持的成本不能太高，也忽视了一种潜在危险：即使眼球集中到自己身上了，消费者未必买账。

以乐于支付5万元与施瓦辛格共餐的企业为例，其中一个常识性错误就是，这些企业与施瓦辛格并没有"利益磨合点"。它们只是完全寄期望于媒体的轰动效应，但这一效应不过是昙花一现，带给企业的收效也是微乎其微的。

许多曾经风光无限的企业，无一不精于策划并长于炒作，但最后往往是轰然倒塌。因此，一个善于营销的企业管理者，一个具有可持续发展经营思想的企业领袖，应把精力与费用投入到内部组织优化上与自身品牌的建设上，而非单纯的商业炒作上。

13 供需定律：
供给与需求从来不会一致

　　供需定律，是指商品的供求关系与价格变动之间的相互制约的必然性，它是商品经济的规律。一般情况下，需求与价格的关系成反比，即价格越高，需求量越小；价格下降，需求量上升。供给和需求实际上从来不会一致；如果它们达到一致，那也只是偶然现象，所以在科学上等于零，可以看作没有发生过的事情。

　　供需定律要求信息商品生产者建立自己的市场调研队伍或依靠社会上专门的市场调研单位，加强对市场的调查、分析和研究，及时掌握市场需求和变化，按照市场需求的变动调整生产；同时要求信息商品生产者未雨绸缪，自始至终地把重点放在技术进步和产品更新上。

供给与需求是一对孪生兄弟

供给与需求是一对孪生兄弟，供给与需求一起决定了商品的价格。生活中，我们处处离不开供给与需求。

供给与需求是经济学的两大基本概念。在经济学中，需求是在一定的时期，在一既定的价格水平下，消费者愿意并且能够购买的商品数量。

这个定义包含了以下三层含义。

首先，需求是针对价格水平而言的，价格不同，需求数量自然不同。比如，苹果现在是2元钱一斤，那么你想买5斤苹果；可是过两天苹果涨价了，3元钱一斤，可能你就会觉得贵，不买或者少买一点了。

其次，购买意愿是需求的基础，没有购买的意愿就不会有需求。比如，苹果现在很便宜，1元钱一斤，但是你根本不愿意吃苹果，宁可吃香蕉或者梨，那么，就算苹果再便宜你也不会买，对于苹果来说，你的需求就是零。

最后，能够购买的数量，或者叫作购买能力，这就是指消费者的实力。对于便宜的物品来说，这一点表现不明显。可是对于贵的东西，比如说钻戒，你虽然很喜欢，但是没有那么多钱去买，所以你虽然有购买的意愿，却没有购买的能力，那么也不能形成实际的需求。只有你想买，并且有经济实力购买的时候，才能够构成需求。

研究需求有着重要的意义。比如你是一个做生意的人，那么需求就意味着"市场"，什么产品有市场，你就应该做什么生意。如果一种商品没市场了，就要赶快撤出，免得蚀本。

只有需求是不够的，需求总是紧紧地与供给联系在一起的，如果只有需求，但是厂商生产不出来，又有什么用呢？所以，供给也是很重要的名词。

经济学中，供给是指生产者在某一特定时期内，在每一价格水平上愿意并且能够提供的一定数量的商品或劳务。

跟需求一样，这个定义也包含以下三层含义。

首先是价格水平。如果市场上的大米卖不上价，那么农民们就不愿再种大米了，可能改种麦子或者其他农作物。

其次是生产的意愿。有的人愿意从事农业，有的人愿意进工厂，有的人愿意做生意，这个偏好是很难改变的。即便是今年粮食价格大涨，商人们也不愿意关上店铺去种地，也就是说他们对于粮食，根本就没有供给的意愿。

最后是能够提供的数量。生产总是需要原料的，比如土地、人力、资本等等，现在粮食涨价，可是你只有十亩地，又租不到更多的地，那么你肯定也不能增加供给了。正是这些限制，使得供给不能无限地增长，也就是说，供给总是有限的，这也说明了经济学的产生是因为资源稀缺。

一般来说，供给是随着价格上升而增加的，与需求正好相反，但是供给也会受其他因素的影响，比如厂商的目标、商品本身的价格、其他商品的价格、生产技术的变动、生产要素的变动、政府的政策和厂商对未来的预期等。

商品价值高低的实质——供需不平衡

无论是短缺还是过剩，其实都是需求定律在背后起作用。认识了需求规律，便能看穿所谓价值高低的实质。

一般来说，供需平衡时，市场价格就是正常价格。当供大于求时，市场价格低于正常价格；当供不应求时，市场价格高于正常价格。"洛阳纸贵"的故事说明了供不应求，从而导致纸的市场价格成倍增长。

西晋有位很有名的文学家——左思。在左思小时候，他父亲一直看不起他，常常对外人说后悔生了这个儿子。等到左思成年，他父亲还对朋友们说："左思虽然成年了，可是他掌握的知识和道理，还不如我小时候呢。"左思不甘心受到这种鄙视，发愤学习。

经过长期准备，他写出了一部《三都赋》，依据事实和历史的发展，把三国时魏都邺城、蜀都成都、吴都南京写入赋中。当时人们都认为其水平超过了汉朝班固写的《两都赋》和张衡写的《二京赋》。一时间，《三都赋》在京城洛阳广为流传，人们啧啧称赞，竞相传抄，一下子使纸昂贵了几倍。原来每刀千文的纸一下子涨到两千文、三千文，后来竟销售一空，不少人只好到外地买纸，抄写这篇千古名赋。

为什么会"洛阳纸贵"？因为在京都洛阳，人们竞相传抄《三都赋》，以致对纸的需求越来越大，纸的供给跟不上需求，这样一来纸的价格才不断上涨。

在通常情况下，需求与价格的关系成反比，即价格越高，需求量越小；价格下降，需求量上升。例如，如果每盒冰激凌的价格上升了5毛钱，你将会少买冰激凌。价格与需求量之间的这种关系对经济中大部分物品都是适用的。这种关系如此普遍，以至于经济学家称之为需求规律：在其他条件相同时，一种物品价格上升，该物品需求量减少。

不仅是商品市场遵从需求定律，现代房地产市场也存在着这一现象。由于房子价格太高，老百姓买不起房子而导致大量空置，看起来是房子卖不出去，实际上老百姓的住房需求并没有得到满足。

在现实生活中，如大学生就业难的问题实际上也是需求定律的体现。我们经常听到的一句话就是"大学生太多了""人才太多了"之类的话，试问一下，中国的人才真的供大于求而人才过剩了吗？

如果就相对人才的供给与需求的关系而言，人才确实出现了过剩。比如，现在不少大学毕业生找不到工作或找不到合适的工作，在人才市场上数百名大学生争一个岗位早已经不是新闻了；不少大学生做专科生的工作，研究生做本科生的工作；不少机关干部和科技人员分流下岗或人浮于事等。这些现象都说明：我们的人才的确处于"过剩"的状态，更准确地说，处于相对过剩状态。

人才也是一种商品，是一种特殊的商品，是受市场供需定律支配的。所以，当人才供大于求的时候，自然会造成人才过剩的现象，但这种人才过剩是相对的，因为并不是每一个机关、企业或农村都拥有了管理、法律、营销以及懂得电脑、信息、科技等的大学生，而是在就业市场有限、对大学生的需求有限的情况下，出现的一种人才的相对过剩。

人才相对过剩必然导致过度竞争，即人才商品的"价格战"。作为刚刚走进人才市场的高校毕业生，他们面前有这样几个选择：或者降低自己的价格，接受较低的工资；或者待价而沽，继续维持一个较高的价位；或者高不成低不就，依然处于"自愿失业"状态；或者继续深造，重新返回学校，暂时离开劳动市场。已经参加了工作的人，他们的选择不是很多：或者安于现状，或者"跳槽"。

供求关系稳定，物价才趋向理性

供求与价格互为因果的竞争波动，是市场运行机制的核心和价值实现的承载形式。

短期、局部供求关系的波动，会引发价格的反向波动，弹性的存在将供求关系导向新的均衡价格基础上的平衡。在这个意义上，供求（趋于平衡的动势）直接决定价格。

如果市场均衡尚不足以达到长期和全局产需平衡，就会进一步引发产需结构的调整，只要不存在资源、政策等约束，至少由于生产规模的变化，该产品的社会劳动生产率水平也将发生改变，资源配置（要素投入）的部门和地区结构、部门平均成本、社会价值都将随之改变，成为形成产品价格的新的价值基础。（当供给大于、等于或小于需求时，市场价格的要求，将分别取决于优等、中等或劣等生产条件下由相对高的、中等的或低的劳动生产率水平所形成的相对低的、中等的或高的成本基础。）所以，在供求波动中形成的价格，必然受劳动生产率水平和成本基础制约。这一事实恰恰说明，供求关系决定价格，其实质正是价值基础作用的表现形成。

2010年5月，全国70个大中城市房屋销售价格同比上涨12.4%，环比上涨0.2%，新建住宅销售价同比上涨15.1%，环比上涨0.4%。成交量大幅下滑，房价还在高位运行，为何出现这种僵持局面？市场供需失衡是关键。

在市场经济环境中，商品价格最终由市场供需关系决定。供过于求，价格下跌；供不应求，价格上涨。1998年启动房地产市场改革，将住房推向市场，商品房价格必然会遵循这一市场规律。纵观近几年房地产市场价格波动趋势，也印证了这一点。2005~2007年房地产市场价格上涨较快，与此同时市场供需缺口较大。2005~2007年各年的市场缺口分别为552 849套、1 043 789套和1 850 060套，

2006年、2007年的缺口增长率分别为88．8%和77.2%。

2009年房地产市场异常火暴，分析起来，供给不足同样是主因。资料显示，2009年商品房销售面积9.37亿平方米，房屋竣工面积却只有7.02亿平方米。

2010年前5个月楼市成交量虽大幅下滑，但供给不足的局面并没有根本逆转。以北京市场为例，5月第一周（5月3日～5月9日）北京共有4个项目开盘，其中纯新盘1个；共提供新增房源874套，环比之前一周（4月26日～5月2日）减少了75.75%。4月17日北京期房存量共计55 165套，5月17日为58 073套，6月20日为58 750套。表面看来，市场存量有所增加，但考虑到同期期房市场销售量环比出现40%～50%的锐减，市场供应量其实并无实质性增加。期房是楼市的风向标，期房价格跌，二手房会跟着跌；期房价格坚挺，二手房市场则会选择观望。

供需格局不变，未来指望房价出现大幅下跌不太可能。如何才能促使房价出现下调？仅通过抑制市场需求是不够的，关键还得从增加供给入手。

说完"住"，我们再来看看"食"。民以食为天，粮食对于人们的重要性不言而喻。粮食价格是百价之基，其波动事关改革发展稳定大局，始终是党和政府密切关注、人民群众十分关心的热点问题。

改革开放以来，随着计划经济体制逐渐向市场经济体制转轨，粮食价格形成的市场化程度不断提高，影响粮食价格的因素日益增多并复杂化，其波动越来越大，具有明显的阶段性。尽管引起粮食价格波动的原因十分复杂，引起粮食价格波动的主要原因是市场供求矛盾、生产成本推动、自然灾害因素、国际市场传导，但从粮食价格形成的内在机理来看，最主要的因素仍然是市场供求这一基本规律。

我们生活在当今社会，市场经济与我们息息相关，这就要求我们必须懂得尊重市场规律，按供需定律这一基本原则办事。基本原则不仅要求避免某些经济政策方面的举措，如国家补贴、建立国家强制性垄断、普遍冻结物价、进口禁令等。原则首先不应是消极的或被动的，更确切地说，必须有积极的经济和法律政策，来达到发展完全市场制度的目的，以实现基本原则。

经济增长了，就业率一定会增长吗

研究实际GDP增长与失业率变动的关系，必须根据实际GDP增长比潜在GDP增长是快还是慢，以及快多少和慢多少来判断，绝不能只关注实际GDP增长，而置潜在GDP增长于不顾。

经济增减与人口就业息息相关。经济增长，就业率随之上升；经济下滑，失业率随之上升。然而事情并不是这样简单，要想正确考虑经济增减与人口就业之间的关系，必须借助一个工具——GDP。

美国1979~1982年经济滞涨时期，GDP没有增长，而潜在GDP每年增长3%，3年共增长9%。实际GDP增长比潜在GDP增长低2%，失业率会上升1个百分点。当实际GDP增长比潜在GDP增长低9%时，失业率会上升4.5%。已知1979年失业率为5.8%，则1982年失业率应为10.3%（5.8%+4.5%）。根据官方统计，1982年实际失业率为9.7%。与预测的失业率10.3%相当接近。

为防止失业率上升，实际GDP增长必须与潜在GDP增长同样快。要想使失业率下降，实际GDP增长必须快于潜在GDP增长。

通常来说，经济增长了，就业率就提高了。然而，这条规律如今在中国似乎不灵了，中国经济增长的同时，失业率也在增长。

国家统计局公布的数据显示，1985~1990年，全国GDP年平均增长率为7.89%，同期就业人口平均增长率为2.61%；1991~1995年，全国GDP平均增长率为11.56%，同期就业人口年增长率为1.23%；1996~1999年，全国GDP年平均增长率为8.30%，同期就业人口年平均增长率为0.96%。近年来我国经济增长速度较快，而与此同时，登记失业率依然居高不下。可见，我国就业增长率并没有随GDP增长率同步增长，反而出现较大幅度降低现象。被国内外实践普遍证明的奥肯定律，为何在中国"失灵"？

有人认为，很多地方在经济快速增长同时，都在不断优化产业结构，资金、技术密集型企业替代了传统劳动密集型企业。按正常规律，资金和技术密集型产业替代传统的劳动密集型产业，必然会促进另一种劳动密集型产业——第三产业的发展，但中国的第三产业并不发达。有两种解释：一是虽然经济增长了，但老百姓的收入并没有随之水涨船高，于是内需无法启动，第三产业发展不起来；二是第三产业虽然发展，但是第三产业的劳动条件和劳工权益太差，劳动者的工作时间长、工作强度大，劳动密集型产业变成了"工时超长型产业"，自然吸纳不了太多的员工。

有资料表明，在经济增长过程中，国民工资总额占GDP的比例逐年下降，而税收占GDP的比例逐年上升，这几年政府税收是国民工资总额的2～3倍。这种现象产生了十分有害的负面影响：既大面积地损害了劳动者的基本权利，又限制了正常的就业机会增加，并且损害了民生状况，进而降低了经济发展的内需拉动力。

以往，很多人往往有一个不切实际的幻想，认为经济增长可以一俊遮百丑，只要经济增长了，社会上的许多矛盾和问题都会迎刃而解，于是不惜一切代价招商引资，不惜一切代价维护资本利益。

现在，我们必须重新审视经济增长的目的：经济增长是为了增进民众福利，还是为了GDP和税收的数字攀升？经济增长使人与自然、人与人更和谐，还是加剧了贫富差距以及人与资源、环境，人与社会的紧张对立？如果是前者，经济增长的正当性问题就得到了解决；如果是后者，这种经济增长就是非正义的，不仅不能解决社会发展中遇到的问题，反而会制造出更多的环境问题、经济问题、社会问题。

充分就业是社会经济增长的一个十分重要的条件。要实现充分就业，政府必须加强经济干预，力求达到或维持总需求的增长速度和一国经济生产能力的扩张速度的均衡。

 供需定律活学活用：供需定律的矛盾者

萨依定律，也称作萨依市场定律，是一种自19世纪初流行至今的经济思想。萨依定律主要说明，在资本主义的经济社会，一般不会发生任何生产过剩的危机，更不可能出现就业不足。定律得名自19世纪的法国经济学家——让·巴蒂斯特·萨依。虽然当今经济学教科书已将其内容删去，然而还有不少微观或宏观经济理论还是依据萨依定律而得出结论的。

萨伊定律的核心思想是"供给创造其自身的需求"。这一结论隐含的假定是，循环流程可以自动地处于充分就业的均衡状态。它包含三个要点。

第一，产品生产本身能创造自己的需求。

第二，由于市场经济的自我调节作用，不可能产生遍及国民经济所有部门的普遍性生产过剩，而只能在国民经济的个别部门出现供求失衡的现象，而且即使这也是暂时的。

第三，货币仅仅是流通的媒介，商品的买和卖不会脱节。

萨伊定律之所以被人们批评，主要因为它犯了一个最基本的错误：漠视有效需求，因此与供需定律产生了极大的矛盾。

萨伊定律的伟大之处还在于，根据"供给自己创造自己的需求"这一观点，整个经济中不会存在生产过剩的问题。某种商品的供过于求的根本原因不在于需求，而是相对应的其他产品的生产过少，所以，归根结底是产品结构的问题。结构失衡导致一些产品生产过多，而其他产品生产过少，从而经济中表现出供求之间的不平衡。例如，在谈到如何扩大内需的问题时，其中的一个方面就是扩大农村消费市场。在此，我们不仅要考虑到如何生产出适合农民需要的产品，还要考虑到如何促进农业生产的发展。因为要提高农民的购买力就必须提高收入水平，这在很大程度上取决于能否生产出更多更好的产品。可见，萨伊定律并没有过时，它仍然在很多方面指导着我们的经济活动。

14 吉芬反论：
涨价需求量上升，降价需求量下降

　　英国学者罗伯特·吉芬19世纪在爱尔兰观察到一个现象：1845年，爱尔兰爆发了大灾荒，虽然土豆的价格在饥荒中急剧上涨，但爱尔兰农民反而增加了对土豆的消费。后来人们为了纪念吉芬，就把吉芬发现的这种价格升高而需求量也随之增加的经济现象叫作吉芬现象，简单地说就是越买越高。

　　吉芬反论说明了商品的需求量与价格成正向关系这样一种状况。当劣质商品价格的替代效应并不足以抵消收入效应时，就会发生这样的情况。

　　供需定律对经济学十分重要，因为它简单而拥有强大解释行为的能力，且该定律约束价格与需求量的关系。可是，吉芬物品的出现，使供需定律出现问题。当价格下降，根据供需定律，需求量必然上升。可是由于吉芬物品的出现，需求量可能也会下降。这样，价格下降，人们没法肯定需求量是上升还是下降。

吉芬商品是否真的存在

吉芬商品代表了一种特殊的经济现象，它表现出了与经济常态截然相反的价格变动规律。

吉芬商品是经济学中的一个名词，它是指在其他因素不变的情况下，某种商品的价格如果上升，消费者对其需求量反而增加的商品。

一些学者认为，天下不存在吉芬商品，但也有不少人士认为存在吉芬商品或者吉芬现象。不过，后者大多在承认其存在的同时，也认为其并不违背供需定律。

那么，吉芬商品到底存不存在呢？这一直是经济学上没有解决的难题。即使在美国学术界，也一直存在争论。如2001年华夏出版社出版的中译本《经济学的困惑与悖论》一书中，就有专文讨论这个问题，但依然没有定论。在当前国内外的经济学教科书上，吉芬商品都是作为供需定律的例外存在的。

2001年以来，中国经济学界就供需定律（或需求法则）展开了一场争论，参战学者之多，讨论时间之长，影响范围之广，较为罕见。至今，这场争端并无结果，对于广大读者或经济学界人士而言，还是一头雾水：需求曲线是否必定向右下角倾斜？世界上到底有没有吉芬商品？张五常等先生坚持认为，需求曲线必定向下，现实世界不存在吉芬商品。黄有光、汪丁丁等先生则认为存在向上倾斜的需求曲线，认为存在吉芬商品。

通过日常的观察，我们可以很容易地了解到：当一种商品需求量上升时，价格必然随之下降，即商品价格和需求量是反方向变动的，这就是凯恩斯供求曲线所描述的经济规律。

19世纪的爱尔兰灾荒时期，英国经济学家罗伯特·吉芬观察到当土豆价格上涨时，人们消费更多的土豆。这一特殊的现象可用土豆价格变化时所发生的收入效应的程度来解释。土豆不仅仅是劣等品，而且在灾荒年代其消费占用了爱尔兰人收入的很大比例，因而土豆价格的上升大大减少了他们的实际收入。爱尔兰人被迫压缩其他奢侈食品的消费，以购买更多的土豆。马歇尔在1895年他的著作第三版中提出了著名的吉芬反论，指出了一种贫穷物品的价格下降，这下降的本身使该物品的需求量增加，但价格下降引起的实质收入增加，贫穷物品的需求量会下降。二者相加，一正一负，需求量可能还会上升。然而，在逻辑上这一正一负也可能有需求量下降的效果。这也就是说，"吉芬商品"违背了我们所熟知的需求规律。

事实上，不仅是土豆，所有需求和价格同方向变动的劣等品都可以归结为"吉芬商品"。

当供需定律遭遇吉芬反论

吉芬商品与消费者需求息息相关，吉芬商品降价，消费者购买力会增加；而消费者购买力增加，则导致"吉芬商品"边际效用下降。

当年马歇尔在作一个讨论"供需定律"的讲座时，吉芬向他提出如下的一个反论例子：面包是一种主要的粮食，如果面包的价格大幅下降，消费者的购买力增加，多吃了肉类，因而少吃了面包。面包价格下降，但需求量却减少了。这仿佛推翻了"供需定律"。

老师带一群小学生旅游登山，每人发给10元人民币，要求每人自己购买两瓶饮料用于山上解渴。现山下小卖部只有两种饮料：一是矿泉水4元一瓶，一是可乐7元一瓶，学生的购买行为既要满足两瓶饮料，又要符合10元钱的"价值取向"，当然只能购买两瓶矿泉水。假如矿泉水现在降价到3元一瓶，可乐仍是7元一瓶，那有的学生就会矿泉水和可乐各买一瓶，于是矿泉水降价，需求量反而减少。这里的矿泉水就是吉芬商品。

不能以为这就推翻了供需定律，因为供需定律在市场竞争的条件下才能发挥作用，而案例中的条件完全束缚了竞争，使得"供需定律"无用武之地。

吉芬商品实际上是满足人们基本生存需求的最低档次的物品，吉芬商品降价，导致消费者的购买力增加；消费者的购买力增加，导致吉芬商品的边际效用大幅下降，也就是低档商品价格的替代效应不足以抵消人们需求水平的变化，需求效应大于替代效应，使得降价了的吉芬商品的市价还是大于它的实际平均价值，所以减少了需求量。

在一般情况下，商品的价值变动必然影响其价格，但商品价格的波动并不影响到它的价值，也就是不会影响到该商品对于人们的边际效用。比如感冒药品的价格波动一般不会影响到该药品的疗效及其在人们心中的地位。可是，在特定的局限条件下出现吉芬商品。其表现是随着吉芬商品的价格升降，使得其价值发生变化，因而整条需求曲线发生变动。

我们都知道，买东西并不是越便宜越好，最重要的是性能价格比。花10块钱买一个甜的西瓜，比起花5块钱买一个不甜的西瓜，是更"合算"得多。这种选择，大家都能很快决定。但是，如果遇到如下情况呢？同样是买西瓜，我们作为消费者对挑选比较甜的瓜并不内行，而瓜贩则十分清楚哪些瓜甜哪些不甜。面对商家打出的"自选每斤2元，包甜每斤3元"的营销策略，我们是否又能作出正确的选择呢？相信有部分消费者是宁愿付高的价格买包甜的西瓜。

警惕越贵越买的吉芬商品

了解吉芬商品存在的内在原因，可以让我们在面对眼花缭乱的贵重商品时作出理性选择，避免陷入商家的价格圈套。

剖析吉芬之谜，不难发现，吉芬商品的出现有两个前提，一是购买者收入低下，找不到更合适的替代品；二是马铃薯是必需品。比如说，肉的价格远远高于马铃薯，可以一段时间不吃肉但是每天必须要吃主食，而最便宜的主食就是马铃薯。当马铃薯价格上涨时，意味着消费者的实质收入下降，为了保证基本的温饱，即便是肉的价格跌了，消费者也还是会压缩对肉的购买量，购买更多的马铃薯以求得生存。

其实在今天，我们生活的周围到处都有吉芬商品或者吉芬现象。很多"北漂"的人们选择在北京城郊结合部租房子住，但是那里的居住环境比市区要差，交通也不太便利，其房屋的性价比也比较低，房屋一般比较简陋。但是却有越来越多的人涌入城乡结合部，其背后的原因就是，虽然城乡结合部的租房价格不断上涨，但相比主城区而言价格还是比较便宜，对于刚刚在北京立足的年轻人来说，选择在这里租房还能享受到相对便宜的房租，哪怕房子的性价比并不高。

按说吉芬商品是在物质资料短缺时的产物，在物质资料极大丰富的今天应不多见。然而，随着房价步步攀升，住房已成为当下大多数靠工资生活的老百姓的一种"吉芬品"。

这主要是因为：第一，衣食住行，这是人的最基本的生活需要，无论房价涨得多离谱，大家都得勒紧腰带，为自己找寻一块栖身之地；第二，除了购买商品房，大多数老百姓的确没有什么更好的选择。数量有限的经济适用房、天价的别墅都不是合适的替代品。因此，商品房价格一路上涨，老百姓对其需求却一直不减反增——大家不得不争先恐后，谁知道明天的房价又将涨多少，而高涨的需求又成为开发商们继续涨价的理由，推动房价一轮又一轮地上涨。

更为重要的是，对于吉芬商品的供给者而言，由于涨价不会导致需求下降，即使政府通过宏观调控增加了供给者获取巨额利润的成本，开发商以及炒房者们依然可以通过继续上调交易价格向消费者转嫁成本。向消费者转嫁成本简直是易如反掌。最终，以平抑房价为目标的宏观调控政策将全部落空，房价反而涨得更快，受损的还是普通消费者。

那么，如何才能有效地避免吉芬商品对老百姓的伤害呢？从吉芬商品产生的两个必要条件就能找到答案。一是提高工薪阶层的收入水平，在工薪买房的贷款政策方面提供更多的支持；二是政府增加经济适用房和廉租住房的供应量。如果老百姓拥有了更多的替代选择，商品房的需求弹性就会上升。这时价格机制就会起作用，一旦价格上扬，消费者的需求就会敏感地下沉，卖房者再也不会肆无忌惮地乱要价。

吉芬反论活学活用：城市住房的吉芬商品现象

2004年以来，中国房价一路飙升，然而在房价上升的背后却隐藏着更深层次的问题及矛盾。自2004年以来，在房价不断上涨的同时，商品房需求量及交易量

也不断上涨，即房价越涨，需求量也越涨。对于人们打着雨伞挤在一起排队等待领取楼盘销售放号的不正常现象，已经有人质疑其合理性，或认为那是开发商采取的请"托"策略，但是大量出现这类现象的根源又是什么？

城市住房的确表现出了吉芬商品的众多特性。比如，特质商品的特殊性。土豆在饥荒发生时成为人们生存需求的根本之物，具有不可替代的作用，成为人们追求的一种"必然"；经济繁荣时期的城市住房作为大件商品，是人们吃饱穿暖之后的另一种"必然"追求，二者的表现没有根本差别。

由于追高、从众、恐慌心理的制约，饥荒时人们预期土豆价格还会再涨，于是对土豆存在着饥渴性的追求，一系列的连锁反应构成了吉芬商品现象。而经济繁荣时期，无论房价怎样上涨，人们在唯恐更高的心理支配下，一味追求住房的"拥有"，致使住房需求与吉芬商品现象相似。

这种看似明显违背经济学原理及市场需求规律的现象其实正是经济学原理中的吉芬反论。

15 阿尔巴德定理：
市场是围绕需求转动的

阿尔巴德定理，由匈牙利全面质量管理国际有限公司顾问波尔加·韦雷什·阿尔巴德提出，指一个企业经营成功与否，全靠对顾客的要求了解到什么程度。看到了别人的需要，你就成功了一半；满足了别人的需求，你就成功了全部。

企业要赚钱，就必须把产品卖出去。但确定怎样的产品才好卖，却不是一件容易的事。随着市场同质化时代的到来，这种难度就更大了。在此情况下，要想赚钱，你就必须开拓新的市场。市场是由需求决定的，要开拓新的市场，必须首先了解顾客的新需求。对顾客需求的了解程度，决定了企业经营成功的程度。

抓住消费者需求，就抓住了商机

许多企业的兴衰沉浮都仅仅是因为忘记了消费者——忘记了那些花钱购买商品的人——不是根据消费者的需求进行生产而是错误地判断他们的需求——最终制造出了他们不想购买的东西。

如果把市场看成是由一些圆圈组成的话，那么这些圆圈间必然存在一些"缝隙"，没有被完全包括和覆盖，这些缝隙就是由消费者需求带来的商机。难怪经营大师总是告诫那些在市场上找不着北的淘金者：市场如布，不会"天衣无缝"，商家似针，总可以插入到别人难以发现的缝隙中。一道小小的市场缝隙，往往就是一片广阔的新天地，谁先寻隙而入，谁就会成为赢家。

纵观近期企业战略思维发生的转变，一个很明显的事实是，一批高增长公司几乎不再关心与对手的较量或击败对手。反之，它们对价值的关注使竞争对手变得无关紧要。它们紧紧地把握顾客需求，了解顾客心理。每位经商者都希望自己的产品在市场上畅销，但是怎样做到呢？答案很简单，就在于产品是否满足了社会生活的部分需要。世界上第一台自动书法机诞生的过程或许会给你以启迪。

一天，谷野来到一家百货公司给朋友邮购礼品。按惯例，他应该在礼品盒上写上几句恭敬的词语，但谷野不擅长书法，只好请店员代笔。一位店员小声嘀咕说："已经卖了一百多份礼品了，要是每个都要我们代笔，可够麻烦的！"另一位店员附和着说："是啊，如果有一台自动书法机就好了。"

说者无心，听者有意。谷野心头一动，这不是一个很有价值的市场需要吗？可是这个信息是否准确？谷野调查了十几家百货公司，结果了解到：日本的礼品市场年销售额达几千亿日元，每个人每年要进几十份礼品。每份礼品都要写上诸如"年贺""御祝""中元"等美好的祝语。真正擅长书法的人却寥若晨星，许多商店只好请书法家代写，聘金贵得惊人。谷野估计了一下，如果算上每年成千上万张贺年片，那么对书法的需要相当可观。不久第一台书法机诞生了，结果一炮打响。

可以说，大千世界，尚未开发的市场无时不有、无处不在，各种各样的生财机会很多，关键看商家能否立足市场需求，练就一双敏锐的"市场眼"和具备观察市场、分析市场的能力。可以这样讲，只要经营者多动脑筋，多一点开拓市场的钻劲，何愁不能把握商机、驾驭市场呢？

多关心看似不起眼的零散信息，往往能带来商机。现代社会是信息社会，大家获取信息的渠道都差不多，所以即使里面有商机，也是过眼烟云、明日黄花了。精明之人就要广辟信息渠道，发掘获取最有价值的信息。零散信息便是重要的一种，它指的是信息的内容尚未经专门机构加工整理就直接作用于人的感觉，如一句"闲话"、一丝"灵感"、一个"点子"等。这种零散信息产生于日常生活之中，流淌于百姓大众之间，不费一钱一物，因为其非正规、非主流的特性，决定了它不被多数人重视的结果，实际上它可能产生的价值却不可小视。

再如，欧元的流通让温州人大赚了一笔，听起来有些荒唐，然而事实如此。原来欧洲各国使用的货币的票面比欧元短，加长的欧元放不进欧洲人的钱夹子，所以欧元流通之日，就是欧洲人更换钱夹子之时，这就带来了挣钱的机会。要不怎么说温州人精明，从看似与自己毫不相干的事情中抓住了商机，通过钱夹子的生意，让欧洲人的钱进了温州人的钱夹子。

由此可见，商机并不难找，只要你能抓住消费者的需求。

寻对"胃口"，才能送对"美餐"

市场经营要以顾客需求为导向。洞察顾客消费心理，找到激发顾客个人需求的突破口，才能获得更多的市场需求。

现代社会加快了人们的生活节奏，速冻食品的出现既为人们节省了宝贵的时间，又为人们增添了新口味。

大学毕业后，鲍名利一直想干一番事业，他看中的正是刚刚打入市场却还不被行家看好的速冻食品行业。他毅然辞掉了政府工作，转而做了台湾怡尔香面食的省总代理。为了使策划独具匠心，那一年9月1日老人节，鲍名利在市里率先推出"为70岁以上老人送台湾寿桃的活动",广泛的宣传遍及其他城市。鲍名利当时开了4家连锁店,并在百货大楼、红旗商城等处设有冷冻专柜。

毕竟是初涉商海,鲍名利虽然有闯劲和干劲,但忽略了重要的一点,那就是速冻食品也有淡旺季之分。每年的4~10月正是淡季,由于战线拉得太长,价格不菲的柜台费和庞大的员工开支令他力不从心。到1995年6月末,鲍名利已经亏了数万元。他不得不宣布这次代理失败。

经济学中,把在一定价格水平下,商品或劳务的供应量与需求量相等的这种状况称为"市场均衡"。如果市场需求发生变化,会打破市场均衡,这时供应商要相应地调整商品或劳务价格,或者改变供应量,才能达到新的市场均衡。比如,夏天的羽绒服一般要比秋冬天卖得便宜,相比炎热的夏日,在秋冬天人们更需要羽绒服,因此随着季节影响消费需求的变化,商家不得不通过调整价格来保持销量;中秋临近时,市面上月饼比比皆是,而在其他时节却无影无踪,因为吃月饼是中秋佳节独有的习俗,所以在平时,月饼几乎没有消费需求,商家也就不得不通过改变供应量来保持供销均衡。

季节性商品,即需求量会随着季节的变化而变化的商品,像冰激凌、电风扇等都是典型的季节性商品。经济学上,把这种现象解释为顾客消费习惯或顾客嗜好对市场需求的影响。比如,夏天炎热,消费者大都会倾向于选择消费冰激凌、电风扇等消暑商品,而在其他季节便明显会减少对这些商品的消费。

故事中,鲍名利虽然发现了市场,却没有考虑到市场需求量的变化,以及市场均衡被打破后的被动局面。在漫长的销售淡季中,速冻食品需求急剧下降,这时要么通过降价来提升销量,要么通过减少供应来维持供求平衡,然而这都会直接导致收入骤减,另外由于过度扩张,投入了许多固定的成本,使得入不敷出,亏损越积越多,从而导致了最终的失败。对于这次失败,究其本质原因,是其没能全面准确地把握住市场需求。

犹太人的经商之道闻名世界。一位日本商人曾问杰出的犹太商人玛索巴氏:"如何才能成功地经营好钻石生意?"玛索巴氏没有直接回答,而是先反问这位日本商人:"你有真正的学识吗?"然后他继续说道:"钻石商人的学识要非常渊博,无论什么事都要知道才行。"

在经营钻石买卖时,犹太商人不仅了解产品的性能,更懂得在客户身上下工夫，尽力去满足顾客的心理需求。由于钻石多是贵族消费的商品，还应相应地选择合理的销售场地。在关键时刻，犹太商人会同顾客进行"谈判"，以取得顾客的重视和信任。只要商品最终引起了顾客的兴趣，买卖也就成功了一半。如果经营者是个粗俗的商人，既不懂得如何去布置场面，也不去思考商品的信誉，心理准备也不足，在交易中往往会因为一些没有水平的谈话吓跑顾客。所以，做着同样的钻石生意，有些商人会因为卖不出去而发愁，精明的犹太商人却不一样，他们的生意非常好，凭着自己丰富的知识、阅历和经验，在钻石市场里寻找着丰厚的利润。

市场需求是由个人需求组成的，犹太人"了解钻石性能""选择合理销售场地""与顾客谈判以获取对方的信任"等细节行为，目的就是为了准确抓住顾客心理，找到激发顾客个人需求的突破口，从而获得更多的市场需求。生意就是由一个个的个人购买需求累积起来的，但实际上每个人的需求都不一样，一千个人眼中有一千个哈姆雷特，所以抓住每个顾客的"胃口"，你也就抓住了市场。

供求关系不仅被深入应用在商业中，还广泛存在于人际交往中。假设我们想要接近一个人，就先去弄清他的喜好、性格，甚至当下的状况，才能有针对性地与他进行交谈与交往。否则，你突兀上前，很可能会因为一句话或一个行为而"吓跑"对方；找工作面试时，反被动为主动，若能通过与考官的积极沟通交流，观察推断出他的性格、爱好，无疑会增大你的胜算概率。抓准机会，投其所好，那么你离成功就不远了。

找工作其实也是一样的道理。很多人对高薪的工作职位趋之若鹜，即使对该工作没有多大兴趣，即使该工作所属行业未来衰退风险很大，即使自己的性格与工作的要求不太相符等，人们似乎还完全不明白自己的需求是什么，就断然地寻找"供给"（工作），难以针对诉求而提供的供给，自然不对"胃口"。

顾客是企业的"衣食父母"

服务能力等于赢利能力，让顾客满意才是生意经。

顾客是企业赖以生存和发展的"衣食父母"。企业必须仔细地了解它的顾客市场，这样，可具体深入地了解不同市场的特点，更好地贯彻以顾客为中心的经营思想。

随着经济的不断发展，物质生活日益丰富，人们对顾客的看法也发生了巨大的变化。在改革开放前，物资比较匮乏，什么东西都是凭票供应。布票、粮票、油票、自行车票、缝纫机票等等。在那样的年代，售货员对顾客总是冷冰冰的，而顾客自己为了买到称心如意的商品总是笑脸相对。那时候的顾客根本不可能会想到能成为今天的"上帝"。

现在，"顾客就是上帝"已成为各个企业的座右铭。得罪了"上帝"，失去了"上帝"，那等于是在砸自己的饭碗！当今世界经济迅猛发展，商品日益丰富，同类产品竞争对手的日益增多，使广大消费者的眼光精益求精，日益挑剔，消费者的地位日趋显赫，稍有不慎，潜在的顾客便会失去。顾客越来越清楚，在买与不买、买多与买少的抉择上，他们有生杀予夺的权力！正如马克思在《资本论》中所说的："商品到货币是一次惊险的跳跃。如果掉下去，那么摔碎的不仅是商品，而是商品的所有者。"

顾客是企业赖以生存、发展的真正基础，为此，企业经营活动的圆心是顾客，围绕顾客转是现代企业经营的永恒话题。企业经营能否成功，关键在于顾客，取决于企业是否赢得顾客的信誉。现代经营者提出"用户至上，信誉第一"的口号，就是向客户提供全面满意的服务（包括物质需求和精神需求），这是树立企业形象和提高企业信誉最有效的方式。

自20世纪70年代中期以来，在世界纷繁复杂的大旅馆联号之中，假日酒店一直遥遥领先，独占鳌头。到1989年年底，假日酒店拥有、经营或签有特许经营合同的旅馆共有1 606家，客房总数达320 599间，分布在全球52个国家。这个数字几乎相当于紧排在它后边的三个世界大酒店联号——喜来登、华美达和希尔顿酒店公司客房数的总和。假日酒店雇员总人数已经超过了20万人。

一年夏天，威尔逊驾驶着汽车，带着妻子和孩子，兴致勃勃地去华盛顿，预备在那里度过一个愉快的假日。

但是，当他好不容易找到一家稍为像样的旅馆，将一家子安顿下来时，心里的愉快便被冲得一干二净。原来，这家旅馆和附近的其他旅馆一样，都是"二战"时的产物，主要供过往军人住宿，一切因繁就简。旅馆房间的陈设破旧简陋，用品又脏又旧，让人恶心，甚至连个洗澡的地方也找不到。价格还特别贵，每间房一晚上收10美元，每个孩子每天还得交2美元的小费……

威尔逊实在不想在这么糟糕的地方呆下去，没等假期结束，便憋着一肚子气，开着汽车回家了。

一路上，他一直在思考，现在战争早已结束，美国经济正呈飞速发展势头，有闲暇开着汽车休假的家庭越来越多，自己为什么不办一家汽车旅馆，专门为那些喜欢沿着公路观赏风景、消磨时光的旅客提供食宿方便呢？这一定是一条极好的生财之路。

威尔逊说干就干，很快开起了一家汽车旅馆。当时传统的旅馆标准房间，往往都是冷冷清清的，大厅的气氛更是令人望而生畏。他开设的旅馆房间，光线明亮，空气畅通，色调柔和，使顾客充满舒适感。

此外，当时的美国，多数家庭还没有空调和电视机，威尔逊在旅馆的房间里装上空调，而且每间房子里都放上一部电视机。这样，就可以使外出游玩的游客在饱览沿途风光后，晚上还能清清爽爽地享受有趣的电视节目。

威尔逊还设计了漂亮的餐厅，餐厅的菜肴包罗万象，从小孩爱吃的牛肉饼到大人吃的牛排，应有尽有，而且价格适中。此外每个房间里还装有电话。到处有冰淇淋机，要吃自己动手，十分方便。还有自动饮料售货机，随时都可以为旅客服务。

威尔逊还为孩子们设计了一个游泳池，安排了照顾孩子的服务，甚至还设计了为旅客的小狗居住的免费狗舍等等。

最后，他给自己的旅馆取了一个别出心裁、很有吸引力的店名——假日客栈。

由于假日客栈迎合了日益增多的旅游者的需求，一开业便生意兴隆，不久便在美国各州办起了连锁店，然后延伸到其他许多国家。

假日客栈最吸引人的地方不仅是它的优良设施，还有它出色的服务。随着连锁店的增多，管理的难度加大了。为了不让任何一家分店来毁掉整个企业的美名，为了使世界各地的每一家假日客栈的服务都符合要求，公司设立了客栈管理人才学校，传授服务理念和服务技巧。学校提供三周的课堂教育，然后，学员再去客栈实地训练两周。

公司还设立视听教材部门，专门拍摄各种训练影片，内容从正确的倒酒法，到如何管理游泳池，应有尽有。

公司经常派出巡视员检查各地假日客栈的经营情况，看到什么地方不符合要求，便提出警告，限期30天内改进。到第二个巡视员来复查时，如果情况仍未改善，就收回假日客栈的招牌。假日客栈不喜欢没有空房间这个标志，因为这好像不亲切，不欢迎客人来。只要客人肯来，假日客栈一定热情接待。真的没有房间，也要帮助他们另外安排一个好住处。

假日客栈的知名度越来越大，分店也越开越多，威尔逊也成为全世界闻名的旅馆业企业家。

把顾客当上帝，始终为顾客着想

无论什么时候，都不能怠慢顾客。对公司发展什么商品、增加哪些服务、使用什么销售手段等问题，最有发言权的就是顾客。

麦当劳为何会成功？麦当劳为何能在这百家争鸣的快餐天地中拥有一片天？可以说，这完全源于麦当劳"顾客至上"的服务精神。

麦当劳公司的最高经营理念就是服务顾客的经营理念——Q、S、C、V。它同时也是企业内部形象的标志。

Q代表品质、质量，是英文quality的第一个字母。麦当劳要求员工无论在何时、何地，对任何人都要提供永不会打折扣的高品质产品。比如：麦当劳北京分店的食品原料绝大部分（高达95%）在中国本土采购。这是在经过长达4~5年的筛选上才实现的。麦当劳公司的马铃薯供应商为了找到优质合格的马铃薯，先后从美国本土派出若干名马铃薯专家，前往中国的黑龙江、内蒙古、河北、山西、甘肃等地进行实地考察、试验，最后终于将河北承德确定为麦当劳公司的马铃薯供应基地，在承德围场培育出了符合麦当劳标准的马铃薯。

S即服务，是英文service的第一个字母。麦当劳要求员工为顾客提供迅速、正确的服务, 并且笑脸相迎。

麦当劳公司作为餐饮零售服务业的龙头老大, 把服务视如性命般重要。每个员工进入麦当劳公司之后, 第一件事就是接受培训, 学习如何更好地为顾客服务, 使顾客达到百分之百满意。为此, 麦当劳公司要求员工在服务时, 应做好以下几条。

(1) 服务员必须始终保持微笑, 并且按柜台服务"六步曲"为顾客服务, 当顾客点完所需要的食品后, 服务员必须在1分钟以内将食品送到顾客手中。

(2) 顾客排队购买食品时, 等待时间不超过2分钟, 要求员工必须快捷准确地工作。

(3) 顾客用餐时不得受到干扰, 即使吃完以后也不能"赶走"顾客。

(4) 为小顾客专门准备了漂亮的高脚椅, 免费赠送精美的小礼物。

C即清洁卫生, 是英文cleanliness的第一个字母。麦当劳公司对快餐店内部的清洁卫生有严格的规定。

V即价值, 是英文value的第一个字母。麦当劳要求为顾客提供服务的员工尽可能使每一位顾客都感到受重视, 达到最高满意度, 认为来麦当劳消费值得。

如果心里装着顾客, 就会明白应该怎样对待顾客, 其结果不仅有利于顾客, 也有利于自己。

 ## 阿尔巴德定理活学活用: 顾客体验经济时代

"欢迎来到体验式经济时代!"

这是美国战略地平线LLP顾问公司的创始人帕恩二世和吉尔摩在《哈佛商业评论》中对体验经济时代的肯定。在《体验经济》这本书中, 帕恩二世从经济的角度把人类的历史分成物品经济时代、商品经济时代、服务经济时代和体验经济时代这样四个阶段。

与此四个阶段相对应的经济价值演变过程, 分别表现为物品、商品、服务和体验四种形式。当一种经济形式发展到一定程度的时候, 下一种经济形式便开始萌芽发展。随着服务业越来越迅速地扩张, 体验经济也开始被越来越广泛地提

起，如今已经触及不同行业，尤其是与终端消费者有直接联系的领域。

体验经济，被认为是继农业经济、工业经济和服务经济阶段之后的第四个人类的经济生活发展阶段，也可以被称为服务经济的延伸。从工业到农业、计算机业、互联网业、旅游业、服务业、娱乐业都在上演着体验或体验经济，尤其是娱乐业已成为世界上成长最快的经济领域。

农业经济、工业经济和服务经济到体验经济之间的演进过程，就像母亲为小孩过生日准备生日蛋糕的"进化"过程。在农业经济时代，母亲是拿自家农场的面粉、鸡蛋等材料，亲手做蛋糕，从头忙到尾，成本不到10元。到了工业经济时代，母亲到商店里，花几美元买混合好的盒装粉回家，自己烘烤。进入服务经济时代，母亲是向西点店或超市订购做好的蛋糕，花费100元。到了今天，有的母亲不但不烘烤蛋糕，甚至不用费事自己办生日晚会，而是花几千元以上，将生日活动外包给一些公司，请他们为小孩筹办一个难忘的生日晚会。这就是体验经济的诞生。

16 偏好理论：
越受偏好的东西越值钱

　　偏好实际上是潜藏在人们内心深处的一种情感和倾向，它是非直观的，引起偏好的感性因素多于理性因素。从经济学角度来看，人们的偏好心理是影响商品价格的一种因素。

　　偏好在生活中是非常重要的。每个人都会在限定的条件下最大化自己的偏好，即根据自己偏好使其利益最大化。因此，企业经营时应当尊重每个消费者的偏好，产品和服务等要"投其所好"。

白壳鸡蛋为什么比红壳鸡蛋贵

消费者的习惯偏好是影响商品价格的重要因素，消费者对白鸡蛋的偏好引发了商家的定价行为，最终导致白壳鸡蛋的价格比红壳鸡蛋高。

日常生活中，我们可能有这样的经验，市场上的白壳鸡蛋往往比红壳鸡蛋要贵，这是为什么呢？先听听商家给我们的解释吧。

白壳鸡蛋经常被称为土鸡蛋、柴鸡蛋，意思是农家散养的鸡下的蛋。

农家鸡是在自然的环境下生长的，饲料以草子、虫子、五谷杂粮等为主，绿色天然，鸡蛋的营养价值自然会更高一些。红壳鸡蛋是人工饲养条件下的鸡生的蛋，工业生产条件下的鸡以人工饲料为食物，出于增产的目的会人为地在饲料中添加一些激素，当然鸡蛋的营养价值会大打折扣。事实上消费者也是这么认为的，白壳鸡蛋卖得贵一些也理所当然。

这里，白壳鸡蛋的价格高显然是由生产白壳鸡蛋的成本（比红壳鸡蛋高）和消费者的购买欲望共同影响产生的。

事实是怎样的呢？国内外专家对此作了研究，发现白壳鸡蛋和红壳鸡蛋的营养价值差距不大。两种蛋的营养成分比较如下：

蛋白质：白壳鸡蛋比红壳鸡蛋高0.75%左右。

维生素：白壳鸡蛋的维生素A、维生素B1、维生素B2都略高于红壳鸡蛋。

脂肪：红壳鸡蛋比白壳鸡蛋高1.4%左右。

胆固醇：红壳鸡蛋比白壳鸡蛋高0.8%左右。

除此之外，其他的营养成分几乎相等。白壳鸡蛋和红壳鸡蛋蛋壳颜色不同主要是由于鸡的品种不一样。可见，说白壳鸡蛋价格高是因为成本大属子虚乌有的，消费者的购买欲才是影响鸡蛋价格的主要因素。

所谓消费者的购买欲，即消费者的偏好。偏好是指消费者按照自己的意愿对可供选择的商品组合进行的排列。它是潜藏在人们内心深处的一种情感和倾向，是非直观的，引起偏好的感性因素多于理性因素。

习惯是消费偏好的一种常见类型，是由于消费者行为方式的定型化，经常消费某种商品或经常采取某种消费方式，就会使消费者心理产生一种定向的结果。所以，尽管人们已知道两种蛋相差无几，但在习惯的作用下仍会对白壳鸡蛋有所偏爱。

在市场经济的条件下，价格是由供求关系决定的。"供"是指供给，是生产者的行为；"求"是指需求，是消费者的行为。价格把生产者和消费者联系在了一起。

消费者的需求即消费者的欲望，人为什么会有消费的欲望呢？这需要我们解释一下"效用"这个经济学概念。

人们为什么要消费一件物品呢，所有的回答可以归结为一点：它能给人们提供满足。这种满足被称为效用。早期的经济学家认为，必须找到一种方法来计量效用，就像长度可以用米、时间可以用秒来计量一样。这种努力失败之后，他们甚至宣称，选中效用是一个不幸。后来，人们发现，事情并没有这么糟糕：当一个人选择苹果而不是橘子时，我们只需要知道苹果带给他的效用比橘子高就足够了，至于高多少实际上是无关紧要的。

为了满足人对蛋的消费这种效用下有诸多可供选择的对象，如红壳鸡蛋、白壳鸡蛋，甚至鹌鹑蛋。人们会在自己偏好的作用下对各自的效用排个序，显然白壳鸡蛋会排在第一位，人们认为白壳鸡蛋的效用是最大的，尽管这并没有科学的根据，但就消费的最终目的是满足欲这一点来说已经足够了！

我们知道，物品价格的变动是沿着它的需求曲线上下变动的。由于人们对白鸡蛋的特殊偏好导致了对白壳鸡蛋的需求上升最终反映在价格上——即比红壳鸡蛋贵几毛钱。

然而，一方面，消费者要尽量满足自己的愿望和需要；另一方面，他又受到购买力的约束。消费者的购买力取决于他的收入水平以及市场的物价水平。如果白鸡蛋定价过于昂贵，人们则会减少对白壳鸡蛋的消费，而会增加对它的替代品红壳鸡蛋的消费，毕竟两种蛋相差没多少，所以即使商家会把白壳鸡蛋价格定得贵一些，但和红壳鸡蛋比起来总不会贵太多。

萝卜青菜，各有所爱

萝卜白菜，各有所爱，消费者在选择商品时偏好各不相同。不同的人在相同收入、相同价格条件下会购买不同的商品组合，这是因为他们的偏好各不相同。

中国有句俗话叫"萝卜青菜，各有所爱"，虽然有些调侃，但不无道理。

2009年在各大电视台热播的电视剧《蜗居》引发了观众的热情。小艾听办公室同事说电视剧《蜗居》不错，于是熬夜下载看了两天，终于把整部电视剧看完了。

她认为，《蜗居》是一部很好的电视剧，反映了现代房奴的辛酸史，是如此贴近自己的生活。看完之后，她对《蜗居》赞不绝口，四处向别人推荐。但是，小艾尚在读幼儿园的女儿雯雯对她妈妈如此钟情于这部电视剧感到很奇怪，剧中故事对雯雯完全没有吸引力，相比较而言，她更喜欢看动画片中聪明的"喜羊羊"。

同样的一部电视剧，为何不同的人评价各不相同？这就涉及个人的偏好问题。偏好表明一个人喜欢什么，不喜欢什么。所有人都是有偏好的，萝卜白菜各有所爱，所谓穿衣戴帽各好一套，说的就是这个道理。偏好是主观的，也是相对的概念，一般来说，偏好无所谓好坏。

偏好实际上是一种非理性的表现形式。每个人的偏好不相同，这就会引起每个人行为选择的不同。

有个人在自家地里挖出一尊绝美的大理石雕像。一位艺术品收藏家高价买下了这尊雕像。卖主拿着大把的钱感叹：这钱会带来多少荣华富贵，居然有人用这么多钱换一块在地下埋了几千年、无人要的石头？收藏家端详着雕像想：多么巧夺天工的艺术品，居然有人拿它换几个臭钱。他们都对自己交换来的东西感到非常满意。

每个人的偏好不同，因此对同一种物品的评价往往不同，这种评价直接影响该物品的使用价值。卖主认为钱的价值大于雕像，买主认为雕像的价值大于钱，这和个人的偏好不无关系。

那么，偏好究竟跟什么相关呢？有人认为和收入相关，比如我们买服装时，富人从不去地摊，而是去大型商场；也有人认为和前期偏好有关，比如我们考研时会买星火英语，因为大学考英语四级、六级时一直选择星火英语；也有人认为偏好和地理有关，如四川人偏好吃辣、江苏人偏好吃甜；也有人认为偏好跟熟悉程度有关，比如在同类商品中选择自己所需要的，一般会选择做过广告的；还有人认为偏好与周围人的偏好有关，你周围的人都买某件东西时，你一般也会买这件东西。

通常情况下，人们认为个体的偏好大多受感性因素的影响。这些感性因素因人而异，有明显的差别。从整个社会的角度来看，偏好的形成还需要依赖多种因素，如文化因素、经济因素、社会因素等的共同作用。

经济学认为，每个人根据自己的偏好，形成在一定约束条件下能够反映自身愿望的需求，在此基础上作出自己行为的决策，就能获得效用的最大化。实际上，偏好是每个人自己的心理感受，如果有人一定要用自己的偏好影响他人，往往会吃力不讨好。

是谁成就了"老干妈"

大多数消费者对低价的品牌商品具有持久的偏好，一个零售商如能适应这一偏好，便会获得无限的商机。

大家对"老干妈"陶华碧都很熟悉。据不完全统计，2007年，"老干妈"实现产值13.5亿元，上缴税收1.8亿元。2008年，"老干妈"日产量达到120万瓶，占领了全国70%左右的辣椒酱市场。陶华碧说："老干妈的品牌就是这样一点一滴积累起来的，不管是开发新的产品还是坚守原有的市场，我们都坚持提供市场上最优质的辣椒食品。在服务过程中，我们严格按照规则办事，对每一个供货商和经销商，都是说到做到，一诺千金，才有今天市场上响当当的老干妈品牌。"

为什么"老干妈"有如此高的销售额？其秘密除了"老干妈"提供最优质的辣椒食品以外，更主要的是因为有相当一部分对辣椒有偏好的消费群体。

2007年的统计资料显示，中国在饮食口味上已经形成了3个辛辣口味层次地区：即长江上中游辛辣重区，包括四川、重庆、湖南、湖北、贵州、陕西南部等地，辛辣指数在25至100之间；北方微辣区，东及渤海湾，包括北京、山东等地，西经山西、陕北、甘肃大部、青海到新疆，是相对辛辣区，辛辣指数在15至26之间。东南沿海淡味区，在山东以南的东南沿海江苏、上海、浙江、福建、广东为忌辛辣的淡味区，辛辣指数在8至17之间。

由于地区差异，不同地区的人对辣椒的偏好也有所不同，更由于大量的人员流动，所以造就了中国的辣椒产业的不断发展，也造就了"老干妈"。

对于产品制造商来讲，消费者偏好是消费心理效果中的一个重要概念，是消费者接受广告信息而对某特定品牌的可接受程度。西方经济学理论在谈到"消费者偏好"时，指出企业目的是通过提供该商品品牌的一些信息，影响人们的嗜好，从而影响人们对该商品品牌的需求。商业广告作为一个信息传播活动，不应该是仅限于广告作品中所提供的产品信息而已，而应该达到商业广告传播的心理效果影响，即形成"消费者偏好"。

市场供给的丰富产品使得消费者通过选择来满足对产品其非功能性因素的偏好，从而使过去"人人差不多，家家差不多"的同质消费、模仿性消费状态变得更加带有个性化色彩和文化、感情气氛，这在西方称"软消费"。广告业跟踪目标消费者群体心理需求因素的发展变化，并针对其"偏好"进行相应的广告创作，生产产品"附加价值"而建立稳固的"偏好"关系。这样的创作空间远远大于产品的功能性因素诉求表现。许多世界著名品牌的成功就是有力的佐证，如：麦当劳、IBM等都是走出一条与其目标消费者共同成长的品牌之路。

朝四暮三PK朝三暮四

商品只有满足人的需求偏好，才成为有用的东西，才体现出它的价值。

《庄子·齐物论》中有个"朝三暮四"的故事。

宋国有一个很喜欢饲养猴子的人，名叫狙公。他家养了一大群猴子，他能理解猴子的意思，猴子也懂得他的心意。狙公宁可减少全家的食用，也要满足猴子的要求。然而不久后，家里越来越穷困了，狙公打算减少给猴子吃栗子的数量，但又怕猴子不顺从自己，就先欺骗猴子说："给你们的栗子，早上三个晚上四个，够吃了吗？"猴子一听，都站了起来，十分恼怒。过了一会儿，狙公又说："给你们栗子，早上四个，晚上三个，这该够吃了吧？"猴子一听，一个个都趴在地上，非常高兴。

这个成语故事原本揭露狙公愚弄猴子的骗术，告诫人们要注重实际，防止被花言巧语所蒙骗。在这个故事里，猴子是作为一种愚蠢的动物而出现的。实际上，我们从经济学的角度来看，可能得出的结论会大不一样。古人认为总量是没有变化的，因此觉得早上三个晚上四个和早上四个晚上三个是完全一样的。其实不然，朝三暮四和朝四暮三还是有些区别的，它们能给猴子带来不同的效用。那么，什么才是效用呢？

在经济学的发展史中，效用概念的出现无疑是一个突破。物品效用在于满足人的欲望和需求。一切物品能满足人类天生的肉体和精神欲望，才成为有用的东西，才有价值。在经济学中，效用是用来衡量消费者从一组商品和服务之中获得的幸福或者满足程度的尺度。有了这种衡量尺度，我们就可以在谈论效用的增加或者降低的时候有所参考。因此，在解释一种经济行为是否带来好处时，我们也有了衡量标准。效用不同于物品本身的使用价值。使用价值产生于物品的属性，是客观的；效用是消费者消费某种物品时的感受。

效用价值论强调物对人的满足程度，而满足程度完全是主观的感觉，他们认为，主观价值是客观交换价值的基础。物品的有用性和稀少性都是价值形成不可缺少的因素，都是主观价值的起源。在不同地点，人们对馒头的不同主观评价可以说明这个问题。

村子里有一个穷人和一个富人，有一天突然发洪水了。穷人背着家里最贵重的东西——一袋馒头爬上了一棵树，富人背着家里最贵重的东西——一袋金子也爬上了这棵树。洪水没有消退的迹象。第一天，穷人吃了一个馒头，富人什么也没吃，眼睁睁地看着穷人吃。第二天，穷人又吃了一个馒头，富人的肚子已经直打鼓。到了第三天，富人实在是忍不住了，于是富人对穷人说："我用一锭金子换你一个馒头"。在这种"不平等交换"下，富人和穷人最终撑过了这段艰难时期。在这个艰难时期，馒头对人的效用无疑比金子大。

经济学依赖一个基本的前提假定，即人们在作选择的时候倾向于选择在他们看来具有最高价值的那些物品和服务。效用是消费者的主观感觉，取决于消费者对这种物品的喜欢程度，即偏好。消费者对某种物品的偏好越大，这种物品带来的效用就越大，他就越愿意购买，需求就越高。

正如俗话所讲，萝卜白菜，各有所爱。有人喜欢抽烟，那么香烟对于他而言效用就很高，但对于一位不愿意闻烟味的女士来说，香烟就会是效用很低甚至是负效用。很显然，在作出决定的时候，烟民自然会把香烟视为至宝，而女士们可能更钟情于化妆品或者衣服。

 **偏好理论活学活用：消费者的品牌偏好**

营销学家霍尔及布朗于1990年的研究论述中指出，消费者在采取购买行动之前，心中就已有了既定的品位及偏好，只有极少数的消费者会临时起意产生冲动性购买。整体而言，就算消费者的购买是无计划性的、无预期性的，仍将受到心中既有的品味与偏好所影响。

事实上，品牌与品牌之间的战争，说穿了就是一场由营销传播与促销所构建的消费者心理战，每个品牌都竭尽所能地想击败对手，获取最高的品牌偏好与忠诚度。每位广告主都一样，不断地拉高自己品牌的声誉，只为引起消费者的高度注意与兴趣。这意味着什么呢？营销人员在策划与促销产品时，应特别留意消费者内心世界里的"喜欢"或"不喜欢"是如何形成的，才能为品牌注入正面的、强力的偏好度。

有问卷调查显示：半数消费者存在饮料品牌偏好。在激烈的市场竞争下，口碑好、信誉度高的饮品较受消费者的青睐，销量更好些。通过消费者类型与年龄的相关性分析，我们看到，在18～24岁这个年轻人群中，很少一部分年轻人对饮料的品牌是无所谓的，然而他们又并非对某个品牌完全忠诚，很多人会因为口味、包装和价格而不去考虑品牌效应。25～30岁的年轻人，他们有一定的品牌观念和比较稳定的消费习惯，往往会把对品牌的喜好固定下来。

消费者行为在很大程度上受商品中蕴涵的象征意义的影响。品牌对于消费者选择、企业营销策略制定而言具有多方面的意义，品牌的作用在于提供一种无形利益，这种无形利益不仅仅建立在质量、服务、技术先进等实体基础上，更着重于一种地位、品位、趣味上的认同和给予。

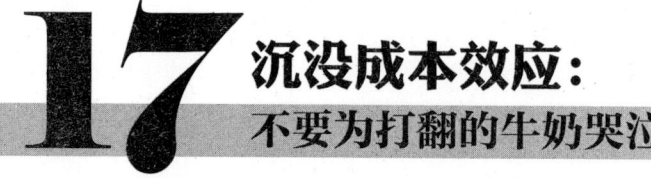

17 沉没成本效应：
不要为打翻的牛奶哭泣

　　沉没成本指由于过去的决策已经发生的，而不能由现在或将来的任何决策改变的成本，如已经付出的时间、金钱、精力等。

　　尽管早期的研究者提到过先前投入的成本应该包括时间成本，但大多数沉没成本研究只把焦点放在先前的财务投资影响后续决策这一点上。实际上，沉没成本的种类并不仅仅限于财务方面，日常生活中很多投资还包括付出的努力和时间。

　　沉没成本效应是指，根据经济逻辑的法则，沉没成本与制定决策应是不相关的，但是在人们的实际投资活动、生产经营和日常生活中，广泛存在着一种决策时顾及沉没成本的非理性现象。

从两难选择透视难以割舍的沉没成本

不论消费购物，或是作决策、投资，都应考虑可变成本和沉没成本，将两项成本纳入成本预算综合考虑、权衡利弊。

如果你看到一则广告说在离你家10公里远的地方，有家店铺在降价出售衬衫。可当你来到这家店铺后，却发现这家店铺的降价衬衫没有一件适合你，而适合你的衬衫只比在你家附近店铺购买的衬衫便宜一点儿。这时你该怎么办？

你的唯一合理选择是购买衬衫！本节内容的目的就是向你证明购买衬衫是合理的。

购买衬衫为到这家商店而一路驾车的各种支出就是沉没成本——一旦发生，就不会恢复。如果你在离开家门之前就知道那里的实际情况，那么你就不会跑这趟冤枉路了。但是，既然你已经来了，不管你是否购买衬衫，你必须为跑这一趟路付出一定的代价。

人们在决定是否去做一件事情的时候，不仅是看这件事对自己有没有好处，而且也看过去是不是已经在这件事情上有过投入。沉没成本是指已经付出且不可收回的成本。沉没成本常用来和可变成本作比较，可变成本可以被改变，而沉没成本则不能被改变。经济学上认为作决策时仅需要考虑可变成本，如果同时考虑到沉没成本会被认为是错误的，那样结论就不是纯粹基于事物的价值作出的。

同样，在这里就买衬衫而言，也会存在这样的错误认识。有的人会拒绝买衬衫，他们认为衬衫的价格不足以弥补这一趟的费用，即便已经跑了这一趟。这种想法显然是不把沉没成本作为无法收回的支出来看待，在生活上的态度是活在过去，活在遗憾中，永远不会快乐。明智的做法是买件衬衫，这总比空手而归强，算是花钱买教训吧。

关于沉没成本，经济学上还有一个比较有名的例子是看电影。

如果你预订了一张电影票，已经付了票款且你不能退票。你并不知道这部电影怎么样，是不是合你的口味。当你走进电影场坐下来看30分钟后，你感到昏昏欲睡、索然无味。这时你该怎么办呢？是坐下来忍着看完还是站起来走人呢？也许你会觉得既然是花钱买的票不看完就走人会是一种浪费。大多数经济学家们认为，如果你是理性的，那就不该在作决策时考虑沉没成本。在走与不走这两种情况下你都已经付过钱，所以不应该考虑这件事情。如果你后悔买票了，那么你当前的决定应该是基于你是否想继续看这部电影，而不是你为这部电影付了多少钱。此时的决定不应该考虑买票的事，而应该以看免费电影的心态来作判断。经济学家往往建议选择不看离开影院，这样你只是花了点冤枉钱，而选择留下来看完你还要继续煎熬。

显然，我们意识到了沉没成本，并据此采取下一个行动只是一种权宜之计，是一种补救措施，只不过了不让结果变得更糟而已。那么，如何从根本上避免这一问题呢？我们就要考虑产生沉没成本的原因。

在我们买衬衫时，我们只知道10公里外有家店铺的衬衫正在打折，而它的打折的衬衫尺寸我们并不知道；在看电影之前，我们对电影的相关信息及精彩程度也一无所知，正是我们对信息的占有不足才导致了我们判断的失误，进而作出了错误的决策。要想避免沉没成本的出现，在我们作决策的前期就要做大量的调研工作，尽可能多地占有信息。一旦当沉没成本出现，我们就要及时调整策略、方案，避免事态扩大和蔓延。

另外，还有一种特殊情况我们要加以注意。虽然沉没成本不能被改变，但有时候也应在作决定时考虑它。

例如，有一门考试，如果花50个小时复习就能通过。有个学生已经复习了49个小时，这时有人邀请他去出去玩。那么这个学生可能会想："如果我去玩，就会不通过，可是如果我再复习一个小时，就会通过，所以我应该继续复习。"这个学生已经花费掉的49个小时是沉没成本，因为无论他选择去玩还是继续复习，这些时间都已经花费掉了。可是，这49个小时的存在决定了最后一个小时的价值，也就是说，如果这个学生完全没有复习，那么他无疑会选择出去，因为"无论我是不是复习这一个小时，我都不会通过"。

我们应该承认现实，把已经无法改变的"错误"视为昨天经营人生的坏账损失、今天经营人生的沉没成本。以全新的面貌面对今天，这才是一种健康的、快乐的、向前看的人生态度，以这样的态度面对人生才能轻装上阵，才会有新的成功、新的人生和幸福。

消费，防止陷入沉没成本的泥沼

沉没成本是已经投入的，不能收回，这告诉我们做事不能瞻前顾后，要该出手时就出手，该停手时就停手，否则等铸成大错，悔之晚矣。

2008年的北京奥运110米栏比赛格外引人关注，因为我们的英雄刘翔要在鸟巢比赛。原价800元的110米栏门票，一度被炒到8 000元。你不惜天价从票贩子手中买到一张门票，只为一睹巨星风采。8月18日，临近正午时分，人们聚焦"鸟巢"田径赛场，期待已久的男子110米栏开始了。然而你始料未及的是，刘翔因脚伤复发过早地离开了赛场。你的心一下子冷了，继续看下去显然不能达到你的预期目的，你的票钱是白花了，这就是经济学上的沉没成本。

在经济学上，我们把那些已经发生、不可回收的支出，如时间、金钱、精力，称为沉没成本。这个意思就是说，你在正式完成交易之前投入的成本，一旦交易不成，就会白白损失掉。从理性的角度来说，沉没成本不应该影响我们的决策，然而，挽回成本的心理作用往往让人作出非理性的决策，从而导致更大的损失。

沉没成本不可能再收回，我们该如何面对，理性就显得尤为重要。既然无法收回，我们只有放弃，或者忽略不计。如果对沉没成本过分眷恋，就会继续原来的错误，造成更大的损失。明知道110米栏比赛对于自己来说（只为看刘翔）是没有任何意义了，你如果仍在可惜已经付出的门票钱，还要继续看下去，那么你不但无法收回成本，还要继续赔进两个多小时的时间成本，错上加错。

比如你持有一只股票，当然是想狠赚一笔的，然而拿了两三年，不仅没有上涨，却跌了一大半（而且还呈下跌趋势），这一大半便成了沉没成本。这时理性的做法是尽快出手，防止进一步损失。跌掉的一大半成本既然已经沉没，那就只能放弃了。可是很多人都做不到这一点，最后股票一路跌下去，赔得血本全无。有些工程盲目上马，投入了大量资金，中途才发现上马是错误的。大量成本已经沉没，必须赶快停止。如果将错就错，最后大型工程就会成为无用工程。

有的人对自己从事的工作心存不满，想改变。可是一考虑到自己在原有的工作上投入的各种资源，若重新选择，前期的巨大投入就会一文不值，所以只好作罢，继续在原来的生活漩涡里挣扎。有些人身陷不幸婚姻，却未必选择离婚，因为他们觉得青春已不再，孩子也有了，沉没成本实在太大，加上对未来预期又非常渺茫，比较来比较去，也只有继续痛苦下去，忍受下去。

所谓沉没成本陷阱，也就是厌恶割肉止损，不愿接受这样的悲惨事实，即无论等待多长时间，先前投资都不可能回收盈利。那些"破罐子破摔"的人，就是掉进了沉没成本的陷阱里，反正罐子已经破了（成本沉没了），就干脆让它继续破下去。迷恋赌博的人大概都有这种体会，越是输得一塌糊涂，越是要将赌博进行到底。因为自己已经输了不少钱（成本沉没了），所以就要想办法赢回来。然而赌场可不同情你，你赌下去的结果只能是越输越多，直至倾家荡产。这时理性的做法是立即停止，绝不能再继续赌下去。

正因为沉没成本会成为陷阱，那些不怀好意的人，便利用它给善良的人设圈套，让你的成本一点点走向沉没，等你沉没到无法自拔的时候，就不自觉地上了他的贼船。比如赌场，一般是先让你赢，然后再让你输。比如传销，先给你眼前画一个巨大的馅饼，然后诱惑你花一笔巨款（虽然一般是几千元，但对于普通人来说已是巨款了），购买无用的物品，等你发现成本已经沉没，你要急于捞回，就只有把心一横，又去诱惑别人，即所谓的"上了贼船下不来了"。沉没成本不仅困扰着社会中的个体成员，有时候整个社会团体也会陷入沉没成本陷阱。

沉没成本的问题在银行业中也非常突出，并且经常造成极为严重的后果。例如，当一个贷款企业陷入困境时，前批款项的信贷员通常会不顾该企业在利用信贷过程中存在着问题，而为该企业继续提供信贷资金，以期望它能够获得喘息的机会，重新恢复生机，但往往事与愿违——企业再次失败。更可怕的是，沉没成本问题经常会引起恶性循环：银行继续信贷，企业继续失败，以致最后企业宣布破产，银行巨额资金回收无望。

应当说，避开沉没成本陷阱并不是件难事。首先，要准确界定做事的条件。要看到，我们第一次决定的内容和第二次决定并没有直接的联系，第一次决定产生的后果才是作第二次决定的必要条件。其次，我们做事一定要有足够的理性，尤其是大的交易，前期投入一定要谨慎，不仅对对方有充分的了解是必要的，签订规范的合同，建立完善合法的合作程序更是必要的。由于双方信息的不对称，我们有上当受骗的可能，一旦发现，应当立即停止合作，以避免更大损失。拿得起放得下是一种风度，更是一种品质。

在沉没成本面前，我们一定要时刻保持清醒，不要计较太多，就好像覆水难收，过去的就让它过去吧。这其实也是一种乐观主义精神，只要坚持下去，任何事情都会有回报的。朝前看，不回头，这样才正确。

前景堪忧之时，要忍痛"割肉"

决策投资，在没有100%胜算的把握下，及早退出是明智的选择。如果你不及时收脚回来，那你可能会越陷越深，甚至血本无归。

举个简单的例子：假设你买进一只股票，股价下跌；于是你又在这个价位买进（股民称此为"摊平"），可是它又下跌……你再次购买的本意是减少损失，可是却越陷越深。

中国航空工业第一集团公司在2000年8月决定今后民用飞机不再发展干线飞机，而转向发展支线飞机。这一决策立时引起广泛争议。

该公司与美国麦道公司于1992年签订合同合作生产MD90干线飞机。1997年项目全面展开，1999年双方合作制造的首架飞机成功试飞，2000年第二架飞机再次成功试飞。

就在此时，MD90项目下马了。在各种支持或反对的声浪中，讨论的角度不外乎两大方面：一是基于中国航空工业的战略发展，二是基于项目的经济因素考虑。在这里不想就前一角度展开讨论，只有航空专家才在这方面最有发言权。单从经济学角度看，干线项目上马、下马之争可以说为沉没成本提供了最好的案例。

许多人反对干线飞机项目下马的一个重要理由就是，该项目已经投入数10亿元巨资，上万人倾力奉献，耗时六载，在终尝胜果之际下马造成的损失实在太大了。这种痛苦的心情可以理解，但丝毫不构成该项目应该上马的理由，因为不管该项目已经投入了多少人力、物力、财力，对于上下马的决策而言，其实都是无法挽回的沉没成本。

事实上，干线项目下马完全是"前景堪忧"使然。从销路看，原打算生产150架飞机，到1992年首次签约时定为40架，后又于1994年降至20架，并约定由中方认购。但民航只同意购买5架，其余15架没有着落。可想而知，在没有市场的情况下，继续进行该项目会有怎样的未来收益？

然而，就是这个已经沉没了的成本，却还让许多不明就里的人难以割舍。他们把它当作"鸡肋"，食之无味而又弃之可惜。实际上，这些人不明白：沉没成本永远是决策的非相关成本，与其相伴随的机会成本才是决策相关成本，需要在决策时予以考虑。

沉没成本和机会成本之所以会对决策产生这样微妙的作用，原因就在于机会成本不是现实的成本，是隐性的，而沉没成本却是实实在在的，让人有一种"割肉"的痛楚。成本沉没在水里着实令人感到可惜，然而伤心懊悔不是于事无补吗？还不如适时放弃，抓紧时间，创造更多的价值出来。

在投资时应该注意：如果发现一项投资是错误的，就应该立刻悬崖勒马，尽早回头，切不可因为顾及沉没成本，错上加错。事实上，这种为了追回沉没成本而继续追加投资导致最终损失更多的例子比比皆是。许多公司在明知项目前景暗淡的情况下，依然苦苦维持该项目，原因仅仅是因为他们在该项目上已经投入了大量的资金（沉没成本）。

摩托罗拉的铱星项目就是沉没成本谬误的一个典型例子。摩托罗拉为这个项目投入了大量的成本，后来发现这个项目并不像当初想象的那样乐观。可是，公司的决策者一直觉得已经在这个项目上投入了那么多，不能半途而废，所以仍苦苦支撑。但是后来事实证明这个项目是没有前途的，所以最后摩托罗拉只能忍痛接受了这个事实，彻底结束了铱星项目，并为此损失了大量的人力、财力和物力。

进退两难之际，该放手时要放手

选择放弃很难受，但是不放弃，则更加痛苦。该放手时就一定要放手。

现实经济中，陷入进退两难困境的投资项目比比皆是，投资过半，行情却急转直下。到底是继续投资还是决然退出？总是令投资决策者左右为难。实际上，一个理性的经济人在作出决策的时候，总是要涉及沉没成本和机会成本。然而现实中往往由于决策者思维的错位，将这两种成本相混淆，反而作出了不利的选择。

走出投资困境其实并不难，只要你敢于放弃，有胆量、有勇气经历失败，不要为打翻的牛奶哭泣，对不可追求的东西要及时放手，做一个敢于放弃的聪明人。

在一次关于生活艺术的演讲中，教授拿起一个装着水的杯子，问在座的听众："猜猜看，这个杯子有多重？"

"50克""100克""125克"……大家纷纷回答。

"我也不知有多重，但可以肯定人拿着它一点不会觉得累。"教授说，"现在，我的问题是：如果我这样拿着几分钟，结果会怎样？"

"不会有什么。"大家回答。

"那好。如果像这样拿着，持续一个小时。那又会怎样？"教授再次发问。

"胳膊会有点酸痛。"一名听众回答。

"说得对。如果我这样拿着一整天呢？"

"那胳膊肯定变得麻木，说不定肌肉会痉挛，到时免不了要到医院跑一趟。"另外一名听众大胆说道。

"很好。在我手拿杯子期间，不论时间长短，杯子的重量会发生变化吗？"

"没有。"

"那么拿杯子的胳膊为什么会酸痛呢？肌肉为什么可能痉挛呢？"教授顿了顿又问道："我不想让胳膊发酸、肌肉痉挛，那该怎么做？"

"很简单呀。您应该把杯子放下。"一名听众回答。

"正是。"教授说道，"其实，生活中的问题有时就像我手里的杯子。我们埋在心里几分钟没有关系。如果长时间地想着它不放，它就可能侵蚀你的心力。日积月累，你的精神可能会濒于崩溃。那时你就什么事也干不了了。"

教授这番话的另一层含义是，如果你手中的成本正在逐渐增加，你感到越来越吃力的话，你应该及时放弃。否则，你的身心将被拖垮。

 ## 沉没成本效应活学活用：投资有收获有放弃

皮洛士生于亚历山大大帝死后分裂的古希腊，是小国伊庇鲁斯的王子。皮洛士一向醉心于马其顿国王亚历山大的伟业，企图在地中海建立一个大国。

公元前281年，皮洛士率领大批军队进攻罗马。在阿普利亚境内的奥斯库伦城附近，双方展开了激战。在这次战斗中，皮洛士的损失极其惨重。他虽然赢得了胜利，但损失了大批有生力量。战斗结束后，将士们向他表示庆祝，皮洛士看着硝烟还没散尽的战场，叹息道："要是再来一次这样的胜利，我也就彻底垮了"。

这就是著名的典故"皮洛士的胜利"，在经济学上引申为成本太高而收益太少。

成本是商品经济的价值范畴，是商品价值的组成部分。人们要进行生产经营活动或达到一定的目的，就必须耗费一定的资源（人力、物力和财力），其所费资源的货币表现及其对象化称为成本，也就是企业把商品提供给市场所支出的全部费用。

并且随着商品经济的不断发展，成本概念的内涵和外延都处于不断地变化发展之中。它有以下几方面的含义。

（1）成本是生产和销售一定种类与数量产品以耗费资源用货币计量的经济价值。企业进行产品生产需要消耗生产资料和劳动力，这些消耗在成本中用货币计量，就表现为材料费用、折旧费用、工资费用等。企业的经营活动不仅包括生产，也包括销售活动，因此在销售活动中所发生的费用，也应该计入成本。同时，为了管理生产所发生的费用，也应该计入成本，为了管理生产经营活动所发

生的费用也具有形成成本的性质。

（2）成本是为了取得物质资源所需付出的经济价值。企业为进行生产经营活动，购置各种生产资料或采购商品而支付的价款和费用，就是购置成本或采购成本。随着生产经营活动的不断进行，这些成本就转化为生产成本和销售成本。

（3）成本本质上是一种价值牺牲。它作为实现一定的目的而付出资源的价值牺牲，可以是多种资源的价值牺牲，也可以是某些方面的资源价值牺牲。它可以用货币单位加以计量。

（4）成本是为达到一种目的而放弃另一种目的所牺牲的经济价值。

举一个简单的例子，小张准备开一家服装店，在计算成本的时候，她可能会考虑到店面的房租、进货的费用、借款的利息、付给雇员的工资、水电费、税金等。在扣除这些费用之后，她认为自己还会赚到钱。但是，需要提醒她的是，这样的计算还不完整：她漏掉了自己的工资，自己垫付资金的利息，还有开服装店的机会成本等。只有把这些成本也考虑在内，才能决定是否开服装店。

18 机会成本效应:
鱼和熊掌不能兼得

我们在做一件事情上权衡利弊,然后作出最优选择,那个被放弃的选择,就是机会成本。

机会成本效应说明,任何稀缺的资源的使用,不论在实际中是否为之而支付代价,总会形成机会成本,即为了这种使用所牺牲掉的其他使用能够带来的益处。

在制订经济计划中,在新投资项目的可行性研究中,在新产品开发中,乃至工人选择工作中,都存在机会成本问题。它为正确合理的选择提供了逻辑严谨、论据有力的答案。在进行选择时,力求机会成本小一些,是经济活动行为方式的最重要的准则之一。

人生处处有选择

　　鱼和熊掌不能兼得时，选择吃鱼，那么就不能吃熊掌，这就是选择的机会成本。

　　《艺文类聚》中描述了这样一个故事：

　　齐国有个女儿，有两家男子同时来求婚。东家的男子长得丑但是很有钱，西家的男子长得俊美但是很穷。

　　父母犹豫不决，便征询女儿的意见，要她自己决定愿意嫁给谁："要是难以启齿，不便明说，就袒露一只胳膊，让我们知道你的意思。"

　　女儿便袒露出两只胳膊。父母感到奇怪就问其原因。女儿说："想在东家吃饭，在西家住宿。"

　　这个故事中的选择在现实中是不可能成立的。鱼和熊掌不能兼得时，选择吃鱼，那么就不能吃熊掌，这就是选择的机会成本。

　　与之类似，在阳光明媚的午后，你好不容易处理完公司的财务报告，喝杯下午茶休息一下时，来点甜点怎么样，豆沙糕还是巧克力薄饼？

　　"豆沙糕还是巧克力薄饼"类似于"鱼与熊掌"，这种选择实际上也是一种机会成本的考虑。如果你喜欢吃豆沙糕，但你也喜欢吃巧克力薄饼，在两者之间选择，接受豆沙糕的机会成本是放弃巧克力薄饼。吃豆沙糕的收益是5，那么吃巧克力薄饼的收益是10。这样，吃豆沙糕的经济利润是负的，所以选择吃巧克力薄饼，而放弃豆沙糕。

　　值得注意的是，有些机会成本是可以用货币进行衡量的。比如，要在某块土地上发展养殖业，在建立养兔场还是养鸡场之间进行选择，由于二者只能选择其一，如果选择养兔就不能养鸡，那么养兔的机会成本就是放弃养鸡的收益。在这种情况下，人们可以根据对市场的预期大体计算出机会成本的数额，从而作出选择。有些机会成本是无法用货币来衡量的，它们涉及人们的情感、观念等。

　　机会成本广泛存在于生活当中。一个有着多种兴趣的人在上大学时，会面临选择专业的难题；辛苦工作了5天，到了双休日，是出去郊游还是在家看电视剧；面对同一时间的面试机会，选择了一家单位就不能去另一家单位……对于个人而言，机会成本往往是我们作出一项决策时所放弃的东西，而且常常比我们预想中的还多。

人生面临的选择何其多，人们无时无刻不在进行选择。比如是继续工作还是先去吃饭；是在这家商店买衣服还是在那家商店买衣服；是买红色的衣服还是黄色的衣服；心中有个秘密是告诉朋友还是不告诉朋友，如果告诉又告诉哪些朋友……这些选择在生活中很常见，不过似乎并不重大，所以大家轻松地作出了选择，也不会慎重考虑。

机会成本越高，选择越困难，因为在心底，我们不愿放弃任何有益的选择。但是，我们有时必须"二选一"，甚至是"三选一"，在这时机会成本的考量就显得尤为重要了。

两堆稻草间饿死的驴子

面对有限的资源，为了能够得到自己想要的，必须选择放弃。

作出选择并不是一件容易的事，其根源在于在资源有限的情况下，有所得必有所失。经济学家常说世界上没有免费的午餐，就是指任何选择行为都有机会成本。

有一头驴，它非常饿，到处找吃的，终于看到了在它前面的两堆草。它迅速跑过去，却为难了，因为两堆草同样鲜嫩，它不知道应该先吃哪一堆。它犹豫不决，在两堆草之间徘徊，一直在思考先吃哪一堆。因为不知道如何选择，最终这头驴饿死了。

有时，为了得到一种东西我们必须放弃另一种东西。要想对备选方案的经济效益作出正确的判断与评价，必须在作决策前进行分析，将已放弃的方案可能获得的潜在收益作为被选取方案的机会成本计算在内。这就是我们说的"有得必有失"。

比如一个农民有一块土地，他可以用来种小麦、种蔬菜、养猪。假设这块地种小麦的成本是100元，种蔬菜的成本是150元，如果养猪的话，将会收益200元。如果农民拿这块地用来种蔬菜了，相应的他就没法去种小麦或养猪，那么他种蔬菜的成本是多少呢？是150元吗？不是，150元只是会计成本，真正的成本是200元，即他舍弃的另外两个项目中价值最大的那一个项目的价值。

机会成本中的机会必须是你可选择的项目。若不是你可选择的项目便不属于你的机会。比如农民只会种小麦、种蔬菜和养猪，搞房地产就不是农民的机会；又比如你只想吃豆沙糕或者巧克力薄饼，那么油条就永远成不了你的机会。

另外，机会成本必须是指放弃的机会中收益最高的项目，而不是放弃项目的收益总和。例如，农民只能在种小麦、种蔬菜和养猪中选择一个，三者的收益关系为养猪＞种蔬菜＞种小麦，则种小麦和种蔬菜的机会成本都是养猪，而养猪的机会成本仅为种蔬菜。

可见，如果农民把地用来种蔬菜或种小麦，他的经济利润是负数，只有他把地用来养猪，他才能获得利润。

经济学假设人们在理性的指导下，将有限的资源进行最优化的资源配置，以实现效益的最大化。可以看出，产生机会成本是因为资源稀缺。由于任何一种资源都是有限的，而有限的资源又可以有多种用途，把资源用于某种用途就会在同时放弃其他选择。

机会成本可以分析很多领域，生活中到处存在着机会成本，善于利用机会成本分析利弊，作出效用最大化的选择，是理性人的首选。

鱼和熊掌之间的权衡取舍

明智的选择，需要清楚正确地计算成本和收益，评估风险，更重要的是，明白自己到底想要什么。

人们为了得到一样东西，必须放弃另一样东西。俗话说，"舍得舍得，有所舍，才有所得"，说的就是人生总是处在选择之中。从早上起来要穿哪一套衣服出门开始，你在选择；中午要去哪里吃饭，你又在选择；女孩子有众多的追求者，在考虑结婚对象的时候，到底哪一位男士比较适合自己，要选择；男生找工作时，面对多家企业，要作出选择。虽然以上的选择有大有小，但每日、每月所有的选择累积起来，就影响了你人生的结果。

有的人挣很多的钱，过高品质的生活，有健康的身体和良好的人际关系；而有的人却忙忙碌碌，只能维持生计。是否善于选择是导致差别的主要原因。什么是选择？选择可以看作是一个判断和舍弃的过程，在多种可能性中找到最理想的一个，标准是效用（机会收益减掉机会成本）最大。

明智的选择，需要清楚正确地计算成本和收益，评估风险，更重要的是，明白自己到底想要什么。每个人都希望有选择，而且希望作出正确选择——即使不是最好的，至少也是比较好的。那么有没有一些方法帮助我们呢？以下一些方法值得我们借鉴。

选择的形成共有五个步骤，每个步骤都极其简单。

（1）列出所有可以采取的行动，包括不采用的行动也要列出来，而决策就是从各种可能的行动方案中选出一个来。

（2）尽可能列出每个行动的可见后果。

（3）尽量评估每种结果可能发生的概率，这一点常被忽略，因此得仔细加以讨论。

（4）试着表达你对每种结果的渴望或恐惧程度。

（5）最后把列出来的所有因素全部放在一起考量，作出合理的决策。

如果还没有列出选择方案或可能的结果，那么你一定得先解决这两个问题，毕竟决策的本质就是从众多选择中挑出一个最好的，其目的就是要达到最佳结果；如果你连选择方案都说不出来，更别想作出任何决策了。

选择应选择的，放弃应放弃的

我们既要善于选择，也要善于放弃，在选择与放弃中作出理性选择，获得最大收益。

消费这件事，最怕"认真"两字。如果你不认真，钱也就糊里糊涂花出去了，不计较得失，自然花得高兴。比如拿10块钱买一顶帽子还是买一副手套都无关大局，只要你自己愿意就行。据说，当印度人在兜里的钱仅够吃一顿饭或看一场电影时，他会毫不犹豫地决定饿着肚子去看电影。谁能说他的决定不对呢？

但如果你认真一回，这消费里的学问就另当别论了。里面可谓"门道多多"。例如，当你决定今晚带朋友一起出去玩，有两种选择，要么看电影，要么去吃饭。电影票每张5元，吃晚餐的费用大约为50元，当然你可能会说，如果有钱，你想干什么就干什么。但是从经济学的角度来看，在你选择的时候，你已经将你可能获得的收益和支付的成本作了比较。

看电影，你只需支出10元作为你的成本，获得的收益将是看电影带来的享受；而吃晚餐将支出50元，晚餐的成本支出将是看电影的成本的5倍，因此你必须期望吃晚餐所能获得的收益将超过看电影的成本加倍，你才会理智地选择吃晚餐。

日常生活中，我们无时无刻不在进行成本与收益的比较，读书也罢，工作也罢，都取决于行为者对其从成本收益角度进行的自我评估。

既要善于选择，还要学会放弃，这在经济学中叫作机会成本。经济学中把作出一个选择或决策时所放弃的东西称为这一决策的机会成本。凯斯和费尔合著的《经济学原理》一书对机会成本作出了如下描述："产生机会成本的原因在于，资源是稀缺的（有限的）。比如时间问题，一天只有24小时。我们必须在此约束下生活。

看电影的机会成本是如果你用同样多的钱和时间所能够做的其他事情的价值；大学教育的部分成本是你从事全日制工作所能得到的收入。假使你的邻居今天要修剪他的草坪，他就没时间带孩子去动物园，而这正是修剪草坪的机会成本。比尔和科琳（书中假想的飞机失事中幸存的两个驾驶员，他们落在了一个荒岛上）会偶尔决定休息一下，躺在海滩上享受阳光，在某种意义上这一收益是免费的，他们不必为此支付货币。然而实际上，它具有机会成本，躺在阳光下意味着花费时间，否则时间可以用来做其他事情。在制定日常决策中，考虑一下机会成本有时是有益的。"

假定一件事属于非此即彼、两者择一的选择，而且两种选择几乎有着相同的吸引力，这种选择无疑是困难的。按照上述原则，对两个选择对象进行分析，如果其中一个有51%的选择理由，就应该毫不犹豫地选择它，这就是所谓的51%原则。

选择了一个，就意味着放弃了另一个，就意味着失去了49%。有得必有失，鱼和熊掌不可兼得，这时你必须承认这个现实，49%已经变成了零，不必再为它费心思，而应当全力以赴地去筹划如何把51%尽快地转化成100%。

我们在作出任何选择时都必须花费机会成本，利用51%原则也许可以使你获得的价值至少不低于机会成本的价值。

在实际生活中所碰到的事情往往是非常复杂或者说是"模糊"的，而且通常不可能用准确的数字来表示，所以这里所说的51%并非真的要计算出一个准确的数字，而只是提供一个思考问题的方法。当你要作出一个决定时，通过判断明确了哪个方案"好一些"就可以毫不犹豫地作出选择。通过这样的思考方法的锻炼，可以使人们遇到问题时不会优柔寡断、拖泥带水，而逐渐养成简洁明快、善于决断的良好思维品质。

会用时间换金钱，更要会用金钱换时间

时间就是金钱。当我们在挥霍宝贵的时间或者是用大把的时间换一点没多大价值的积分、赠品的时候，我们应该仔细想一想：这样的行为到底有没有收益？我们获取的价值到底能不能弥补我们的亏损？

小明高中毕业后考上了北京一所知名高校，但是他看到身边一些特别有能力的同学却放弃了上大学的机会而选择了工作，感到很不可思议。于是，他问这些同学为什么选择工作，一位同学拍拍他的肩膀说："这样，我给你算一笔账。"

很快，这个同学找来了一个小本子，一点一点给小明算了起来："我考上的那所大学是一个二流本科，而我所学的专业也不是那所学校里的热门专业，这样一来，即使毕业了就业前景也不是很乐观，这是我放弃上大学的第一个原因。

第二，上大学就意味着每年要交5 000元的学费，四年下来就是20 000元，而如果我选择不上大学，凭我的能力找一份月薪在2 000元左右的工作根本不是什么难题，这样四年下来我就能赚取96 000元，当然，我算的这些钱并没有将衣食住行算进去，因为无论我上不上大学，这项支出都是必需的。这样算来，我上大学的机会成本就高达116 000元，这个数字实在是太高了，这是我放弃上大学的第二个原因。第三，以未来五年的经济发展趋势来看，我所学的专业如果在我大学毕业后能够找到一份月薪3 500元的工作就已经算是不错了，这样一来，我需要三年多一点的时间才能赚回我的机会成本，而如果我选择工作，四年以后我的月薪肯定也超过了3 500元，如此算来，放弃上大学是明智的选择，因为机会成本太高了。"

听了同学的话，小明对他的超前思维佩服得五体投地，同时也萌生了放弃进大学深造的想法。这位同学听了连连摇头，并语重心长地说："你的录取院校是国家'211'工程的重点院校，你所学的专业无论是在这所学校还是在社会发展趋势中都是支柱专业，就业形势一片大好。这样，四年后你大学毕业时在北京找到一份月薪5 000元的工作易如反掌。假设你的机会成本和我一样也是116 000元，那么你只需两年的时间就能赚回你上大学的本钱，并在十年后赚到50万元的资产。如果你不上大学，顶多和我一样，四年后赚取96 000元，即使以后涨了工资提高了待遇，十年后顶多赚取50万的资产，但是社会地位却远远不及高学历的人。这样算来，你上大学才是明智的选择。"

小明听了觉得很有道理，于是高高兴兴到北京上大学去了。

这个故事可以说将经济学中"机会成本"的概念诠释得淋漓尽致，让我们得以用一种全新的经济学眼光来看待目前逐渐普及的上大学现象。你选择花钱上大学，就等于放弃了工作赚钱的机会，因此你上大学的机会成本就是你工作赚取的薪水与你上大学的花销之和。你选择在周末看电影而不是打零工，那么你看电影的机会成本就是电影票钱与你打零工挣得的工钱之和。在新的经济环境下，人们多少要有一些财务知识，这就是通常所说的"财商"。

机会成本在财务经济学上是一种非常特别的、既虚又实的成本，它是指一笔投资在专注于某一方面后所失去的在其他方面的投资获利机会。

从上面的例子我们可以看出，在机会成本中存在一种时间成本。"时间就是金钱""时间就是生命"这些耳熟能详的口号同样也适用于家庭理财，让时间为我们创造更多的价值。

比如，家庭投资就应该多多考虑到货币的时间价值和机会成本，这就要求我们要尽可能减少资金的闲置，能当时存入银行的不要等到明天，能本月购买的债券不拖至下月，力求使货币的时间价值最大化。因为货币是会随着时间的推移而逐渐增值的，也就是说你存款时间越长、购买债券越早，就越能获取更多的价值。

另外，现在有很多人都只顾眼前的利益或只投资于自己感兴趣、熟悉的项目，而放任其他更稳定、更高收益的商机流失，这种行为其实是在增加投资的机会成本。因为你选择了某一项目的投资，就相应失去了投资其他项目的机会，而如果你选择的项目并不能给你带来丰厚的利润，那么就等于增加了你的机会成本。

因此，我们在投资之前，一定要对可选择项目的潜在收益进行比较分析，以求实现投资回报的最大化。

投资一定要充分考虑到机会成本和时间成本的因素，不仅要学会用时间换金钱，更要学会用金钱换时间。当我们投资于某一项目时，我们一定要算一算，如果我投资另一个项目的话，我的收益是多少？如果这个项目亏损的话，我的机会成本将增加多少？

 机会成本效应活学活用：赌博，赢不来幸福

可以毫不夸张地说，六合彩、牌九、大小、麻将、24点、赌球、赌马等都不存在长期投资必然赢利的可能性，否则那些华尔街金融投资家早就进入了。因为这些赌博都不符合经济学里的条件，所以妄图靠这种赌博来博取一夜暴富，或者挣点零花钱，这是不可取的。很多好赌者，就是走入了这个误区，最后才伤得那么重。

赌博只是将机会成本在主观意识上放到最大，对于这种把成功总是寄希望于小概率事件的赌徒而言，失败之后的痛楚是他们无法承受的。

　　有时候，我们总是对机会成本的计算过于简单和小视，机会成本其实就是揭示了资源稀缺与选择多样化之间的关系。这样的选择是我们必须要作出的决定，但我们不能将所有资源都占到，所以当我们只能选择一部分资源的时候，机会成本也便成了约束我们的概念。

19 价格歧视效应：
一样的商品，不一样的价格

　　价格歧视效应实质上是一种价格差异，通常指商品或服务的提供者在向不同的接受者提供相同等级、相同质量的商品或服务时，在接受者之间实行不同的销售价格或收费标准。经营者没有正当理由，就同一种商品或者服务，对条件相同的若干买主实行不同的售价，则构成价格歧视行为。

　　价格歧视是一种重要的垄断定价行为，是垄断企业通过差别价格来获取超额利润的一种定价策略。

价格歧视：同物不同价

所谓的价格歧视，实质上是一种价格差异，通常是指商品或服务的提供者向不同的接受者提供相同等级、相同质量的商品或服务时，实行不同的销售价格或收费标准。

生活中我们经常会遇到这样的现象，大部分超市里，顾客出示会员卡或积分券，就能买到便宜的商品；乘公交车，使用公交卡的乘客与投币的乘客所花的钱不一样；卖电脑的，卖给大学生就比卖给公司职场的人便宜；用电，工商企业与老百姓的价格不同，白天与深夜的峰谷电价也不同；电影票，一般对少年儿童实行"半票"，看同样的电影，节假日的观众也要比平时的观众多付钱买票；周末和朋友蹦迪跳舞，女士可以免票……按经济学的原理解释这些就是价格歧视行为。

价格歧视是一种重要的垄断定价行为，是垄断企业透过差别价格来获取超额利润的一种定价策略，它有利于垄断企业获取更多利润。如果以较高的价格能把商品卖出去，生产者就可以多赚一些钱，因此尽量把商品价格定得高些。但如果把商品价格定得太高，又会赶走许多支付能力较低、需求比较弹性化的消费者，从而导致生产者利润的减少。

采取一种两全其美的方法，既以较高的商品价格赚得富人的钱、需求比较高的人的钱，又以较低的价格把穷人的钱、需求不是很高的人的也赚过来，这就是目的，也是"价格歧视"产生的根本动因。最典型的例子是飞机票，商务旅行的票价总要比一般旅行的票价高，因为航空公司对于时间要求比较紧的商务顾客收取100％的票价，而对提前订票时间弹性比较大的顾客采取打折售价的销售方式。"当某人愿付400美元时，你不会以69美元卖给他一个座位。与此同时，航空公司是愿意69美元卖掉一个座位而不愿意让它空着的。"美国航空公司的一位副总裁道出了价格歧视策略的意义。

只要有可能，商家就要实行"价格歧视"的定价策略。每一个消费者都有不同的需求价格弹性，只要商家能够在市场上将他们有效地分割开来，实行价格歧视就可以"捕获"更多的顾客，把能够支付高价的顾客与只能支付低价的顾客一网打尽，获取最大可能的利润。

在定价策略上，很多大企业做得相当好，我们可以看到，一般的大企业都会有多个品牌，形成品牌群，利用不同的品牌的顾客群，针对不同档次的消费者定出不同的价位，从而获得最大利润。实行的多品牌策略是一个典型的多级价格歧视，五粮液公司和宝洁公司经常使用这种策略。

对不同的人，开不同的价

采取一种两全其美的方法，既以较高的商品价格赚得富人的钱，又以较低的价格把穷人的钱也赚过来，这就是生产者所要达到的目的，也是价格歧视产生的根本动因。

孟尝君是战国后期有名的政治家，他门下纳有三千食客，他对这些食客无偿地提供衣食住行。有一位叫冯谖的人因穷困潦倒，无以维持生计，便拜见孟尝君，表示愿意在他的门下寄居为食客。孟尝君问他有什么爱好，他回答说没有什么爱好，又问他有什么才能，他回答说没有什么才能。孟尝君听后笑了笑，但还是接受了他。旁边的人因看到孟尝君看不起冯谖，就供给他粗劣的饭菜。

按照孟尝君的待客惯例，门客按能力分为三等：上客吃饭有鱼外出乘车；中客吃饭有鱼外出无车；下客饭菜粗劣外出自便。

过了一段时间，冯谖倚着柱子弹着自己的剑，唱道："长铗归来乎！食无鱼。"他要求改善生活待遇。左右的人把这事告诉了孟尝君，孟尝君改善了他的伙食。

又过了一段时间，冯谖弹着他的剑，唱道："长铗归来乎！出无车。"左右的人都取笑他，并把这件事告诉给孟尝君，孟尝君给他配备了马车。

这使冯谖深受感动，后来为孟尝君政治地位的稳定作出了重要贡献。

孟尝君将他的食客分为三等，上等和下等食客的待遇是截然不同的，因此这些食客受到了不平等看待，事实上是受到了歧视。消费经济学中也存在歧视，即价格歧视。

越剧《何文秀》中有个段子是这样的——算命先生说："大户人家叫算命，命金要收五两银；中等人家叫算命，待茶待饭待点心；贫穷人家叫算命，不要银子半毫分，倘若家中有小儿，先生还要送礼金，倒贴铜钱二十四文，送与小儿买糕饼。"这段唱词中，算命先生的一副好心肠令大家感动不已。

当然，算命先生的话即使被大户人家听到了，大户人家还是可能找他算命，只要算命先生能提供与价值相符的服务。算命先生对不同人家的不同定价策略，似乎并不影响他的"生意"。

算命先生的定价策略其实是很明显的价格歧视。这种现象在现代的商业经济中时常出现。商家实行价格歧视的目的是为了获得较多的利润。

优惠券，"受惠"的是商家

商家发放优惠券，表面上是让利给消费者，实质是为了吸引更多的顾客，扩大销售量，赚取更多的利润，是一种价格歧视策略。

情人节之际，章先生到花店买玫瑰。平时玫瑰2元一朵，情人节标价20元一朵。章先生想：花虽贵，但不能不买。可是，买了还真心疼，毕竟买少了，面子上挂不住，买多了又费银子。

正在犹豫，店家走了过来，说"先生，买花？"

章先生："恩。不过，玫瑰能不能便宜点？"

店家笑道："送女朋友吧？哈哈追女孩子怎么能怕花钱？若是因为这一大束花，换来了你的幸福，那可是太划得来了！"

章先生犹豫不决……

店家接着说："要不这样吧，您在我这里办张会员卡，我给您五折优惠。"

章先生："啊？有这个必要么？"

店家惊讶着说："怎么没有啊，谁家红白喜事不送花？难道非要等遇到了才知道买啊？"

章先生想想也对，就办了张卡，买了束花。

会员卡的出现，就像商场经常发放的优惠券。比如，在麦当劳的网站上，顾客只要打印某张优惠券，就可以凭券到麦当劳以优惠价格享受某种套餐，甚至在路边也可以获得免费发放的优惠券。

表面上看来，它们是商家让利给消费者。事实果真如此？

商家发放优惠券，最容易想到的解释是：吸引更多的顾客，扩大销售量。但如果是这样的目的，那不如直接降价。正确的解释是：商家借此进行"价格歧视"。

一般说来，价格歧视是指企业在销售一种商品时，对不同消费者索取不同的价格，或根据消费者购买数量的不同索取不同的价格。赚取更多利润的利益驱动，是商家实行"价格歧视"的根本原因。

从市场需求来看，价格越高，需求量就越小；价格越低，需求量就越大。从商家定价来看，如果把价格定得过低，虽能卖出大量的产品，但由于每件产品所赚取的利润小，总的利润会较低；反过来，如果把价格定得过高，虽然每件产品所赚取的利润大，可是能卖出的产品总数很少，总的利润还是不高。

事实上，商家定价的决定因素是总利润，而不是价格的高低。商家必须锁定具体的顾客，根据顾客的需求以及其对产品价格的敏感程度，寻找一个恰当的价格水平，让总利润达到最大。

回到麦当劳的优惠券上，麦当劳又是如何通过优惠券"受惠"的呢？

获取麦当劳的优惠券，需要花费一定的成本。上网寻找优惠券，阅读麦当劳的宣传报纸，需要花费搜寻成本；打印优惠券，或者索取优惠券，需要花费时间成本。通常是那些时间成本比较便宜的人，更愿意使用优惠券。而时间成本比较便宜的，又往往是一些收入偏低的人。

于是，麦当劳成功地把顾客分成了两类：富人和穷人。对于富人——不持有优惠券的人，麦当劳供给他们的商品就比较贵；而对于穷人——持有优惠券的人，麦当劳给他们打折。通过这一分类，麦当劳的总利润达到了最佳状态。

你被价格歧视了吗

价格歧视无处不在，生活中要时刻保持谨慎，不要成为商家价格歧视的对象。

三位乘客乘飞机从北京回大连，在飞机上闲聊，结果发现他们的机票价格各不相同。第一位乘客通过旅行社订机票去大连旅游，票价340元；第二位乘客提前一个月预订机票，票价580元，第三位乘客去大连有急事，临时买的机票，票价740元。

在市场经济条件下，商品的交换在价值规律的作用下进行，实行等价交换，体现公平原则，怎么这里会出现同物不同价呢？

这里涉及一个商业用语——差别定价，所谓差别定价又叫价格歧视。价格歧视通常指商品或服务的提供者在向不同的接受者提供相同等级、相同质量的商品或服务时，实行不同的销售价格或收费标准。经营者没有正当理由，就同一种商品或者服务，对条件相同的若干买主实行不同的售价，则构成价格歧视行为。

在生活中，实行价格歧视的事例比比皆是。以前公园卖门票，对本国人卖低价，对外国人卖高价；大学生放假回家，只要手持学生证，就可以买到半价票；在北京坐公交车，如果刷卡便可以打四折；有的舞厅为了使舞客在跳舞时刻成双配对，甚至只对男士卖票，女士可以免费……

生活中商家的价格歧视策略远不止这一种形式。只要符合价格歧视的一般条件，即产品个性化、有差异，就可以利用这种差异把它冠名为不同品牌、不同系列或各种各样的组合，然后再运用这种策略。

比如商家可以利用同一产品的不同数量实行差别定价。对一种商品按不同数量进行分组，制定不同的价格实施价格歧视。这样就在销售领域为企业赢得了规模经济，销售量的上升带动了产量的上升，企业的平均成本和边际成本都随规模增大而下降，消费者从中获益，厂商则获得更大的收益。

还有一种是按时间段的不同对同一商品实行差别定价。如一些旅游景点门票价格在淡季和旺季是不一样的，旺季人多往往会贵一点，又如电影院白天和夜晚的电影票价格也是不一样的，以及出租车白天晚上的起步价不同，都是利用时间段不同进行差异定价的典型例子。

利用代金券或优惠券实现差异化定价是我们在现实生活中经常遇到的。优惠券可以人为地制定群体差异化。如一家超市为本市市民送出优惠券，且规定该优惠券只有与本人身份证一起使用才有效，每张优惠券提供7.5折优惠。这样就把本地居民与外地居民区分开了。又如一家瓜子公司宣称，剪下其宣传单的优惠券，在购买本产品时可以当2元钱用。该公司没有直接降价，而是用这种策略把顾客分为价格敏感性和不敏感性两组消费群体，不敏感性一般是公司的白领，经济充裕，对此会不屑一顾，照样按原价购买。如此一来，产品不但销量会增加，而且原有的利润来源也不会受到较大影响。

此外，还有搭售、打折等价格歧视不胜枚举。在生活中，如果我们知道了价格歧视，就不会陷入商家的语言陷阱，所谓的"让利""优惠"似乎很符合消费者的利益，其实是商家区分不同的需求、追求利润最大化的行为。对这类欺诈行为要保持警惕，不要上当受骗。

 **价格歧视效应活学活用：有效利用价格歧视**

如果商家找到对价格敏感度低、慷慨大方或对价格无所谓的顾客人群，和与之相反的人群，并在此基础上制定出不同的定价策略，就能够带来大量利润。

如果你留心，那么就能充分利用价格歧视。例如，通过多花一定时间与服装店销售员讨价还价，就能以更低的价格买到更好的衣服。还有，当你在一家店铺或者超市消费到相应数目后就能拿到它的打折促销卡，从而享受一定幅度的特殊优惠。

还有另一种价格歧视，人们不仅不会反对，还很欢迎。例如公车上的老、幼、孕、残等人士可以受到优待，老年人免费乘车等。

弄清了其中的玄机，消费者也会有自己的对策。比如，在有地域歧视的地方购物，你让当地人代买；在有批量购买和单件购买歧视的时候，你让批发商代为购买；当你想要买比较优惠的商品时，不要尝试去那些看似什么东西都便宜的商店，而是盯准卖便宜目标商品的店铺。要知道，价格歧视策略所造成的结果，主要是两个不同商家之间商品价格本身之间造成的差异，而不是商品价值存在差异。

20 棘轮效应：
消费易出现不可逆的惯性

　　棘轮效应，又称制轮作用，由经济学家杜森贝提出，是指消费者容易随着收入的提高增加消费，但不容易因为收入降低而减少消费。尤其是在短期内，其消费是不可逆的，其习惯效应较大。这种习惯效应，使消费取决于相对收入，即相对于自己过去的高峰收入。消费者易于随收入的提高增加消费，但不易于随收入的降低而减少消费。

　　棘轮效应启发人们，对于欲望既不能禁止，也不能放纵，对于过度的及至贪得无厌的奢求，必须加以节制。

由俭入奢易，由奢入俭难

消费要结合自身情况，根据自身的经济状况，量力而行，理性消费，不要养成奢侈的消费习惯。

商朝时，纣王登位之初，天下人都认为在这位精明的国君治理下，商朝的江山坚如磐石。有一天，纣王命人用象牙做了一双筷子，十分高兴地使用这双象牙筷子就餐。他的叔叔箕子见了，劝他收藏起来，而纣王却满不在乎，满朝文武大臣也不以为意，认为这本来是一件很平常的小事。箕子为此忧心忡忡，有的大臣问他原因，箕子回答："纣王用象牙做筷子，就不会用土制的瓦罐盛汤装饭，肯定要改用犀牛角做成的杯子和美玉制成的饭碗，有了象牙筷、犀牛杯和美玉碗，难道还会用它来吃粗茶淡饭和豆子煮的汤吗？大王的餐桌从此顿顿都要摆上美酒佳肴了。吃的是美酒佳肴，穿的自然要绫罗绸缎，住的就要求富丽堂皇，还要大兴土木筑起楼台亭阁以便取乐了。对于这样的后果我觉得不寒而栗。"仅仅5年时间，箕子的预言果然应验了，商纣王恣意骄奢，商朝灭亡了。

在这则故事中，箕子对纣王使用象牙筷子的评价，就反映了现代经济学消费效应——棘轮效应。

宋代大政治家司马光在写给儿子司马康的一封家书《训俭示康》中有一句话："由俭入奢易，由奢入俭难。"他写这句是要告诫儿子不要沾染纨绔习气，要保持俭朴清廉的传统美德。司马光一千多年的一句家训，正道出了"棘轮效应"——人一旦形成某种消费习惯后，就很难向下调整。特别是在短时间内，消费习惯是不可逆的，其习惯效应非常大，就像有棘爪防止倒转的棘轮一样。这种习惯效应让消费取决于相对收入，也就是相对于自己以前的最高收入额，即使收入水平下降，个人的消费习惯也不会随之下降。

这也与我们的生活经验相吻合，在生活中，这种"能上不能下"的事件出现过多次，比如石油价格上涨，导致成品油价格大幅上涨，以及出租车打车价格的上涨，广州增加了一元钱的特别附加费，北京则将每公里的单价从1.2元和1.6元统一为每公里2元。但是，在之后的国际油价下调过程中，这些价格并没有相应下调。

在房价问题上，棘轮效应的表现就更加明显。现在，房价已经形成了棘轮效应，易上难下。这是因为，尽管房价上涨的各种负面影响很大，但一旦涨上去再跌下来，就会引发严重的经济问题。就整个经济体系来说，房价可以不涨，但绝对不能暴跌，否则就有可能引发严重的经济危机。

在子女教育方面，因为深知消费的不可逆性，所以明智的家长注重防止棘轮效应。如今，一些成功的企业家虽然十分富有，但仍对自己的子女要求严格，从来不给孩子过多的零用钱，甚至在寒暑假期间要求孩子外出打工。他们这么做的目的并非是为了让孩子多赚钱，而是为了教育他们要懂得每分钱都来之不易，懂得俭朴与自立。这一点在比尔·盖茨身上体现得十分明显。

微软公司的创始人比尔·盖茨是世界上赫赫有名的富豪，个人资产总额达460亿美元。但是，他在媒体采访时却说，要把自己的巨额资产返还给社会，用于慈善事业，只给三个女儿几百万美元。比尔·盖茨没有自己的私人司机，公务旅行不坐飞机头等舱而坐经济舱，衣着也不讲究什么名牌；更让人不可思议的是，他还对打折商品感兴趣，不愿为泊车多花几美元。

有一次，比尔·盖茨和一位朋友同车前往希尔顿饭店开会，由于去晚了，以致找不到停车位。朋友建议把车停在饭店的贵客车位，盖茨不同意。他的朋友说："车费我来付。"盖茨还是不同意。原因很简单，贵客车位要多付12美元停车费，盖茨认为那是超值收费。

棘轮效应是出于人的一种本性，人生而有欲，"饥而欲食，寒而欲暖"，这是人与生俱来的欲望。人有了欲望就会千方百计地寻求满足。但是，消费要结合自身情况，不要养成奢侈的消费习惯。哪怕只是几元钱甚至几分钱，也要让其发挥出最大的效益，养成良好的生活消费习惯。

储蓄理财也是一种赚钱习惯

居家生活，要克制自己的坏毛病和不良的理财消费习惯，养成好的理财消费习惯，在家庭理财规划中尽量做到未雨绸缪、防患于未然。

梁家芝是一个电视台的普通文字记者，她每月的月薪是35 000元台币，扣掉各种开销，她一点点地积攒，在不到4年的时间存了70万元台币，圆了自己出国读硕士的梦想。

刚刚参加工作的梁家芝，遇到了大多数新人都会遇到的工作瓶颈，总是觉得无力突破。为了自己的前途，她觉得需要进一步学习和进修，可是又不想向父母或银行借钱，因此她就萌生出了要靠储蓄来积攒出这笔费用的想法。

每天，她的食宿都非常节省，也从来不买光鲜亮丽的名牌服饰。她觉得与其把钱花掉，还不如握在手中。只要一有零钱，她就积攒起来。于是，她账户上的钱越来越多，她也离自己的梦想越来越近。

有一天，当她的朋友跟她开玩笑说："家芝，你存了多少钱了啊？是不是成了小富婆啦？"她才注意到，自己已经存够了出国留学的钱。

很多人都有留学的梦想，但是他们可能因为种种理由而凑不到钱，从而不得不放弃。看了梁家芝的故事，你还会觉得留学是件难事么？尽管是一点点地积累，一分分地节俭，可她还是存够了钱，圆了自己的梦想。

在生活中，我们时时能碰到"棘轮效应"。一个人如果不注意节俭，在花钱上大手大脚、挥霍无度、攀比心态严重、喜欢过度消费，就会产生"棘轮效应"，让家庭理财陷入困境。要想摆脱"棘轮效应"，就要克服无节制花钱的不良习惯，控制每一笔开支，不乱花一分钱，养成储蓄存钱的好习惯。

在开始存钱前，你也许会说："我知道我应该为将来存些钱，但每个月末，我都余不下多少工资。那么我该怎样开始呢？"这里给你的建议是，每月初在你试图花钱以前，存一些钱到储蓄账户里。

存钱纯粹是习惯的问题。人经由习惯的法则，塑造了自己的个性。任何行为在重复做过多次之后，就会变成一种习惯。人的意志也只不过是从我们的日常习惯中成长出来的一种推动力量。

一种习惯一旦在脑中形成之后，就会自动驱使一个人采取行动。在存钱方面，你不必一开始就存很多钱，即使一周存100元或200元也比不存强，因为它是养成存钱习惯的方法之一。

其实要养成存钱的习惯，并不是想象的那么难。每晚把所有你从饭店、超市和其他地方得来的零钱放入储蓄罐，几个星期后，你就会为你所有的可以存入储蓄账户的钱而感到惊讶。

养成储蓄的习惯，并不表示限制你的赚钱能力。正好相反，你在养成了这种习惯后，不仅将把你所赚的钱有系统地保存下来，也增强了你的观察力、自信心、想象力、进取心及领导才能，真正增强你的理财能力。

跑赢CPI，通货膨胀下会理财

通货膨胀并不可怕，可怕的是我们在通胀时期束手无策，让自己辛辛苦苦积攒的资产白白流失。只要能够根据自己的实际需要选择适合自己的理财方式，照样能在通胀时期赚取丰厚的利润。

在第一次世界大战后的德国，有一个小偷去别人家里偷东西，看见一个筐里边装满了钱，他把钱倒了出来，只把筐拿走了。当时的德国，货币贬值到了这样今天看来几乎无法相信的程度。

"一战"结束后的几年，德国经济处于崩溃的边缘。战争使德国经济凋零，《凡尔赛和约》又使德国负担巨额的赔款，德国最大的工业区——鲁尔工业区1923年还被法国、比利时军队占领，经济雪上加霜。

德国政府日夜赶印钞票，通过发行大量货币来为赔款筹资。由此，德国经历了一次历史上最引人注目的超速通货膨胀。从1922年1月到1924年12月，德国的货币和物价都以惊人的比率上升。每份报纸的价格从1921年1月的0.3马克上升到1922年5月的1马克。在1923年秋季，价格更以不可思议的速度飞起来了：一份报纸价格10月1日的2 000马克、10月15日的12万马克、10月29日的100万马克、11月9日的500万马克直到11月17日的7 000万马克。

在这样巨大的经济危机之中，德国人民遭受了极大的苦难。没有工作、没有粮食，走投无路。正是在这种情况下，希特勒的纳粹党建立了，并利用了人民群众的不满情绪，掀起了对内反对民主制度和共和国，对外要实现民族复仇的浪潮。

"你可以跑不过刘翔，但一定要跑过CPI。"这是时下经常被人们挂在嘴边的一句话，这里所说的CPI其实就是一个能够反映与居民生活有关的产品及劳务价格统计出来的物价变动指标，即居民消费价格指数，它常常是作为观察通货膨胀水平的一项重要指标而被广泛运用于宏观经济中。目前，随着油价、食品价格的走高，人们越来越感到自己手中的钱不经花了，人们的通货膨胀预期升高，在这种情况下，我们应该怎样规划自己的理财计划呢？我们应该怎样做才能让自己辛勤工作积累的财富继续保值增值呢？

首先，对于青年人来说，开源节流是保证财产在通胀时期保值增值的最佳理财策略。青年人经济一般不是很宽裕，甚至有些人还要依靠父母才能维持生计。在这种情况下，勤俭节约、减少开支是他们理财规划中首当其冲的一项任务。另一方面，如果能在减少支出的情况下用闲置资金进行一些适当的投资，将能从根本上实现财富的保值增值。众多投资产品中，基金具有流动性强、风险性弱、收益性高、管理专业等特征，因此，对于经济状况不是很好的青年人来说，基金的定投是这类人群投资理财的首要选择。

其次，对于已经成家、并有一定经济基础的中年人来说，适当考虑将闲置资金投入到资本市场，减少银行存款、国债等理财产品所占的比例，将成为这类人群应对通货膨胀、让财产保值增值的最佳理财方式。一般来说，投资股票是一种职业行为，投资基金则是一种生活方式。长期持有优质的基金和股票，一方面可以避免因错过上涨而遭受损失，另一方面也在一定程度上帮助股民免除了财富被通胀侵蚀的风险。因此，在通货膨胀时期，最适合中年人的理财方法是投资资本市场。

最后，对于已经退休的老年人来说，过去我们常说要以保守的理财方式为主，但是要想在通货膨胀时期让财富不贬值，就需要改变一下传统的老年人理财思路，用一种较为"激进"的理财方式平稳顺利度过通胀危机。股票、基金等投资产品虽然对于老年人来说并不是最适合的投资理财产品，但是非常时期就必须采取非常策略，要想让自己的资金不缩水，就必须在通胀时期适当投资一些股票或者基金。不要选择那些高风险、高收益的投资产品，只要投资产品的收益率略高于通胀率就可以了。此外，除了传统的银行存款、债券等理财产品，老年人还可以投资一些银行推出的理财产品，比如项目信托产品，收益性和安全性都很好，很适合老年人理财。

家庭预算，有备才能无患

家庭预算一定要切实可行，一定要有理有据，只有这样才能让您和您的家人在一种有保障、有计划、有安全感的生活中充分享受现代生活所带来的乐趣。

在很久很久以前，有一个妇人，她每天煮饭的时候，总是从锅里抓一把米出来，放到一个特备的米缸中。有人讥笑过她这种行为，但她不以为意，依然故我。

过了不久，发生了灾害，地里粮食严重欠收，很多人家都揭不开锅了。但这位妇人家由于有一个特备的米缸，得以熬过了饥荒。

生活中很多人头脑中没有理财的概念，认为只有富贵人家或炒股发达等赚大钱的人才谈得上理财。但真正的理财专家认为，理财是管理财产的学问，并不是富人才需要，生活中的每个人都要懂得如何分配每月的收入与支出，这样才能做到"积谷防饥"，从温饱逐渐走向小康。

人们常有的一种通病，就是有钱时随意乱花，不懂得储蓄，到了急用时才发现钱到用时方恨少。积谷防饥，意思是学习如何规划自己所赚来的钱，该用的就用，能不用的就储蓄起来，以防将来不时之需。当危机来临时，因为已做好准备，就可以安枕无忧地渡过难关。这在经济学看来，就是一种预算，小到家庭大至国家，都要做好预算。

具体来说，家庭预算是对家庭未来一定时期收入和支出的计划，预算的时间可以是月、季，也可以是年甚至多年。一般地说，家庭预算包括年度收支总预算和月度收支预算。按照"量入为出"的原则，制定年度收支总预算首先要明确家庭在未来一年要进行多少储蓄和储备，这样一方面达到家庭资产按计划增长的目的，同时还要防备未来的各种不时之需。例如来自医疗方面的支出，是很难事先预见的，目前很多家庭还未享受到完善的医疗保险与保障，在预算中安排一定的资金留作储备就更显得意义重要了。在此基础上，对于一年的总体支出情况作出安排。

在我们的日常生活中，家庭预算无时无刻不引导着我们的生活，如果我们在生活中不懂得理财预算，有了钱就毫无节制地大手大脚乱花一气，没有钱就节衣缩食借债度日，不仅不能攒下家底，还会造成很严重的财政危机，让我们没有一点抗拒风险的能力。因此，我们必须要善于进行家庭理财预算，让我们的生活有计划、有规律。那么，如何进行合理的家庭预算呢？

第一，在态度上要重视起来，要树立一种"像打理公司一样打理家庭"的严谨理财观，这样就能在有效地控制家庭成本的基础上，以一种更加适合自己的方式轻松快乐地生活。

第二，最好选择以月份为单位的家庭预算。相对于企业预算而言，家庭预算更应该侧重以月份为预算单位，这样更便于随时调整预算，增加对一些突发事件的抗风险能力，同时也能根据实际需要增加一些预算之外的开支，灵活性相对来说更大一些。

第三，注重细节，锱铢必报。家庭预算在经历了一段时间较为粗放型的理财之路后，应该逐渐将预算的注意力转变到对细节管理上来。这样做出的家庭理财预算目的性强，贴近生活，真实可行，才可以称之为有效的家庭预算。

第四，预算要遵循"张弛有度，有备无患"的原则。俗话说："人算不如天算"。日常生活中我们总是会遇到一些原本是计划之外的开销，比如：疾病、车祸、亲朋好友的结婚份子钱等，这些原本不在我们预算计划内的开销往往让我们手足无措，因此，我们在预算的时候一定要在严密的基础上预留出一部分活动资金用于应付这些突然来临的烦恼。要知道，家庭预算就好比打仗，有备无患方能百战不殆。

第五，要根据不同家庭的特点，分门别类进行预算。每个家庭都有不同的开支科目，例如有的家庭是还贷的支出较大；有的家庭还在租房的时候，要计划购房首期的房款；有的家庭需要赡养父母，赡养支出较重；有的家庭把生活的重点放在娱乐旅游上，旅游基金要求高；有的家庭都是公务员，有着较严密的保障制度；有的家庭是个体经营者，需要通过保险等方式进行自我保障。因此，要针对自己家庭的实际情况，将预算科目进行分类，这样的预算才是切实有效的家庭预算。

棘轮效应活学活用：新节俭主义

泼留希金是俄国文学大师果戈理的名著《死魂灵》中的著名人物。

他是个富有的地主，有上千个农奴，他的仓库里有堆积如山的麦子、麦粉，在库房里也充塞着尼龙和麻布、生熟羊皮、干鱼以及各种蔬菜、果子。

可是他生活极端吝啬，过着像叫花子一样的生活。他穿得很破旧，吃的也很坏。当他在路上走着的时候，看到一块旧鞋底、一片破布或一个铁钉都要拾回家。

他的住室，如果不是桌子上的一顶破旧睡帽作证，谁也不会相信这房子里住着活人。他的屋子里放着"一个装些红色液体，内浮三个苍蝇，上盖一张信纸的酒杯……一把发黄的牙刷，大约还在法国人攻入莫斯科之前，它的主人曾经刷过牙的"。

泼留希金对自己如此吝啬，对他人更是可想而知。女儿成婚，他只送一样礼物——诅咒；儿子从部队来信讨钱做衣服也碰了一鼻子灰，除了送他一些诅咒外，从此与儿子不再相见，而且连他的死活也毫不在意。

泼留希金已经不大明白自己有些什么了，然而他还没有够，每天还在聚敛财富。他走过的路，就用不着打扫，甚至他还会去偷别人的东西……

泼留希金因此成为文学史上吝啬鬼的典型。而在当今社会中，也出现了这样一群"吝啬鬼"：他们精打细算，本可以过更好的生活，却处处"斤斤计较"，绝不乱花一分钱。一些人不理解，将他们称之为新时代的"吝啬鬼"或新时代的"泼留希金"。

不过，他们的"吝啬"不是泼留希金式的盲目守财，而是尽量节俭不必要的开支，然后尽情为"爱做的事"买单。其实，他们秉承的是一种新的生活方式——"新吝啬主义"。

"新吝啬主义"又称为"新节俭主义"，这群人一切以"需要"为目的进行购买，绝不盲目追逐品牌和附庸风雅。作为一种成熟的消费观念，其诞生是人们的消费观发展的必然结果。

在商品匮乏年代，人们总认为"贵就是好""钱是衡量一切的标准"，但随着商品经济的不断繁荣，一部分人开始觉醒并有意识地寻找自己真正需要的东西，在这个过程中，消费观念不断与现实生活进行碰撞磨合，最终真正走向了成熟。

越来越多的人加入了新版"泼留希金"的阵营，和身处风口浪尖的"月光族"来比，他们是一群真正精明、智慧、对自己负责的消费者。他们收放自如地支配着自己的收入，让有限的金钱最大限度和最大范围地满足了各种需要，拥有稳定持久的消费能力。他们的存在和不断繁衍，将颠覆传统的消费理念，使人们不再过分重视商品所体现的外在价值甚至是身份的象征意义，而更加珍视自身的感受和满意度。

在新的形势下，"新节俭主义"更应该成为一种时尚。我们应尽量减少和避免在喧哗和浮躁中浪费时间和金钱，紧随新版"泼留希金"们的步伐，过一种简单本真的、有品质的生活。

奥卡姆剃刀定律：
用最简单的方法做好的事情

　　奥卡姆剃刀定律是由14世纪欧洲逻辑学家、圣方济各会修士奥卡姆的威廉提出的。这个原理称为"如无必要，勿增实体"，即"简单有效原理"。正如他在《箴言书注》2卷15题说"切勿浪费较多东西去做，用较少的东西，同样可以做好的事情"。

　　在人们做过的事情中，可能大部分都是无意义的，而常隐藏在繁杂事物中的一小部分才是有意义的。奥卡姆剃刀定律告诉我们，保持事情的简单性，抓住根本，解决实质，不要人为地把事情复杂化，这样才能更快更有效率地将事情处理好。

简单就是美，妙用奥卡姆剃刀

在管理企业制定决策时，应该尽量把复杂的事情简单化，剔除干扰，抓住主要矛盾。解决最根本的问题，才能让企业保持正确的方向。

根据奥卡姆剃刀定律，对任何事物准确的解释通常是那种"最简单的"，而不是那种"最复杂的"，这就像音响没有声音，人们总是会先看看是不是电源没有接好，而不会马上就将音响拆开检查是否哪个线路坏了。

奥卡姆剃刀定律在企业管理中可进一步深化为简单与复杂定律：把事情变复杂很简单，把事情变简单很复杂。这个定律要求人们在处理事情时，要把握事情的本质，解决最根本的问题。尤其要顺应自然，不要把事情人为地复杂化，这样才能把事情处理好。

如果管理者认为只有焦头烂额、忙得要死，才能取得工作上的成功，那就大错特错。事情会朝着复杂的方向发展，而效率则来源于简单。不要被复杂的事务干扰，忽略了真正有效的东西。真正有效的方法，往往是最简单的。

杰克·韦尔奇的管理思想中有一条非常著名的论断，那就是"成功属于精简敏捷的组织"。他认为企业不必复杂化，对他来说，使事情保持简单是商业活动的要旨之一。他说，他的目标是"将我们在GE所做的一切事情、所制造的一切东西'去复杂化'"。

奥卡姆剃刀原理，向我们传递"简单与高效"的法则、理念和意识。爱因斯坦说："如果你不能改变旧有的思维方式，你也就不能改变自己当前的生活状况。"

当管理者用奥卡姆剃刀改变思维时，就会惊奇地发现：工作与管理不再是烦琐而杂乱，简单才是最美，也最容易获得高效。

化繁为简是一种大智慧

不论多复杂的事情都可以找到简单的解决方法。我们不需要人为地把事情复杂化，要保持事情的简单性，这样我们才能更快更有效率地将事情处理好。

近几年，随着人们认识水平的不断提高，"精兵简政""精简机构""删繁就简"等一系列追求简单化的观念在整个社会不断深入和普及。根据奥卡姆剃刀定律，这正是一种大智慧的体现。

如今，科技日新月异，社会分工越来越精细，管理组织越来越完善化、体系化和制度化，随之而来的，还有不容忽视的机械化和官僚化。于是，文山会海和繁文缛节便不断滋生。可是，国内外的竞争都在日趋激烈，无论是企业还是个人，快与慢已经能决定其生死。如同在竞技场上赛跑，穿着水泥做的靴子却想跑赢比赛，肯定是不可能的。因此，我们别无选择，只有脱掉水泥靴子，比别人更快、更有效率，领先一步，才能生存。换而言之，就是凡事要简单化。

很多人会问："简单能为我们带来什么呢？"看了下面的例子，我们自然就会明白。

博恩·崔西是美国著名的激励和营销大师，他曾与一家大型公司合作过。该公司设定了一个目标：在推出新产品的第一年里实现100万件的销售量。该公司最优秀的营销精英们开了8个小时的群策会后，得出了几十种实现100万件销售量的不同方案。每一种方案的复杂程度都不同。这时，博恩·崔西建议他们在这个问题上应用奥卡姆剃刀原理。

他说："为什么你们只想着通过这么多不同的渠道，向这么多不同的客户销售数目不等的新产品，却不选择通过一次交易向一家大公司或买主销售100万件新产品呢？"

当时整个房间内鸦雀无声，有些人看着博恩·崔西的表情就像在看一个疯子。然后有一名管理人员开口说话了："我知道一家公司，这种产品可以成为他们送给客户的非常好的礼物或奖励，而他们有几百万客户。"

最后，根据这一想法，他们得到了一笔100万件产品的订单。他们的目标实现了。

可见，不论你正面临什么问题或困难，都应当思考这样一个问题："什么是解决这个问题或实现这个目标的最简单、最直接的方法？"你可能会发现一个简便的方法，为你实现同一目标节约大量的时间和金钱。记住苏格拉底的话："任何问题最可能的解决办法是步骤最少的办法。"这和奥卡姆剃刀定律所阐释的内容是一致的。

与此相关的，还有一个非常有趣的故事：

日本最大的化妆品公司收到客户抱怨，买来的肥皂盒里面是空的。于是他们为了预防生产线再次发生这样的事情，工程师想尽办法发明了一台X光监视器去透视每一台出货的肥皂盒。同样的问题也发生在另一家小公司，他们的解决方法是买一台强力工业用电扇去吹每个肥皂盒，被吹走的便是没放肥皂的空盒。

面对同样的问题，两家公司采用的是两种截然不同的办法。无论从经济成本方面，还是资源消耗角度，相信第二种方案的优势都是不言而喻的。这个例子给了我们一个深刻的启示：如果有多个类似的解决方案，最简单的选择，就是最智慧的选择。

所以，在现实生活中，当遇到问题时，我们要勇敢地拿起"奥卡姆剃刀"，把复杂事情简单化，以选择最智慧的解决方案。

剪除一切不必要的枝枝蔓蔓

对于一切影响工作和生活的不必要的繁复的东西，应当勇敢地拿起奥卡姆剃刀加以剪除，这样我们才能轻装上阵，以轻松的姿态面对人生，在成功的道路上走得更快更远。

有人曾经请教马克·吐温："演说词是长篇大论好呢？还是短小精悍好？"他没有正面回答，只讲了一件亲身感受的事："有个礼拜天，我到教堂去，适逢一位传教士在那里用令人动容的语言讲述非洲传教士的苦难生活。当他讲了5分钟后，我马上决定对这件有意义的事捐助50元；他接着讲了10分钟，此时我就决定将捐款减到25元；最后，当他讲了一个小时后，拿起钵子向听众请求捐款时，我已经厌烦之极，一分钱也没有捐。"

在上面马克·吐温的例子中，我们发现，他通过自身的实际经历，向求教者说明：短小精悍的语言，其效果事半功倍，而冗长空泛的语言，不仅于事无益，反而有碍。

事实上，不仅语言如此，现实生活亦同样如此。这就要求我们要学会简化，剔除不必要的生活内容。这种简化的过程，就如同冬天给植物剪枝，把繁盛的枝叶剪去，植物才能更好地生长。每个园丁都知道，不进行这样的修剪，来年花园里的植物就不能枝繁叶茂。每个心理学家都知道，如果生活匆忙凌乱，为毫无裨益的工作所累，一个人便很难充分认识自我。

为了发现你的天性，亦需要简化生活，这样才能有时间考虑什么对你才是重要的。否则，就会损害你的部分天资——而且极有可能是最重要的一部分。

那么，我们如何来实现这种简化呢？很简单，就是重新审视你所做的一切事情和所拥有的一切东西，然后运用奥卡姆剃刀，舍弃不必要的生活内容。

相传，有位科学家带着自己的一个研究成果请教爱因斯坦。爱因斯坦随意地看了一眼最后的结论方程式，就说："这个结果不对，你的计算有问题。"科学家很不高兴："你过程都不看，怎么就说结果不对？"爱因斯坦笑了："如果是对的，那一定是简单的，是美的，因为自然界的本来面目就是这样的。你这个结果太复杂了，肯定是哪里出了问题。"

这个科学家将信将疑地检查自己的推导，果然如爱因斯坦所言，结果不对。

简单化不是盲目地乱砍一气

奥卡姆剃刀强调，做事要删繁就简，尽量简单化，但这不是说乱砍一气，而是在对事物的规律有深刻的认识和把握之后的去粗取精、去伪存真。

也许你认为奥卡姆剃刀只放在天才的身边，其实它无处不在，只是有待人们把它拿起。当我们绞尽脑汁为一些问题烦恼时，试着摒弃那些复杂的想法，也许会立刻看到简单的解决方法。人生的任何问题，我们都可运用奥卡姆剃刀。奥卡姆剃刀是最公平的刀，无论科学家还是普通人，谁能有勇气拿起它，谁就是成功的人。

越复杂越容易拼凑，越简单就越难设计。在服装界有"简洁女王"之称的简·桑德说："加上一个扣子或设计一套粉色的裙子是简单的，因为这一目了然。但是，对简约主义来说，品质需要从内部来体现。"她认为，简单不仅仅是摒除多余的、花哨的部分，避免喧嚣的色彩和繁琐的花纹，更重要的是体现清纯、质朴、毫不造作。

需要注意的是，这里所谓的"简单"，不是乱砍一气，而是在对事物的规律有深刻的认识和把握之后的去粗取精、去伪存真。

正如一个雕刻家，能把一块不规则的石头变成栩栩如生的人物雕像，因为他胸中有丘壑。如果你抓不住重点，找不到要害，不知道什么最能体现内在品质，运用剃刀的结果只能是将不该删除的删除了。

那么，我们要合理地使用奥卡姆剃刀，不能盲目。例如，IBM在电脑产品营销中具有得天独厚的优势，如其前CEO郭士纳所指，他们具有非常有优势的集成能力。然而，其广告宣传语却将这一点删掉了，留下推广小型电脑的"小行星问题的解决方法"。结果，IBM自然未能凭这则广告获得区别于其他电脑的地位。可见，没有什么比删掉自己的优势更可悲了。

所以，在我们使用奥卡姆剃刀时，要将其用在恰当的位置上，而不是盲目乱删。

 **奥卡姆剃刀定律活学活用：根除工作"复杂病"**

经过3年施工，迪士尼乐园即将开放，可路径设计仍无完美方案。一次，总设计师格罗培斯驱车经过法国一个葡萄产区，一路上看到不少园主在路旁卖葡萄却少人问津，山谷前的一个葡萄园却顾客盈门。原来，那是一个无人看管的葡萄园，顾客只要向园主老太太付5法郎，就可随意采摘一篮葡萄。该园主让人自由选择的方法，赢得了众多顾客的青睐。

设计师深受启发，他让人在迪士尼乐园撒下草种。不久，整个乐园的空地就被青草覆盖。在迪士尼乐园提前开放的半年里，人们将草地踩出许多小径，这些小径优雅而自然。后来，格罗培斯让人按这些踩出的路径铺设了人行道。结果，迪士尼乐园的路径设计被评为世界最佳设计。

这个故事与经济学上的奥卡姆剃刀定律有着异曲同工之处。人们在做任何事情的时候，千万不要把事情过于复杂化，简单的时候就得简单，太多的顾虑反而会让人们走弯路，事情的结果也会和人们希望的相反。

从方法论角度出发，奥卡姆剃刀定律就是舍弃一切复杂的表象，直指问题的本质的处事原则。可惜，当今有不少人，往往自以为掌握了许多知识，喜欢将一件事情往复杂处想。当人们的思路又变得开始复杂时，应该时刻提醒自己：该拿起奥卡姆剃刀了。因为，只有简单，才可以产生绝妙的主意。

世界是复杂的，但也是简单的，只是人们常常被自己的习惯性思维禁锢，从而把简单的事情弄复杂了。如何将复杂的事情回归于简单，根除工作的"复杂病"，是每个人需要思考的问题。

22 杠杆效应：
寻找财富支点，撬起财富大厦

  在古代埃及，有一天，古希腊著名数学家、物理学家阿基米德对叙拉古的国王说："如果给我一个支点和足够长的杆子，我可以撬动地球。"国王一听，感到非常吃惊，于是对他说："好呀，那你给我表演一下吧。刚好那边有一艘大船，随便你用什么工具和机械，只许你一个人，把这艘船推下水吧。"阿基米德叫工匠在船的前后左右安装了一套设计精巧的滑轮和杠杆，并让国王拉动一根绳索，只见船慢慢地动起来，最终移到了海里。岸上的群众见此情景欢呼雀跃，国王也对阿基米德的才识另眼相看。

  事实上，阿基米德利用的是杠杆原理。阿基米德的杠杆原理后来被经济学家所应用，成为杠杆效应。杠杆是一种用于投资的债务，当那笔债务用于投资，会加倍收益或是损失。

财务杠杆：什么能让你一夕暴富

杠杆原理说明，找到一个支点，人们通过利用杠杆，可以以较小的动力，撬起自己所追求的大事物。同样，找到一个财富支点，你可以用你的财富杠杆撬动财富大厦，实现一夕暴富的神话。

在经济活动中，一项经济活动引起的一个经济指标很小的变动，可以使另一个经济指标有较大的变动。

在我们的日常生活中，杠杆原理应用非常广。譬如，你每天开车用的方向盘，就运用了杠杆原理。高杠杆率是当今资本市场金融交易的重要特点。所谓杠杆率，是指金融机构的资产对其自有资本金的倍数。例如，如果杠杆率是10，则对应于1美元的资本金，银行将能提供10美元的贷款。对于给定资本金，杠杆率越高，金融机构所能运作的资产越多，金融机构的盈利就越高。商业银行、投资银行等金融机构均采用了杠杆经营模式，即金融机构资产规模远高于自有资本规模。风险和收益是呈正比的，杠杆率越高，风险也越大。我们接触到杠杆率最简单的例子就是房屋按揭贷款。

那么什么是财务杠杆呢？从西方的理财学到我国目前的财会界对财务杠杆的理解，大体有以下几种观点。

其一，将财务杠杆定义为"企业在制定资本结构决策时对债务筹资的利用"。因而财务杠杆又可称为融资杠杆、资本杠杆或者负债经营。这种定义强调财务杠杆是对负债的一种利用。

其二，认为财务杠杆是指在筹资中适当举债，调整资本结构给企业带来额外收益。如果负债经营使得企业每股利润上升，便称为正财务杠杆；如果使得企业每股利润下降，通常称为负财务杠杆。显而易见，在这种定义中，财务杠杆强调的是通过负债经营而引起的结果。

另外，有些经济学家认为财务杠杆是指在企业的资金总额中，由于使用利率固定的债务资金而对企业主权资金收益产生的重大影响。

与第二种观点对比，这种定义也侧重于负债经营的结果，但其将负债经营的客体局限于利率固定的债务资金，其定义的客体范围是狭隘的。事实上，企业可以选择一部分利率可浮动的债务资金，从而达到转移财务风险的目的的。

财务杠杆在投资中的应用

了解杠杆原理，我们可以在投资时作好预算，把握时间节点和投资额度，以最佳投资策略赢得最大回报。

绝大多数进行房产投资的人，都不是一笔付清的，他们都是负债投资。如果你买一幢100万元的房子，首付是20%，你就用了5倍的财务杠杆。如果房价增值10%的话，你的投资回报就是50%。那如果你的首付是10%的话，财务杠杆就变成10倍。如果房价上涨10%，你的投资回报就是1倍。你高兴了吧？慢着，凡事有一利就有一弊，甘蔗没有两头甜，财务杠杆也不例外。财务杠杆可以把回报放大，它也可以把损失放大。同样以那100万元的房子为例子，如果房价跌了10%，那么5倍的财务杠杆损失就是50%，10倍的财务杠杆损失就是你的本钱尽失，全军覆没……现在美国很多房子被强行拍卖，其主要原因就是以前使用的财务杠杆的倍数太大。

期权期货通过一种保证金（Margin）账户具体操作，这种账户用的也是杠杆原理。保证金账户是指在购买股票时，只需花股票总值的25%～30%就行了。在"买长"时25%，在"卖短"时30%。比如，你把1万元放入保证金账户，就可以买总值4万元的股票，也就是说有4倍的杠杆作用。当然，那75%的钱是向证券商借来的，利率一般比银行高一些，比信用卡低；而且你的账户还必须维持你所拥有股票市值的25%（买长）到30%（卖短）的资金。一旦低于那个数，你的经纪人就不客气，要来"Margin Call"了，就是要你赶紧补钱"输血"进去。

外汇交易的保证金账户，一般都会用到15倍以上的财务杠杆；对冲基金的财务杠杆一般用到20倍；"两房"的财务杠杆大约是30倍；雷曼兄弟整个公司的财务杠杆高达33倍……现在你就会理解它们为何说破产就破产了。而期货的保证金比一般股票要低。保证金比例更低，只需总价的5%～10%。所以期货获利或亏损的幅度，可以高达本金的数千倍!想当年英国的老牌银行巴林银行，就是被一个交易员玩"日经期指"给玩残的。

经济建设离不开财务杠杆

财务杠杆的作用是强大的，是经济建设中不可缺少的重要手段。运用财务杠杆，通过价格、税收、信贷、汇率等各种调控手段，可以保持经济建设的平衡状态，促进或保证既定目标的实现。

第二次世界大战以后，为了提升欧洲国家的政治和经济地位，欧盟决定实行统一货币——欧元。欧元是自罗马帝国以来欧洲货币改革最为重大的结果。

"在呼吁所有国家都需要转变财政政策和货币政策方面，我们领导了世界。"当英国首相布朗在唐宁街举行的月度新闻发布会上说出这番话的时候，一定没有想到不久后就会发生这样的事——2008年12月中旬，在伦敦的找换店中，英镑兑欧元的汇率牌价已低至1.0532欧元，扣除手续费及佣金后，实际汇率低至0.918欧元。

欧元的推出，不仅使欧洲单一市场得以完善，欧元区国家间的自由贸易也更加方便，因此它成为欧盟一体化进程的重要组成部分。当然，欧元的推出，需要相应的财政政策做支撑。早在推出欧元之前，欧盟于1991年12月就通过了《欧洲经济和货币联盟条约》（又称《马约》），要求加入欧元区的国家政府财政赤字不能超过GDP的3%，政府债务余额不能超过GDP的60%。2003年，时任德国财政部副部长的麦考·威瑟到中国访问时曾表示："这两个数字不是变魔术变出来的，也不能说有什么科学的演算方法，这两个数字是长期讨论的结果。"经过与有关国家的讨论和磋商，欧盟最后才决定采用3%和60%这两个财政趋同标准。

为什么欧盟国家要采取一定的财政政策以支持欧元？因为财政政策可以调节货币总需求。金融学中关于财政政策的明确含义，是指国家根据一定时期政治、经济、社会发展的任务而规定的财政工作的指导原则，如增加政府支出，可以刺激总需求，从而增加国民收入，反之则压抑总需求，从而减少国民收入。税收对国民收入是一种收缩性力量，因此增加政府税收，可以抑制总需求从而减少国民收入，反之则刺激总需求增加国民收入。

财政政策的手段主要有以下几种。

第一，国家预算。主要通过预算收支规模及平衡状态的确定、收支结构的安排和调整来实现财政政策目标。

第二，税收。主要通过税种、税率来确定和保证国家财政收入，调节社会经济的分配关系，以满足国家履行政治经济职能的财力需要，促进经济稳定协调发展和社会的公平分配。

第三，财政投资。通过国家预算拨款和引导预算外资金的流向、流量，以实现巩固和壮大社会主义经济基础，调节产业结构的目的。

第四，财政补贴。它是国家根据经济发展规律的客观要求和一定时期的政策需要，通过财政转移的形式直接或间接地对农民、企业、职工和城镇居民实行财政补助，以达到经济稳定协调发展和社会安定的目的。

第五，财政信用。是国家按照有偿原则，筹集和使用财政资金的一种再分配手段，包括在国内发行公债和专项债券、在国外发行政府债券、向外国政府或国际金融组织借款以及对预算内资金实行周转有偿使用等形式。

第六，财政立法和执法。是国家通过立法形式对财政政策予以法律认定，并对各种违反财政法规的行为（如违反税法的偷税抗税行为等），诉诸司法机关按照法律条文的规定予以审理和制裁，以保证财政政策目标的实现。

第七，财政监察。是实现财政政策目标的重要行政手段，即国家通过财政部门对国有企业事业单位、国家机关团体及其工作人员执行财政政策和财政纪律的情况进行检查和监督。

当"经济男"遇上"杠杆女"

每一个成功的男人的背后，都站着一位默默付出的女人，每一个"经济男"的成功，都离不开一位"杠杆女"的支撑。

杠杆效应使投资者可交易金额被放大的同时，也使投资者承担的风险加大了很多倍。只要我们有效地利用"杠杆"，无论是对于创造财富还是在现实生活中，我们都只需付出很小的努力，就可以获得丰厚的回报；反之，则可能终生劳碌，却一无所获。

一些看似平常的人，却取得了巨大的成功；而一些被普遍认为能力较强的人，却一生难成气候。其实，秘密就在于对"杠杆"的应用，对"杠杆"利用得好，就可能成就一番事业；利用得一般，也可能办成一些事情；如果放着"杠杆"不去利用，那么走向成功的希望就非常渺茫。

杠杆效应不仅适用于经济领域，也适用于我们的家庭生活中。恰当运用，可以为家庭带来收益，实现事业的辉煌。

2009年，第28届香港电影金像奖上爆出冷门，做了二十年小弟的张家辉终于获得影帝殊荣。和前几任影帝梁朝伟等相比，张家辉只能算一个平民级小人物。可在他成功的那天，我们才猛然想起，原来他的身后还有着那个叫关咏荷的女人。

回想当年，香港无线当家花旦下嫁三线小生，关咏荷就像一根杠杆，将不被人看好的张家辉一步步地扶持着走上巅峰。关咏荷牺牲事业全力支撑着张家辉，虽对方十余年没起色，但她一直在背后默默地支持着他。

这就是"杠杆女"的付出和最终的回报。要做到能"撬"起平凡的老公或是男友，"杠杆女"有三步要走：第一步就是挖掘挑选，一旦选中他，不管他现在处于什么阶段，都当他是"大器"；第二步就是平衡协调，牺牲自己，甘做隐形人，将曾经的光彩统统遮住，用自己的力量去平衡生活中每一个环节，帮助老公或是男友平稳地走向上升空间；第三步就是高高升起，将对方送到一个足以令人无法企及的高度。

如果没有关咏荷，也许张家辉只是一个普通的中年男人。他幸运地遇到了命运中的"杠杆"，成就了一番事业。

在人生的道路上，我们应该充分利用阿基米德的杠杆原理，发挥"支点"和"力臂"的巨大作用，创造自己的辉煌。

 **杠杆效应活学活用：财政政策因时而异**

不同时期，采用不同的财政政策，根据经济建设的任务和世界经济环境的变化，在不同时期，我们国家也采取相应的财政政策：

1993年到1997年间，为应对经济过热和通货膨胀，我国实施了适度从紧的财政政策，并与适度从紧的货币政策相配合，促使国民经济成功地实现了"软着陆"，形成"高增长、低通胀"的良好局面。

1998年，由于受到亚洲金融危机的影响，我国国内出现了有效需求不足和通货紧缩趋势明显的问题。在这种情况下，我国政府果断决定实施积极的财政政策，不仅有效抵御了亚洲金融危机的冲击，而且推动了经济结构调整和持续快速增长。

2004年以来，我国经济开始走出通货紧缩的阴影，呈现出加速发展的态势，但也出现了部分行业和地区投资增长过快等问题，通胀压力不断加大。在这种情况下，我国从2005年起将积极的财政政策转向稳健的财政政策。

2008年金融危机以前，我国宏观调控的重要任务是促进经济平稳较快发展，防止经济增长由偏快转向过热，防止物价由结构性增长转变为明显的通货膨胀。同时，着力优化经济结构和提高经济增长质量。因此，我们的财政政策采取"有保有压"，实行稳健的财政政策，控制财政支出从而促进经济协调健康发展。

金融危机发生后，为了应对国际金融危机，保持经济平稳较快发展，从2008年11月起我国对财政政策作出重大调整，实行积极的财政政策。这是1998年亚洲经济危机后再次转向实施积极的财政政策。

23 米格-25效应：
玩牌靠牌，但更要靠技术

　　前苏联研制生产的米格-25喷气式战斗机，以其优越的性能而广受世界各国青睐。然而，众多飞机制造专家却惊奇地发现：米格-25战斗机所使用的许多零部件与美国战机相比要落后得多，而其整体作战性能达到甚至超过了美国等其他国家同期生产的战斗机。造成这种现象的原因是，米格公司在设计时从整体考虑，对各零部件进行了更为协调的组合设计，使该机在升降、速度、应激反应等诸多方面反超美机而成为当时世界一流的战斗机。

　　米格-25飞机因组合协调而产生意想不到的效果，这一现象被后人称之为"米格-25效应"。米格-25效应具体是指，事物的内部结构是否合理，与其整体功能的发挥关系很大。结构合理，会产生"整体大于部分之和"的功效；结构不合理，整体功能就会小于结构各部分功能相加之和，甚至出现负值。

会玩，烂牌也能打出好牌

成功不关乎经历与资本，而是如何将自身的"烂牌"或"好牌"合理利用的过程。

恩格斯讲过一个法国骑兵与马木留克骑兵作战的例子：假设骑术不精但纪律很强的法国兵，与善于格斗但纪律涣散的马木留克兵作战。若分散而战，三个法兵战不过两个马木留克兵；若百人相对，则势均力敌；而千名法国骑兵必能击败一千五百名马木留克兵。

实际上，恩格斯讲述的就是协调作战的重要性。虽然马木留克兵与法国骑兵各有长短，但在不同的要素组合下，最终的整体功效还是有着决定胜负的天壤之别。

其实，类似的故事在我国古代早已有之。"田忌赛马"的故事大家耳熟能详。虽然田忌的三匹马比齐王的都稍逊一筹，但由于孙膑配置的方法不同，结果转败为胜。孙膑也因为这次合理配置资源得到齐威王的重用，得到更宽广的用武之地。可见，合理配置资源、权衡取舍的智慧对一个人的发展有多么重要。

从某种意义上来说，经济学就是关于资源配置的学问，研究人与社会如何作出最终合理抉择，即用最少的资源耗费，生产出最适用的商品和劳务，获取最佳的效益。人的欲望是无限的，用于满足欲望的资源是有限的，所以决定用什么资源去满足那些欲望，就是资源配置问题。资源配置的实质是权衡取舍，即在取舍之间实现利益的最大化。

合理资源配置的情况随处可见，每个人都会面临各种各样的选择，生活就是在不断地"权衡取舍"。我们有买一套衣服的预算，但同时看中了两套各具特色的衣服，究竟选择哪一套？我们攒了一笔钱，准备添置新的家具，是买一套组合柜呢，还是买一台摄像机？大学快毕业了，我们是攻读研究生继续深造，还是去工作赚钱？作这些决策的过程其实就是"权衡取舍"的过程。有所得，必有所失。正因为这样，我们在作权衡时才会感到为难。

在选择的过程中，也有一些规律可循：人们会清楚地认识到自己面临的选择约束条件，以尽可能实现自己付出的代价最小化；每个人都会自然地作出趋利避害的决策，选择可让自己得到利益最大化的选项。

一般情况下，每个人都希望自己手头的资源越多越好，优秀资源越多越好，这样的话，就可以付出很小的成本而获得很大的收益。

不在于抓什么牌，而在于打什么牌

打牌时，拿到什么牌不重要，如何把手中的牌打好才是最重要的。

我们每个人都希望自己天资聪慧、健康长寿、优秀卓越，就像每一个厨师都希望自己有天下最好的食材一样。然而，好料并不一定就出好菜，更多时候，我们还得看厨师的手艺，也就是将资源最优化配置的过程。自幼出众的人有可能早早就江郎才尽，而没有过人天资的普通小孩，甚至先天有缺陷的自卑儿童，最终却有可能是成大业者。

很多时候，我们可能会遇到这样的情形：觉得所有的问题都接踵而至，所有的难题似乎都在同一时间抛了过来，于是开始晕头转向，觉得为什么自己的运气会这么差呢？

其实在这种情况下，我们更需要慎重地走好每一步，在走每一步之前都要经过深思熟虑，只要不走错路，一切问题都能迎刃而解，自己的前途一样是一片光明。因为，牌局中不管你手中的牌是多么的令人不满意，如果你每次出牌都经过深思熟虑，确保不打错牌，其实胜过拿到一手好牌。

做任何事情，都既要勤奋刻苦，也要开动脑筋想办法。傻瓜喜欢速战速决：他们不顾障碍，行事鲁莽，干什么事都急匆匆的；有时候尽管判断正确，却又因为疏忽或办事缺乏效率而出差错；在遇到难题的时候，不是积极主动地寻找方法，而是默默地待在那里，等待时间去自行解决。智者却不会这样，他们绝不会冲动地选择放弃，在他们眼里，放弃是最错误地打牌，只要想方设法开动脑筋，深思熟虑，找到合适的那张牌，那些很多被认为是根本解决不了的问题同样可以解决。

方法大师吴甘霖先生在讲座中经常提及发生在自己身上的一个故事：

一次公司放年假，吴先生准备给每位员工的妈妈买份礼物。他走进公司附近一家著名药店的分店，看中了一种补血剂，没想到只剩下两盒了，离他要求的数量还差很多。"能不能到总部进点货？"他跟售货员商量。售货员回答说："上报，送到分店，第三天才能送货。"可员工们下午就要回家探亲了，吴先生着急地问："能不能快一点呢？"售货员们都摇头。吴先生又鼓励他们："想想办法吧，一定能解决的。"这时，一位女售货员说："我们可以试试给附近的其他分店打个电话，看它们有没有货。如果有的话，我们先向它们借，三天后再还。"打过电话后，问题迎刃而解，他们将几个分店的货凑起来给了吴先生。

虽然是件小事，但也充分说明：只要努力想，就一定有办法解决问题。

用对方法，梳子也可卖给和尚

没有卖不出去的东西，只有不会卖东西的人，用对方法，梳子也可卖给和尚。

有一家效益相当好的大公司，为扩大经营规模，决定高薪招聘营销主管。广告一打出来，报名者云集。面对众多应聘者，招聘工作的负责人说："相马不如赛马，为了能选拔出高素质的人才，我们出一道实践性的试题，就是想办法把木梳尽量多地卖给和尚。"

绝大多数应聘者感到困惑不解，甚至愤怒："出家人要木梳何用？这不明摆着拿人开涮吗？"于是纷纷拂袖而去，最后只剩下三个应聘者——甲、乙和丙。

负责人交待："以10日为限，届时向我汇报销售成果。"

10日到。

负责人问甲："卖出多少把？"答："1把。""怎么卖的？"甲讲述了历尽的辛苦，游说和尚应当买把梳子，无甚效果，还惨遭和尚的责骂，好在下山途中遇到一个小和尚一边晒太阳，一边使劲挠着头皮。甲灵机一动，递上木梳，小和尚用后满心欢喜，于是买下一把。

负责人问乙："卖出多少把？"答："10把。""怎么卖的？"乙说他去了一座名山古寺，由于山高风大，进香者的头发都被吹乱了，他找到寺院的住持说："蓬头垢面是对佛的不敬。应在每座庙的香案前放把木梳，供善男信女梳理鬓发。"住持采纳了他的建议。那山有10座庙，于是买下了10把木梳。

负责人问丙："卖出多少把？"答："1 000把。"负责人惊问："怎么卖的？"丙说他到一个颇具盛名、香火极旺的深山宝刹，朝圣者、施主络绎不绝。丙对住持说："凡来进香参观者，多有一颗虔诚之心，宝刹应有所回赠，以做纪念，保佑其平安吉祥，鼓励其多做善事。我有一批木梳，您的书法超群，可刻上'积善梳'三个字，便可做赠品。"住持大喜，立即买下1 000把木梳。得到"积善梳"的施主与香客也很是高兴，一传十，十传百，朝圣者更多，香火更旺。

把木梳卖给和尚，听起来真有些匪夷所思，但不同的思维，不同的推销术，却有不同的结果。在别人认为不可能的地方开发出新的市场来，那才是真正的营销高手。真的是奇迹，我们不得不佩服那个能够卖出1 000把木梳的人，第一个人想破了头才只能卖一把梳子，他已经陷到了思维定势的陷阱里，自己是跳不出来的，用第二种方法的人已经开始进步。第三种人是最成功的，他的周围有很多条通往罗马的路，而他自己也知道选择哪一条。

开动脑筋，方法总比问题多

方法总比问题多，再难的困难总能找到解决的方法。遇到困难，积极主动开动脑筋，寻找积极解决之道，问题就会迎刃而解。

稻盛和夫被日本经济界誉为"经营之神"。他所创办的京都陶瓷公司，是日本最著名的高科技公司之一。该公司刚创办不久，就接到著名的松下电子的显像管零件U形绝缘体的订单。这笔订单对于京都陶瓷公司的意义非同一般。

但是，与松下做生意绝非易事，商界对松下电子公司的评价是："松下电子会把你尾巴上的毛拔光。"对新创办的京都陶瓷公司，松下电子虽然看中其产品质量好，给了他们供货的机会，但在价钱上却一点都不含糊，且年年都要求降价。对此，京都陶瓷有一些人很灰心，因为他们认为：我们已经尽力了，再也没有潜力可挖了。再这样做下去的话，根本无利可图，不如干脆放弃算了。但是，稻盛和夫认为：松下出的难题确实很难解决，但是屈服于困难，也许是给自己未足够地挖潜找借口，只有积极主动地想办法，才能最终找到解决之道。

于是，经过再三摸索，公司创立了一种名叫"变形虫经营"的管理方式。其具体做法是，将公司分为一个个的"变形虫"小组，作为最基层的独立核算单位，将降低成本的责任落实到每一个人。即使是一个负责打包的员工，也知道用于打包的绳子原价是多少，明白浪费一根绳子会造成多大的损失。这样一来，公司的运营成本大大降低，即便是在满足松下电子的苛刻条件的情况下，利润也甚为可观。

有些问题的确很棘手，想了许多办法，仍无法解决。于是，有人便认为"已是极限"，或是"已经尽力"，再去努力也是白搭。当你真正经过一番努力奋斗后，就知道所谓"难"，其实只是自己的"心灵桎梏"。

解决问题的关键不在于问题本身，而在于我们没有解开自己的心结，在于我们没有用心去"想"。不怕问题困难，就怕不主动找方法。就好像一把锁总有一把对应的钥匙，每一个问题都会有解决的办法，而这把解决问题的钥匙，就在我们自己身上。

在面对一个难解的问题时，一句"没办法"，似乎让我们找到了可以不去想办法的理由；但也正是一句"没办法"，浇灭了很多创造之花，阻碍了我们前进的步伐。

是真的没办法，还是我们根本没有好好动脑筋想办法？事实上，只要积极地开动脑筋，主动地寻找方法，用一种灵动多变的思考方式、一种随机应变的智慧去分析判断问题，就没有解决不了的问题。正所谓"方法总比问题多"，关键看你是否想到、找到。

在面对一个问题时，如果不积极思考，努力寻找应对之策，那么即使你是一名天才，面对问题时，你仍会一筹莫展。所以，我们要开动自己的脑筋，走好每一步，才能够让坏牌变成好牌。

资源好不好，关键看利用。我们无须抱怨上天给我们的太少，而我们能做的，只是将手上所有的资源——青春、才华、学识、相貌、人脉……以最佳的方式配置好。

 ## 米格-25效应活学活用：合适的牌就是最好的牌

这个世界上万物都有其归属——不论是美的还是丑的，高的还是低的。每一对恋人无论因为什么原因而分开，都只是说明你们不适合在一起。在冥冥之中，那个适合你的一直在等你，历经沧桑之后，你和她终于相遇，之后牵着彼此的手一直走下去。世界上不是看着好就真的好，适合的才是最好的，就像猫吃鱼、狗吃肉、奥特曼打小怪兽，各有所属。

有两只老虎，一只在笼子里，一只在野地里。在笼子里的老虎三餐无忧，在野地里的老虎自由自在。两只老虎经常进行交谈。笼子里的老虎总是羡慕外面老虎的自由，外面的老虎却羡慕笼子里的老虎的安逸。一日，一只老虎对另一只老虎说："咱们换一换。"另一只老虎同意了。

于是，笼子里的老虎走进了大自然，野地里的老虎走进了笼子。从笼子里走出来的老虎高高兴兴，在旷野里拼命地奔跑；走进笼子的老虎也十分快乐，它再不用为食物而发愁。

不久，两只老虎都死了，一只是饥饿而死，一只是忧郁而死。从笼子中走出的老虎获得了自由，却没有获得捕食的本领；走进笼子的老虎获得了安逸，却没有获得在狭小空间生活的心境。

许多时候，人们往往对自己的幸福熟视无睹，却觉得别人的幸福很耀眼。他们想不到，别人的幸福也许对自己不适合；更想不到，别人的幸福也许正是自己的坟墓。

这个世界多姿多彩，每个人都有属于自己的位置，有自己的生活方式，有自己的幸福，何必去羡慕别人？安心享受自己的生活、享受自己的幸福，才是快乐之道。合适的就是最好的，合适的牌就是最好的牌。

24 艾奇布恩定理：
小有小的好处，大有大的难处

　　艾奇布恩定理，指如果你遇见员工而不认得或忘了他的名字，那你的公司就太大了点。摊子一旦铺得过大，你就很难把它照顾周全。经营管理企业，小有小的好处，大有大的难处。企业在做大的过程中，难免会出现管理瓶颈。

　　艾奇布恩定理揭示这样一个道理，企业在实现规模经济时，不能片面追求规模，不能为了做大而做大，一定要提防"大企业病"。

规模不经济，并不是越大越好

规模可以带来效应，但也能够带来风险。不切实际地追求规模扩张，是一种短视的经营行为，会给企业带来灾难性的影响。企业追求规模效益要把握一个度，要根据企业自身的状况来制定配套的发展策略。

如果让经济学家来看待规模问题，他们会引入一个经济学上更通俗的名词：规模不经济。按我们一般的理解，企业当然都希望规模越大越好，然而经济学却认为，规模并不是越大越好。

虽然规模的扩大能够在一定程度上节约成本，优化资源配置，使企业的长期费用呈下降趋势，但规模的盲目扩张也面临着规模不经济的风险。

我国调味品行业中某知名民营企业老总是一个思维敏捷、做事干练的企业家，短短几年时间，公司就由一个小作坊发展到千余人的中型企业。面对大好形势，当地领导和专家都建议他抓住机会，扩大规模，取得规模优势。于是他经过近一年的投资拼搏，使企业规模几乎翻了一番，但公司的经济效益却有所下降，公司老板感到困惑：不是说规模经济吗？为什么到我这里就显示不出规模效益，反而出现规模不经济呢？

实际上，这不是一个人的困惑，许多人都面临同样的困惑。规模的扩大，可能让公司的生产成本提高，如必须新增大量人工成本、增加营销管理费用来支撑更大的销售规模，由于需求走高使原材料供给出现紧张导致采购价格上涨，信息传递费用增加等，从而使企业走向规模不经济的厄运。

一个企业的生产规模可以在短时间扩大，但管理是一个循序渐进的过程，不可能在短时间内有较大的飞跃。管理学家弗兰克·奈克有一句经典论述：在处理和管理复杂事物中，企业家的能力显然是有极限的。这种解释的一个前提条件是大企业必定比小企业复杂，企业规模的扩大，导致经营管理上的极限。也就是说，企业规模的扩大，必然伴随组织规模的扩大，组织规模的扩大，必然伴随企业人员的增加，人员的增加又必须伴随管理层次的增加，此时如果企业管理方式、管理手段没有跟上，仍然沿用过去的经验和方法，那么企业管理的效率就会下降，给企业带来管理成本的上升，致使企业管理的总成本增加，产生规模不经济。

有很多企业，成本降不下来，效率上不去，一个重要的原因就在于没有实现适度规模。亚伦·艾奇布恩提出的艾奇布恩定理，就是为了提醒人们注意规模。显然，他衡量一个公司是否超过应有规模的标准，就是你是否能够记得每一名员工的名字。这或许更多的是一种西方式幽默，然而艾奇布恩提出的定理一直在提醒每一位成功的管理者：把自己的摊子照顾周全，否则就不要铺得过大。

经营，莫以利小而不为

从企业发展的角度来考虑，利润的薄厚不是关键，关键在于企业能否长久赢利。抱定"莫以利小而不为"的经营理念，一定能成为"积微成巨"的大赢家。

贪大是创业者的常见症状之一。贪大有两个含义：一是贪规模，也就是说，尽管是在起步阶段，也尽可能地将摊子铺大；二是贪大利。在很多创业者眼里，小利润从来都不被看上眼，他们认为只有捕捉到鲸鱼才是真正的出海。殊不知，以新创企业那么瘦小的身板，即使是捕捉到鲸鱼，也有可能被噎死。

阿里巴巴和淘宝网是中国最成功的电子商务网站。探究它们成功的秘诀，就在于创始人着眼于小利来设计企业的发展战略，抓住小利，而不是将企业的未来押在大利上。

在一次名人访谈节目中，博鳌亚洲论坛秘书长龙永图问了马云一个问题：你（阿里巴巴）现在供应商当中有多少是中小企业？马云的回答令龙永图有些吃惊："我们现在整个阿里巴巴的企业电子商务有1 800万家企业支持会员，几乎全是中小企业，当然沃尔玛也好，家乐福也好，海尔也好，甚至GE都在我们这儿采购，但是我对这些企业一点兴趣都没有。"龙永图笑着说："难怪人家说你是狂人，口出狂言。"在场的人们显然都不太相信马云的大话。怎么可能会有对大客户不感兴趣的企业呢？马云不慌不忙地解释道："我只对我关心的人感兴趣。我只对中小型企业感兴趣，我就盯上中小型企业，顺便淘进来几个大企业，它不是我要的。我坚信一个道理，说有的人喜欢在海里抓鲨鱼、抓鲸鱼，我就抓虾米。我相信是虾米驱动鲨鱼，大企业一定会被中小型企业所驱动，所以我那时候就想，企业在工业时代是凭规模、资本来取胜，而信息时代一定是靠灵活快速的反应。我唯一希望的就是用IT、用互联网、用电子商务去武装中小型企业，使它们迅速强大起来。"

从这段对话中，我们了解到马云把大企业比作"鲸鱼"，把小企业比作"虾米"，阿里巴巴只对虾米感兴趣，它的主要客户是小虾米而不是鲸鱼。马云之所以盯紧小虾米，眼里只有小虾米，其实是因为他对中国中小企业的了解，以及阿里巴巴自身的成长经验。

关于这一点，马云讲了一个故事：

2003年的冬天，他到沈阳去看市场，顺便见了两个客户。其中一个客户见了他就拉着他的手说："我真想把你像佛一样供起来。"马云奇怪地说："怎么了？"原来，那位客户的生意多亏了阿里巴巴。该客户在2003年一共有60个客户，其中58个是从阿里巴巴来的。马云好奇地问他："你是做什么生意的？"客户回答说："我们企业很小，我们是做标牌生意的。"马云自小生长在私营中小企业发达的浙江，从最底层的市场一路摸爬滚打过来，深知中小企业的困境——被大企业压榨、控制。"例如市场上一支钢笔订购价是15美元，沃尔玛开出8美元，但是1 000万美元的订单，供应商不得不做，但如果第二年沃尔玛取消订单，这个供应商就完了。通过互联网，像上面故事中的小供应商就可以在全球范围内寻找客户。"

马云要做的事就是提供这样一个平台，将全球的中小企业的进出口信息汇集起来。"小小企业好比沙滩上一颗颗石子，但通过互联网可以把一颗颗石子全粘起来，用混凝土粘起来的石子们威力无穷，可以与大石头抗衡。互联网经济的特色正是以小搏大、以快打慢。""我要做数不清的中小企业的解救者。"另外，马云还考虑到，因为亚洲是最大的出口基地，阿里巴巴以出口为目标。帮助全国中小企业出口是阿里巴巴的方向，他相信中小企业的电子商务更有希望、更好做。

电子商务要为中国中小企业服务，这是阿里巴巴的战略。在马云的眼里，小虾米并不小，它们集中起来可以形成很强大的力量。他只注重虾米的世界。

小利照样能够赢得巨额利润。古人云："不积跬步，无以致千里，不积小流，无以成江海。"在创业的过程中，很多梦想一夜暴富、一口吃成胖子的人没有达到目的，而那些独辟蹊径，不嫌钱小的人，却赢得了成功。

没有实力的规模只是个空壳

没有实力的规模企业是个空壳，难以走远，实力比规模更重要，实力代表企业的竞争力，是企业的支柱，实力就是硬道理。

威廉·格兰特算得上美国商业史上的"少年英雄"，他白手起家创立的格兰特公司，由小本经营起步，发展成为美国屈指可数的大企业。

威廉·格兰特生于1876年，19岁时就显示出了自己过人的经营才华，当时他掌管波士顿公司的一家鞋店。

1906年，格兰特拿出自己的全部资金在林恩市投资1万美元开设了第一家日用品零售店。两年后，他在美国其他城市开设了格兰特连锁店，到20世纪60年代，格兰特的年销售收入近10亿美元，跻身美国知名大企业行列。

值得一提的是，格兰特公司定价策略的运用，是其成功的重要环节。在零售业竞争十分激烈的情况下，格兰特认真研究后，将其经营的日用品价格定位在25美分，高于"5美分店"和"10美分店"，但低于普通百货公司的价格，而格兰特公司的陈设格局又比廉价的"5美分店"和"10美分店"档次高。这一价格定位同时吸引了百货公司和廉价商店的顾客。

后来的盲目扩张使格兰特公司最终走上了没落之路。格兰特公司不断发展连锁店，到1972年，公司新开办的商店数量就已经是1964年的两倍，但利润没有随规模的增长而增长。到1973年11月，格兰特公司的利润只有3.7%，该年格兰特全年营业额达18亿美元，但利润只有可怜的8 400万美元，创该公司历史新低。让人遗憾的是，它并没有放慢扩张的速度，1974年，格兰特公司的连锁店猛增到82 500家，是10年前的1 000多倍。与此同时，它的总债务节节攀升，在143家银行的债务达7亿美元，公司信誉急剧下降。1975年10月，格兰特公司不得不申请破产，使8万多员工丢了饭碗，成为美国历史上第二大破产公司，也是美国零售行业中最大的破产公司。

不难看出，有效的扩张可以造就一代企业枭雄，没有节制的扩张也可能是一场浩劫的开始。过快的扩张速度，会使企业面临巨大的不确定性。

追求规模要与成本控制同步

追求规模要以成本为基础，要考虑企业的成本承受，将规模控制在合理的范围之内。

20世纪50年代，王永庆在接手台塑的时候，并不被人看好。台塑是生产PVC塑料粉的，当时中国台湾的PVC塑料粉市场主要被日本人占领，因为日本人的生产成本低，价格更低。王永庆仔细分析了当时的PVC生产。PVC的主要原料是氯气，台湾是烧碱生产基地，氯气正是烧碱产生的废品，所以价格极低。当时台湾的劳动力、电力价格都远低于世界水平，并且政府对民营企业采取扶植的政策，有很多优惠。如果台塑能够和日本一样实现平均成本最低，按货币计算还要低于这些国家，那台塑一定能够成功。

在精密的思考下，王永庆卖掉了家族的其他产业，又贷款扩大台塑的产量。到1960年，台塑就成为了当时PVC行业的龙头，月产1 200吨。成本下降以后，价格远远低于世界同类产品。这样，台塑不仅把日本赶出了中国台湾的PVC市场，而且向世界各国出口。台塑获得了巨大的成功。

台塑的成功有各方面的努力，如内部管理、与政府的良好关系等，但最关键的是台塑通过将自己的产量扩大，达到成本最低，这才是台塑制胜的法宝。

要谋求成本的有效降低，必须分析影响成本各种因素中最本质的东西，也就是要做到"单元成本"的分析。降低成本，一直是每个企业所追求的主要目标。

第一种情况是，随着产量的增加，平均成本一直在下降。这种行业的生产技术特点是在开始时需要大量投资，以后产量增加时，每单位产品增加的成本并不多，最初的投资分摊在越来越多的产品上，从而平均成本越来越少。

第二种情况是，无论产量如何变动，平均成本基本不变。这种行业一般在经济中都是一些无足轻重的行业，它的市场需求量不大，产量也不大，所用的生产要素并非经济中较为紧缺的要素，不与其他行业争夺生产要素，因此即使产量增加，要素价格不会上升，成本也不会增加。而且初始的投资也不大，例如钢笔等小物品。

第三种情况是，随着产量的增加，平均成本先下降。当产量增加到一定数量时，平均成本达到最低。如果产量再增加，平均成本就增加了。也就是说，平均成本先随产量增加而递减，后随产量增加而增加。而达到平均成本最低时的产量就是适度规模的产量。

有很多企业，成本降不下来，效率上不去，一个重要的原因就在于没有实现适度规模。实现适度规模的原则适用于所有行业，不过各个行业实现的方式并不一样。像钢铁、家电、汽车这些行业，生产之间的联系强，因此适于集中生产，即工厂的规模要大，而且集中在同一地区，才能发挥规模经济的优势。另外一些行业如零售商业，采取了集中与分散相结合的方式。集中进货、统一的物流配送以及统一的管理制度，保证了成本最低。

当企业的运营成本降下来时，消费者才能购买到更便宜的商品。

 ## 艾奇布恩定理活学活用：避免盲目扩张

企业由于在发展的鼎盛时期盲目扩张导致失败的例子不胜枚举，如格兰特、飞龙集团等。为了避免盲目扩张给企业带来灾难，企业的高层管理者在决策时应该深思以下问题。

（1）企业何去何从，要保持冷静的头脑。

（2）资金的储备能支撑企业走多远。

（3）人力资源能否跟上。

（4）市场的容量有多大。

（5）竞争对手的竞争策略如何。

（6）与原材料供应商的合作如何。

（7）公司现在的盈利能力和生命力怎样。

（8）股东的承受能力。

（9）管理方面有无经验。

如果以上诸多因素都对企业有利的话，才能考虑扩大企业规模，否则盲目的扩张只会给企业带来巨大的损失。

管理者一定要牢记，不能为了做大而做大企业，要谨慎行事，缓图发展，不可一口气吃成个胖子。要进行自我管理，提升自我能力，对做大后的管理难题要有充分认识，做好应对准备。

25 分粥规则：
效率与公平如何实现共赢

　　分粥规则，是政治哲学家罗尔斯在其所著《正义论》中提出的。罗尔斯把社会财富比作一锅粥，这锅粥当然不是敞开的"大锅饭"，所以罗尔斯假设7个小矮人共同分粥——这7个小矮人，实际上代表的就是政治经济学体制下的广大人民。而以上小矮人进行的不同的试验，代表的自然就是不同的政治经济体制。

　　这个故事告诉我们，公平不等于平均，平均主义实质上是最不公平的。规则公平所追求的是主体地位的平等和面临机遇的均等，它所要达到的是"使人有心之于平，不知使人无心之于不平"。

　　规则是解决效率与公平关系的唯一手段，规则所产生的乃是一种约束力和规范力，正是这种约束和规范使组织成员的行为始终保持在有序、明确和高效的状态。

每一位分粥者都是自私鬼吗

任何人都可得到自己应得到的利益，但任何人又难以为一己私利而损害他人的利益。

罗尔斯的小矮人试验是这样的。

7个小矮人同住在一个小木屋中，他们想用非暴力的方式解决吃饭问题——分食一锅粥，但是没有任何容器称量。怎么办呢？大家试验了以下一些方法。

方法一：拟定一人负责分粥事宜。很快大家就发现这个人为自己分的粥最多，于是换了人，结果总是主持分粥的人碗里的粥最多最好。大家得出结论：权力导致腐败，绝对的权力绝对腐败。

方法二：大家轮流主持分粥，每人一天。虽然看起来平等了，但是每个人在一周中只有一天吃得饱且有剩余，其余6天都饥饿难耐。结论：资源浪费。

方法三：选举一位品德尚属上乘的人，还能维持基本公平，但不久他就开始为自己和溜须拍马的人多分。结论：毕竟是人不是神。

方法四：选举一个分粥委员会和一个监督委员会，形成监督和制约。公平基本做到了，可是由于监督委员会经常提出多种议案，分粥委员会又据理力争，等粥分完，早就凉了。结论：类似的情况政府机构比比皆是。

方法五：每人轮流值日分粥，但是分粥的人最后一个领粥。结果呢？每次7只碗里的粥都是一样多，就像科学仪器量过的一样。

这就是分粥的难题。要让分粥工作能够既有效率又公平，却不是一件容易的事情。所幸的是，7个小矮人通过实践与博弈，最终实现了效率与公平的共赢。

在没有精确计量的情况下，无论选择谁来分，都会有利己嫌疑。经过多方博弈后，解决的方法就是第五种——分粥者最后喝粥，要等所有人把粥领走了，分粥者才能取剩下的那份。因为让分粥者最后领粥，就给分粥者提出了一个最起码的要求：每碗粥都要分得很均匀。道理明摆着——倘若分得不匀，最少的那碗肯定是自己的了。只有分得合理，自己才不至于吃亏。因此，分粥者即使只为自己着想，结果也是公正、公平的。

一些关系国计民生的社会公共行业的规矩，不仅要管社会公众，更要管住业内人，内外统一管理标准，社会生活才能有序而不致乱套。由于垄断着公共资源，"分粥者"就应当对行内外一视同仁，不得厚此薄彼。比如，每到春运和节假日，铁路售票窗口有时连一张票也买不到，但人们却可以很容易地从票贩子手里拿到高出票面价格一倍以上的票。票贩子的票有些就来自车站职工。"火车票就是我们的节日'概念股票'，不搞白不搞。"一位铁路职工如是说。针对这种现象，我们的监督管理措施，就是让"分粥者"无权最先"领粥"。

分粥规则对很多人都带来了启发与思考。政府人员由此反思制定的制度是否合理，管理者由此不断提醒自己，他所制定的规章制度是否简洁高效，是否处在激励与制约之间的平衡点上。

那么你呢？在你的工作、婚姻与人际相处过程中，你遭遇不公平觉得自己得到的总是比别人少时，你是否愿意拿出一点抱怨的时间，用来思考解决分粥难题的妙招？

科学管理，用制度保护利益

科学的制度可以保障合理的公平，约束、杜绝员工的行为，保障企业的利益得以实现。

上一节中的五种分粥制度，其假设的前提是所有的分粥者个个都是自私鬼，没有一个是大公无私的。正因如此，他们一有机会便会"以权谋私"。美国《独立宣言》起草人之一托马斯·杰斐逊说："自由的政府不是以信赖，而是以猜疑为基础建立起来的。因此，在权力问题上，不是建立在对人性的信赖上，而是要用法律加以约束，防止其行为不端。"

所以制度至关重要，是人选择、交易的结果。好的制度清晰而精妙，既简洁又高效，令人为之感叹。

制度在于保护群体的共同利益，只有如此，才能有效地贯彻下去，所以一个企业想要兴旺发达，应该反思一下企业制度。

东南纺织厂于1986年12月开工，采用二班制，每班工作12小时。轮到夜班，每到深夜三四点时，就有人打瞌睡。公司为了防患于未然，严格规定瞌睡者要记大过一次，三次就得开除。

虽然规定很严，睡者照睡，甚至平常表现良好的员工，有一夜被发现连打瞌睡三次的情形，当时的总经理吴修齐为此事非常困扰。

吴修齐经过深入的研究调查后发现，每班工作12小时，日班尚可忍耐，夜班则疲惫不堪，到了深夜三四点，虽明知瞌睡会被重罚，但总是心有余而力不足，一坐下就打起瞌睡。

为了解决因体力不支而不得不打瞌睡的问题，吴修齐想出了一套对劳资双方均有利的方法。

（1）以现有人员，由二班制改为三班制。

（2）每班工作时间由12小时改为8小时，缩短4小时的工作时间。

（3）虽然缩短工时，但员工每月的收入不变。

虽然缩短时间，但因单位时间的工资增加，员工的收入并不减少，所以三班制大受员工欢迎，员工工作更加卖力。

由于工作时间缩短，工作的精神旺盛，不但打瞌睡的情形几乎消失了，而且工作效率大为提高，使得生产力明显提高，总生产量较未采用三班制之前提高了20%，劳资双方均获其利。

吴修齐说："我未曾学过科学管理，但从打瞌睡这件事使我体悟到，所谓科学管理，不过是合理的管理罢了。做事跟做人一样，必须求合理，方能得到事半功倍的效果。"

让制度得到切切实实的执行

良好的制度是集体利益的职位、也是提高企业效益的重要动力。科学管理就是要树立和贯彻良好的企业制度，使企业能够更平稳、健康地发展。

一个单位如果有不好的工作习气，一定是机制问题，没有严格的奖勤罚懒。如何制定并执行系统的制度，是每个企业每一位管理者都需要思考的课题。

至于具体该怎么做，主要可以从以下几个方面入手。

1. 构建制度、奖惩分明

古人说：知易行难。搞好制度建设是做好工作的前提，执行制度才是提高效率的关键。要想有效执行制度，首先，要培养员工对制度的认同感。针对部门、员工岗位的要求，加强组织学习和培训，使每个员工都能清楚地知道自己应该做什么、不应该做什么，企业倡导什么、反对什么，什么是不正确的行为、什么是应该坚持的底线，这样才能确保执行不出现偏差。其次，在执行制度和管理的过程中，还要不断完善和优化各类制度，时刻坚持制度是职工必须遵循的行为准绳，树立制度的权威性和执行制度的刚性，充分强调职工对制度的无条件服从和百分之百的执行。最后，在执行过程中，要敢于直面问题，准确、到位、公开地点评工作中的不足，批评不良倾向，提出整改措施。要把上级的要求，与本单位的具体情况、基层班组的工作特点、职工的思想实际等，有机结合起来加以贯彻落实，防止出现形式主义、应付上级的不良现象。

2. 领导垂范、率先执行

身教重于言教，领导的执行力是企业制度建设最有力的保证。企业的各级领导干部既是制度的制定者，也是制度的执行者。当前，一些企业中的某些各级干部还不同程度地存在软、懒、散等现象。具体来讲就是，制度执行不下去就是新形势下"软"的表现；缺乏创新意识、工作没有激情就是"懒"的表现；中心工作不突出、工作指导不到位就是"散"的表现。企业执行力的提高，需要领导者坚定的态度、坚强的决心、有力的措施来大力引导、推动和促进，更需要领导者为人师表、身体力行。提高企业执行力，首先要提高领导者自身的执行力。要坚持真抓实干、说到做到、言出必践；坚持公司制度面前人人平等，严格按章办事，不做企业特殊员工；要深入基层，了解企业、了解员工，掌握实情；要参与执行，关注细节，及时协调解决企业运营过程中存在的各类问题；要加强团结协作，推进民主管理，在重大问题决策上集思广益、群策群力，在领导班子中形成相互支持、协调、团结共事的局面。

3. 文化引领、广泛认同

制度建设是企业文化的重要表现之一。企业执行力文化的核心内容，是一种对制度负责、敬业的精神和服从、诚实的态度。要把"不讲任何借口"的制度准则，融合在企业文化里，印刻在员工心目中，使之成为企业每个员工的一种守则、一种信念和一种精神力量。我们知道，员工的观念改变态度才会变，态度改变执行才会变，执行改变企业才会变。因此，要充分运用"荣辱观"教育、"主人翁"教育、职业道德教育等活动，大力推进企业文化建设。开展经常性的企业精神教育，采取生动活泼、喜闻乐见的形式，灌输"执行制度不是对职工的约束，而是对职工的关爱""执行制度就是尊重自己""安全是最大的以人为本"等企业观念。教育广大员工挑战制度和无视规定，就是无视自己生命、践踏生活，是对自己、对家人、对企业、对他人不负责任，其结果必然是失大于得，甚至失去健康和生命。除此之外，还要注重开展榜样教育，把那些体现企业文化、反映企业精神、代表企业形象的先进个人和群体树立起来，彰显他们的地位，作为企业全体员工共同学习的榜样。

 **分粥规则活学活用：合作带来效率革命**

市场的出现是随着专业化和劳动分工的不断发展而出现的。市场未出现之前，绝大部分的经济体是处于自给自足、自产自销的状态。为什么这种自给自足的状态会被打破？专业化和劳动分工与自给自足的生产方式相比，究竟有哪些优势和进步呢？

下面我们从两个小案例中，来分析一下分工和专业化的优势。

周先生是温州一家打火机制造厂的老板，他认为分工合作是自身企业竞争获胜的秘诀。他介绍说，同样一个电子点火的小部件，日本公司生产一只成本为人民币1元，他的进价是0.1元。为他的企业跑龙套的家庭企业生产成本仅0.01元。类似协作配套的作坊式小厂在他手下有数百家，且生产同一零部件的企业可能有几家或数十家，这数百家配套企业之间，不是统一管理和内部调拨关系，而是自我管理和市场交易关系。这样，下游企业就可以从上游企业中优中选优，选择价格最低、质量最好、供货最及时的进行合作。就这样，温州的金属打火机打败了日本厂商，占据了全球70%以上的市场份额。

分工与专业化生产大大提高了生产效率，是企业经营制胜的秘诀。同样，在科学研究方面，分工协作也起着巨大的作用。

美国于1942年耗资50亿美元研制原子弹的"曼哈顿工程"，其工程技术的总负责人奥本海默博士在总结其成功经验时指出："使科学技术充分发挥威力的是科学的组织管理。"美国从1961年至1969年组织和实施了宏大复杂的"阿波罗登月计划"，其研制和发射的火箭"土星—5"由560万个零件组成，参与的研究人员共计有400万之多，最多的一次就有42万人。120所大学与200家公司分工协作，8年里共耗资300多亿美元，终于在1969年获得成功。负责"阿波罗登月计划"的韦伯博士也深有感触地说道："我们没有使用一项别人没有的技术，我们的技术就是科学的组织。"科学的组织管理就是建立在高度专业化分工基础上的计划、组织、指挥和协调的过程，如果没有专业化分工，也就不会有相互间的协同需要，就只能是个人管个人，因而也就不会有任何的组织管理行为发生和存在。

通过上面两个例子，我们可以看出分工协作在现代组织管理中的巨大作用。经济学中有两个概念：科层组织和规模经济，也可以帮助我们理解分工和专业化生产的优势。

公司中有各个职能部门，财务部负责财务，销售部负责销售，行政部负责日常公司事务……在这样的分工下，各个部门高效率地完成了各自的工作。分工让工作更有效率，试想让一个人同时做N件事，他会力不从心，但是让他只做一件事，他就能专心做好。同时，专业化分工使得生产的规模不断扩大，从而可以使企业降低平均成本，而实现规模经济。

当今社会，劳动分工的程度化越来越高。分工就不仅仅限于个人与个人之间，而已经扩展到全世界范围内。比如，波音747喷气式客机的450万个零部件是由世界上8个国家的100个大型企业和15000个小型企业参与协作生产出来的。在比较优势和分工交换的指引下，跨国公司不断努力降低交易成本和要素成本，并且让分工遍及世界每一个角落。

26 雅格布斯定理：
质量是竞争力的核心

    美国凯洛格管理研究院前院长雅格布斯指出，产品必须有过硬的质量，才能在竞争中立于不败。

    随着人们的文化生活水平不断提高，人们对产品质量的要求越来越高。消费者之所以选择名牌产品，就是确信名牌产品一贯的质量保证，广告的宣传只是起到了诱导的作用，顾客最终购买与否往往取决于产品的内在质量。美国的可口可乐、法国的葡萄酒、中国的海尔等一些企业之所以成功，一定程度上可以说都是因为有过硬的质量保证。

质量是企业赖以生存的生命线

　　市场经济的本质特征是优胜劣汰，而质量是用户选择商品的第一要素。质量是企业的生命，已成为不争的事实。抓好质量管理，是企业立足市场、保持长盛不衰的根本保证。

　　2010年10月21日，第十届全国追求卓越大会在北京召开，本次大会本着"优中选优"的原则，将"全国质量奖"这一殊荣颁发给海信、江淮汽车等12家企业。这也是继2001年获得首届"全国质量奖"以来，海信成为10年来唯一两次获得该项国家质量最高荣誉的企业。

　　"全国质量奖"评审专家评价认为：海信坚持"技术、质量、诚信、责任"的核心价值观，积极追求研发深度，建立起产品优势，通过推行卓越绩效管理模式，实现了从产品质量、服务质量到经营质量的全面提升。海信能够两获该奖，也折射出中国家电行业在质量上积累的良好口碑，随着这一权威奖项的设立和引导，海信等企业的标杆效应将直接带动行业从价格战和营销战向品质战、技术战的集体回归。

　　作为本次大会唯一企业发言代表海信集团总裁于淑珉和来自全国的企业界代表分享了海信的质量工作经验，她提出质量犹如人品，质量诚信是最基本的企业诚信，只有用做产品应有的良心来保证产品的质量，才能在竞争中取胜。海信在质量管理中引入道德评价，严格考核机制，紧抓设计源头的质量控制和质量成本管理，依靠系统严整的质量管理，海信电视的产品质量多年来始终保持着业内最高水平。

　　目前，全球知名的质量奖还有美国波多里奇奖、日本戴明奖、欧洲质量奖三大世界级质量管理奖。这些在社会和商家看来都是无上荣誉的奖项，都体现了对质量的追求，是消费者和商家共同的追求。"全国质量奖"的评选，让我们看到了海信等一批中国质量标杆企业良好的发展势头，它们坚持诚信经营，狠抓全面质量管理，追求卓越绩效，快速向世界一流企业靠拢，在全球舞台上彰显着中国品牌的力量。

消费者在购买时，为什么会倾向于购买品牌商品，甚至不惜以高出普通商品几倍的价格去购买品牌？主要原因是因为名牌商品在质量上有更大的保证。

产品的竞争是质量的竞争

产品的竞争，品牌的较量，首先是质量的竞争。

质量对产品的效能具有直接影响，与顾客价值和满意度密切相关。企业要想在竞争中生存，除了接受质量观念外别无选择，要想在竞争中取胜，除了不断提高产品质量别无出路；从长远看，无论在哪个市场上，唯一经久的价值标准是质量本身。

重视质量赢得成功，相反，忽视质量管理，不把质量的最大化当成企业生存的第一理念，就会让企业付出沉重的代价，哪怕是世界著名的企业。

全球著名手机企业摩托罗拉和诺基亚现在的市场份额分别是30%和33%，摩托罗拉2001年第一季度营业亏损达4亿多美元，而2000年同期的营业却是盈利5 300万美元。

美国权威管理机构分析指出，摩托罗拉的现状完全是自找的，在美国经济衰退之前，许多消费者希望能购买具有全新概念和全新形象的手机来替换现有的产品，来自芬兰的诺基亚捷足先登，率先研制出了各种不同类型的替代产品，从此赢得了广大的消费者，等到摩托罗拉意识到问题的严重性，等到他们研制出新款手机时，消费者在经济衰退的影响下，已经放弃了更换手机的打算，摩托罗拉因此失去了市场先机，造成了大规模的亏损。

无独有偶，阿迪达斯的成功也因"质量"二字。

阿迪达斯公司成立于1949年，其运动设备（产品）目前在全球同类产品的市场占有率为12%，落后于1972年才成立的耐克公司30%的市场占有率达18个百分点。然而，在耐克崛起之前，全球运动产品几乎是阿迪达斯一家的天下。

1954年世界杯足球赛，阿迪达斯因其生产的球鞋鞋底的塑胶鞋钉能帮助运动员提高运动速度，增加稳定性而一举成名，当时世界上有85%以上的运动员穿的是阿迪达斯公司的产品，三叶标志成了成功的象征。

面对骄人的战绩，阿迪达斯公司的决策者们没有重视耐克公司正在迅速成长这样一个严重的事实，决策者们认为自己拥有85%的市场占有率，即便对手抢走一部分市场，仍有大半个市场是属于阿迪达斯公司的，没有采取确实有效的对策去扼制竞争对手对自己的威胁，造成今天眼巴巴地看着对手以18个百分点领先自己，在运动服装市场独领风骚的残酷现实。

质量的标准：没有最好，只有更好

质量的标准是绝对优良，不存在最好，只存在更好，任何忽视质量创新，忽视质量追求的企业都无法生产出世界级的产品，也无法最终锁定顾客。

在狼的组织里，永远都是身体最强健、速度最优秀、脑袋最灵光的狼做头领的，那些病或残的个体会在不断的种群竞争中被淘汰。在后代的繁育上，只有领头的阿尔法狼和它的唯一配偶可以有繁衍后代的权力，其他的公狼和母狼都没有这样的权力。阿尔法狼是狼群中最优秀的狼，而它的配偶也是母狼中的佼佼者，它们交配所生育的后代，保证了狼群后代的质量，狼淘汰猎物中的老、弱、病、残，使其被迫进化为更优者。没有狼的存在，生态上将出现弱者淘汰强者。狼族的这种对本种族和自然界的不断质量优化，是其在地球上几百万年的进化中得已延续和造就和谐生存环境的根本力量。

对一个企业而言，企业整体质量、产品质量、服务质量就是企业延续和发展的重要力量。质量管理就是企业生存的管理。

1993年8月，荷兰海内肯啤酒公司回收了它已投放在澳大利亚、瑞士、英国、香港等8个国家和地区市场上的一种玻璃瓶装啤酒。原因是该公司在这种啤酒生产过程中检测出了混有玻璃碎渣的产品，于是怀疑已经投放到国外市场的这种啤酒可能是漏检的危险品。在回收这种啤酒的同时，该公司还大力进行宣传，请上述市场的消费者不要买它的啤酒。

　　海内肯公司是世界第二大啤酒公司，其产品长期来雄踞国际市场，此番要回收已经投放到8个国家和地区的啤酒，可想而知，对其来说，经济损失是十分巨大的，而且也冒着极大的风险。有人说，此举没有必要，即使有残渣的啤酒漏检，其数量相对来说，也是微乎其微的，按通常的做法，对买到这种不合格啤酒的消费者（即使他饮用后受到伤害），给予适当的赔偿就可以了，没必要如此兴师动众，付出偌大的代价。

　　海内肯啤酒是世界名牌啤酒，此番回收啤酒，并劝告人们别买海内肯啤酒，不仅使消费者从今往后对它绝对放心，而且赢得了顾客对其产品的绝对忠诚。等到回收完以后，新的海内肯啤酒重新在市场上出现时，消费者此时掏钱购买海内肯啤酒是毫不犹豫的。

　　海内肯啤酒公司这一冒着极大市场风险的举动，反映了一个企业对消费者高度负责的质量信念。它通过这一事件传达给消费者后，引发了消费者对海内肯啤酒的忠诚，使海内肯公司占领了更大的市场，获取更大的经济利益。

　　质量是维护顾客满意和忠诚的最好保证，要想赢得顾客的忠诚，就要加强产品质量方面的控制，并以高品质的优势去面对市场竞争的挑战，只有这样，才能赢得客户的信赖，赢得市场的回报。

精益求精成就企业核心竞争力

　　企业要想在激烈的竞争中基业长青，就必须建立运转有效的、从产品设计到售后服务全过程的质量保证体系，以完美之心要求自己，打造完美产品。

　　一次，海尔企业的杨绵绵在分厂检查质量工作，在一台冰箱的抽屉里发现了一根头发丝。她立即召开全体相关人员会议，有的职工说，一根头发丝不会影响冰箱的质量，拿掉就是了，没什么可大惊小怪的。但杨绵绵斩钉截铁地告诉在场的干部职工："抓质量就是要连一根头发丝也不放过！"一根头发丝的重量几乎可以忽略，但在今天的海尔人眼中，那一根头发丝和436亿元的品牌价值有着同等的分量。

海尔"一根头发丝"的故事证明了质量对企业发展的重要性。产品质量是指产品适合一定用途、满足消费者需要所具备的特性，即产品的使用功能。质量是消费者最关心的内容，也是产品在竞争之中能否立稳脚跟的关键因素。

著名营销专家菲利普·科特勒给质量下的定义是：一个产品或服务的特色和品质的总和。这些特色和品质将影响产品或服务去满足各种明显的或潜在的需要的能力。具体而言，质量定义包括两个方面的内涵。

（1）质量是一个产品或服务的特色和品质的集中体现。

（2）不仅满足了顾客对产品或服务本身的要求，而且满足了顾客对产品或服务以外的、附加的潜在需求。

质量本质的两方面内涵对应着质量的两种划分。

（1）适用质量。适用质量是顾客追求的根本所在，是产品或服务能够满足顾客需求的核心内容。

（2）性能质量。性能质量是产品除了能够满足顾客的基本需求之外，另外赋予顾客的其他价值。例如，本田汽车和梅塞德斯汽车都是世界汽车的名牌，它们在满足顾客对交通的需求这一点上并无二致，因此可以说这两种汽车的适用质量相同。但是，本田汽车行驶更平稳、更快速、更经久耐用，因此，它比梅塞德斯汽车有更高的性能质量。

企业要想寻找自己特定的知识，就必须做到精益求精。所有的消费者都是理性的，他们总是希望获得最优的产品。只有出色才能超越对手，才能获得市场的青睐。

（1）像对待艺术品一样对待产品质量。劳斯莱斯是一个全球知名的汽车品牌，为了能在竞争中脱颖而出，不只是制造冷冰冰的机器，而是带着热情去雕琢每一个零件，每一道工序制作出来的东西都如同有血有肉的艺术极品。

（2）确保质量零瑕疵。确保质量零瑕疵，就是要使产品具有坚固、耐用、无故障、零噪音等特点。

（3）私人定制，更要保证质量。根据订货人的爱好，选择制造方式。

（4）高质量是企业核心竞争力的重要组成部分。只有极端出色，企业才具有竞争力，才能在市场大潮中获得胜利。精益求精成就企业核心竞争力。

一个企业要想不被超越，不被打败，唯有在质量上做到精益求精，才能在市场上生存并发展下去，长盛不衰。

 ## 雅格布斯定理活学活用：中国乳业的信任危机事件

从2003年开始，奶粉质量不合格的事件开始出现在大众的视野中。从"大头娃娃"到"肾结石"，奶粉的质量问题频频曝光。中国奶粉的风波可谓一波未平一波又起，甚至连原奶都被媒体批为全世界最差。中国乳业遭遇严重的信任危机。

1. "结石婴儿"事件

2009年3月中旬，就有消费者投诉说孩子尿液发红，有结晶出现。厂家请求地方有关部门对产品进行了检测，同时到国家有关部门检测，结果显示产品照样"符合国家标准"。6月份，国家质检总局食品生产监管司网站有消费者投诉，婴儿吃三鹿奶粉后患肾结石。6月底又有消费者报料，在湖南儿童医院，有5名婴儿得了肾结石病，而且这些患病婴儿长期吃的是同一个品牌奶粉。

2. "大头娃娃"事件

从2003年5月起，安徽阜阳地区相继出现婴幼儿因饮用劣质奶粉而腹泻、重度营养不良的情况。据统计，2003年5月以来，因食用劣质奶粉出现营养不良综合征的共171例，死亡13例。2004年3月15日前后，阜阳当地电视台连续7天报道了当地大量婴幼儿食用劣质奶粉后变成"大头娃娃"的消息。消息经广泛报道后，全国由此开始围剿劣质奶粉。

企业要从乳业的信任危机事件中汲取教训，严把产品质量关，做好门口质量的监控，确保投放到市场上的每件产品的质量都达标。只有高质量的产品，才能赢得消费者的信赖，才能在市场上立足，企业才能长久地生存和发展下去。

27 沃尔森法则：
知道多少信息，得到多少收益

美国企业家S.M.沃尔森提出沃尔森法则，强调信息的重要性，具体指信息与情报是金钱的使者，你能得到多少，往往取决于你能知道多少。

羊皮卷上有一句很著名的话，可以用来说明财富就隐藏在信息中："即使是风，也要嗅一嗅它的味道，你就可以知道它的来历。"在当今这个信息瞬息万变的时代，关注信息就是关注金钱，任何的风吹草动都有可能包含着让我们成功的信息。信息已经成为这个时代的决定性力量，及时拥有信息的人，才能拥有财富。在当今社会里，什么都是用信息来衡量的，信息已经成为了这个时代的象征。

你能知道多少，决定你能得到多少

在人生的竞争舞台上，你掌握的信息的优劣和多寡，决定了你的胜算。

信息无论是对于个人，还是对于企业、政府，其重要性怎么强调都不为过。

以前有个做古董生意的人，他发现一个人用珍贵的茶碟做猫食碗，于是假装很喜爱这只猫，要从主人手里买下。古董商出了很高的价钱买了猫。之后，古董商装作不在意地说："这个碟子它已经用惯了，就一块儿送给我吧。"猫主人不干了："你知道用这个碟子，我已经卖出多少只猫了？"

古董商万万没想到，猫主人不但知道，而且利用了他"认为对方不知道"的错误大赚了一笔。

由于信息的寡劣所造成的劣势，几乎是每个人都要面临的困境。谁都不是先知先觉，那么怎么办？为了避免这样的困境，我们应该在行动之前，尽可能掌握有关信息。人类的知识、经验等，都是你将来用得着的"信息库"。

有了信息，行动就不会盲目，这一点不仅在投资领域成立，在商业争斗、军事战争、政治角逐中也一样有效。

《孙子兵法》云："知己知彼，百战不殆。"这说明，掌握足够多的信息对战斗的好处是很大的。在生活的"游戏"中，掌握更多的信息一般是会有好处的。比如，你要恋爱，你得明白他有何所好，然后才能对症下药、投其所好，才不至于吃闭门羹。你猜拳行令，如果你知道对方将要出什么，那你绝对能赢。

信息是否完全会给竞争带来不同的结果，有一个劫机事件的例子可以说明。

假定劫机者的目的是为了逃走，政府有两种可能的类型：人道型和非人道型。人道政府出于对人道的考虑，为了解救人质，同意放走劫机者；非人道政府在任何时候总是选择把飞机击落。如果是完全信息，非人道政府统治下将不会有劫机者（这与现实是相符的，在汉武帝时期，法令规定对劫人质者一律格杀勿论，有一次，一个劫匪绑架了小公主，武帝依然下令将劫匪射杀，公主也死于非命，但此后其国内一直不再有劫人质者），人道政府统治下将会有劫机者。但是，如果想劫机的人不知道政府的类型，那么他仍然有可能劫机。所以，一个国家要防止犯罪的发生，仅有严厉的刑罚是不够的，还要让人民了解那些刑罚（进行普法教育），因为不知道会面临刑罚，就不会用那些法律来约束自己的行为。

有史以来，人们从来没有像现在这样深刻地意识到信息对于生活的重要影响，信息实际上就是你竞争的筹码，我们并不一定知道未来将会面对什么问题，但是你掌握的信息越多，正确决策的可能就越大，就越能取得胜算。

市场经济就是信息经济

市场竞争的优胜者往往就是那些处于信息前沿的人。在同样的条件下，获取信息更快更多的人，就会优先抢得商机。

1865年，美国南北战争接近尾声。由于战事频繁，美国的猪肉价格非常昂贵。

当时有位名叫亚默尔的商人，他从事的正是猪肉供应。亚默尔非常关注战事的发展，他十分注重收集各方面的信息。亚默尔相信，自己一旦抓住别人没有发现的商机，一定能够猛赚一笔。

这一天，报纸上的一则新闻吸引住了亚默尔。这则新闻里提到一个神父在南军的营区里遇到几个小孩，小孩们拿了很多的钱问神父怎样可以买到面包和其他吃的东西。这些孩子的父亲是南军的高级军官，军官们给孩子带回来的马肉非常难吃，孩子们已经好几天没有吃面包了，所以才会到处买面包。

这是一篇很普通的报道，但在亚默尔看来，这里面透漏出一个重要的信息。南军的高级军官已经开始宰杀马匹，足以说明这场战争马上就要结束。而战争一旦结束，整个美国的经济市场也将恢复正常，那么猪肉的价格必然会出现大幅度的回落。对于亚默尔来说，战争的结束就意味着他发财的机会来临。

亚默尔马上与美国东部的猪肉销售商们签订了一个大胆的销售合同，将自己的猪肉以较低的价格卖给对方，并约定迟几天交货。在当时的市场情况下，亚默尔的这批猪肉价格相当便宜。于是，各地的销售商们纷纷与亚默尔签订合同，亚默尔储备的猪肉很快销售一空。

就在亚默尔将猪肉销售出去后，没过多久，南北战争正式宣告结束。受战事的影响，各地的猪肉价格一下子暴跌。销售商们不得不低价处理手中积压的猪肉，价格要远低于收购亚默尔的猪肉价钱。亚默尔在这次的行动中，一共赚取了100多万美元的利润，一举奠定了坚实的商业基础。

报纸上一条并不引人注目的小新闻，亚默尔却能从中发现商机，及时捕捉到信息，并及时利用，从而使自己在这场商战中大获全胜。

现代社会的商机不仅包括政治、社会风气、文化现象等内容，甚至连像经济增长率、贫富比例等一些专业资料都能成为商业信息。

随着经济全球化的来临，面对世界性的竞争与挑战，无论是个人还是商业组织，都应重视对外界信息的收集和利用。能够收集到有用的社会信息，就能及时预测到新的社会需求，便能在市场竞争中"领先一步"，击败对手。

有人说市场经济就是信息经济，其精髓就在于此。从某种意义上说，关注信息就是关注金钱，信息已经成为一种不可忽视的资源，在商海中搏击，学会收集信息，才能抓住有效信息，成为赢家。

罗斯柴尔德家族的信息致富之道

在竞争激烈的市场上，拥有广泛的信息网络，是获得成功的关键。只有掌握了市场的信息，知道市场需求，才能拓展思路，打开局面，在残酷的竞争中站稳脚跟。

罗斯柴尔德家族控制世界黄金市场和欧洲经济命脉达200年之久，他们的成功在于重视信息的收集。这其中，罗斯柴尔德的三儿子尼桑更是一位颇具传奇色彩的人物。年轻时，他在意大利从事棉毛、烟草、砂糖等商品的买卖，很快便成了大亨。最让人称奇的是，他曾仅用几小时的时间，便在股票交易中赚了数百万英镑。

1815年6月20日，伦敦证券交易所充满着紧张气息。尼桑是交易所里举足轻重的人物，他习惯靠着厅里的一根柱子，大家都又称他为"罗斯柴尔德之柱"。

现在，人们都在观望着"罗斯柴尔德之柱"的一举一动。

1815年6月19日，英国和法国之间爆发了著名的滑铁卢战役。如果英国获胜，英国政府的公债将会暴涨；反之，英国公债必将一落千丈。

交易所里的每一位投资者都在焦急地等候着战场的消息，只要能比别人早知道一步，即使只有半小时、数分钟，也可大捞一把。

终于，尼桑有了动作，他开始大量卖出英国公债。"尼桑卖了"的消息马上传遍了交易所，于是，所有的人毫不犹豫地跟进。瞬间英国公债暴跌，尼桑仍继续抛出。当英国公债的价格跌得不能再跌时，尼桑却突然开始大量买进。

交易所里的人给弄糊涂了，这是怎么回事？追随者们方寸大乱，在不知所措之际，传来英军获胜的消息。交易所内又是一阵大乱，英国公债价格暴涨。低价买进公债的尼桑，因此发了一笔大财。

表面上看，尼桑似乎在进行一场赌博。如果英军战败，他岂不是损失一大笔钱？实际上，这一切都是尼桑根据自身掌握的信息精密设计好的。

滑铁卢战役的胜负决定英国公债的行情，这是每一个投机者都十分清楚的。每一个人都渴望比别人先一步得到准确的情报，尼桑也不例外。

战事发生在比利时首都布鲁塞尔南方，与伦敦相距非常遥远。当时既没有无线电，也没有铁路，主要靠快马传递信息。而在滑铁卢战役之前的几场战斗中英国均吃了败仗，所以大家对英国获胜并没有太大的希望。

而尼桑并不依靠官方，他有自己的情报网，可以比英国政府更早知道战事情况。

罗斯柴尔德家族遍布西欧各国，他们视信息为家族繁荣的命脉，所以很早就建立了横跨全欧洲的专用情报网，并不惜高价购置当时最先进的设备，从商务信息到社会热点无一不被其收录。正是因为有了这样高效率的信息网，尼桑才能比英国政府抢先一步获得滑铁卢的战况。

在获得信息后，尼桑并没有迫不及待地买进，而是利用自己的影响先设一个陷阱，造成一种假象，引起公债暴跌，然后再以最低价购进，最终获利匪浅。

尼桑的故事，足以说明信息对于决策的重要性。

经济学家纳什说过："当对手知道了你的决定后，就能作出对自己最有利的决定。"同样，在策略选择中，信息是最关键的因素。只有掌握了信息，才能作出准确的行动，才能避免失误，不走弯路，快速赢得成功。

要有一双洞察信息的慧眼

在知识经济时代，要在变幻莫测的市场竞争中立于不败之地，你就必须准确快速地获悉各种情报：市场有什么新动向？竞争对于有什么新举措？在获得了这些情报后，果敢迅速地采取行动，这样你不成功都难。

信息与情报的商业价值在于，它们直接影响到企业的命运，是企业成功的关键因素。所以，美国企业家沃尔森提出了沃尔森法则，强调信息的重要性。

现在，随着网络的普及，我们正走入信息经济时代，但有几个人能像亚默尔那样，找到对自己有效的信息？如今，人们追求的已经不是信息的全面性，而是信息的有效。越来越多的信息充斥着电脑的荧屏，人们绝不可能困在对全面信息的无限追求中，那将浪费过多的时间和成本。只要能收取到对市场影响最本质的有效信息，就足够了。

春秋时代，秦穆公对伯乐说："你的年纪大了，你能给我推荐相马的人吗？"伯乐说："我有个朋友叫九方皋，这个人对于马的识别能力，不在我之下，请您召见他。"穆公召见了九方皋，派他去寻找千里马。三个月以后九方皋返回，报告说："已经找到了，在沙丘那个地方。"穆公问："是什么样的马？"九方皋回答说："是黄色的母马。"

穆公派人去取马，却是纯黑色的公马。穆公很不高兴，召见伯乐，对他说："你推荐的人连马的颜色和雌雄都不能识别，又怎么能识别千里马呢？"伯乐长叹一声，说："九方皋所看见的是内在的素质，发现它的精髓而忽略其他方面，注意力在它的内在而忽略它的外表，关注他所应该关注的，不去注意他所不该注意的，像九方皋这样的相马方法，是比千里马还要珍贵的。"马取来了，果然是千里马。

这则故事就是成语"牝牡骊黄"的出处，说明只有透过现象看本质，才能提取有效信息，才能发现真正有价值的东西。在生活中面对同样的信息，不同的人可能作出不同的解读，从而作出不同的决策，这种差别来源于对有效信息的提取不同。

我们生活在信息社会中，要提升自己提取有效信息的能力。有句话说得好，"世界上从来不缺少美，而是缺少发现美的眼睛"，运用到经济生活中也是同样的道理——生活对大家都是平等的，也从来不缺少成功机会，我们需要有一双敏锐的慧眼，发掘有效信息。

信息与情报给企业带来巨大利益的同时，也给许多企业敲响了警钟：信息既能带来滚滚财富，同样信息的外泄也会让企业遭到致命的打击。

沃尔森认为，具备了一流的人才与技术只说明企业具备了生产一流产品的能力，这种能力如果没有灵活地、高效地、及时地把握市场前沿信息的信息系统作为保障，也会化为乌有。同时，沃尔森认为，信息与情报关乎企业的方方面面，企业不但要注重内部信息，而且更要重视外部信息；不但注意搜集、把握信息，而且要做好信息保密工作。

不做井底之蛙，富在信息时代

在信息经济时代，如果注重收集社会信息情报，就能及时预测到新的社会需求，从而能在激烈的市场竞争中领先一步，挫败竞争对手。

有一只青蛙生活在井里，这里有充足的水源。它对自己的生活很满意，每天都在欢快地歌唱。

有一天，一只鸟儿飞到这里，便停下来在井边歇歇脚。

青蛙主动打招呼说："你从哪里来啊？"

鸟儿回答说："我从很远的地方来，要到很远的地方去，所以感觉很劳累。"

青蛙很吃惊地问："天空不就是那么大点吗？你怎么说是很遥远呢？"

鸟儿说："你一生都在井里，看到的只是井口大的一片天空，怎么能够知道外面的世界呢？"

青蛙听完这番话后，不以为然，它想："世界就是这么大呀！"

后来，井水干涸，青蛙渴死了。

　　这是一个人们早已熟悉的寓言故事。故事中的青蛙由于不了解外面的信息，便以为世界只有"井口那么大"，从而不愿跳出井口，寻找另外的生活，最终落得个被渴死的下场。

　　在现实生活中，仍然可以看到许许多多的"井底之蛙"，他们陶醉在自我的狭小领域中洋洋自得。

　　随着经济全球化的来临，无论企业还是个人，都将面临世界性的竞争与挑战，因此必须重视对外界信息的收集和利用。只有这样，才能更好地应对激烈的市场竞争。

　　日本昭和市丸交通公司总经理市丸良一就是因注重收集信息情报而取得成功的。

　　市丸良一的公司起源于市丸家的酱油铺。由于小本经营，难以同大企业竞争，市丸家的酱油铺只好改做淀粉生意，取名"市丸产业公司"。后来，公司获得了关于淀粉供求信息的情报。当时日本处于战后恢复时期，对淀粉的需求量很大，而做淀粉的原料甘薯主要出产于气候温暖的南方鹿儿岛县。市丸产业公司占有"地利"之便，公司经营得很顺利。由于得到了准确的市场供求信息，市丸产业公司在短短的几年时间内发展成为一家庞大的企业，在日本淀粉公司中居第三位。

　　后来，在日本进入经济高速发展时期以后，日本农林省决定减少淀粉公司的数目。在提前获得此准确情报后，已经当上市丸产业公司总经理的市丸良一当机立断，于1976年买进3辆小汽车，改营出租汽车业。市丸良一全力以赴，只用两年时间就正式办起了市丸交通公司，到1984年发展为九州最大的出租汽车公司，共拥有出租汽车369辆。

　　在经营出租汽车事业的同时，市丸良一又发现不动产业有利可图，便设立市丸商事公司，做起了修建和出租公寓事业。他又利用西乡隆盛（日本明治维新时的著名人物，出生于鹿儿岛加治屋）逝世100周年，以及他在鹿儿岛人心目中崇高的威望大做广告，宣传他建筑的加治屋公寓，使其公寓的销路十分顺畅。

　　市丸良一就是这样一个善于捕捉信息和分析形势，经营得法的企业管理者。现在，市丸商事公司已成为鹿儿岛最大的公寓开发商。毫无疑问，市丸良一之所以在商业上取得了巨大的成功，与他注意信息情报的收集是分不开的。

沃尔森法则活学活用：时刻保持对信息的敏感

获取信息的能力是需要培养的，下面的游戏是一个很好的选择。

游戏说明：

参与人数：5人一组；时间：15分钟；场地：教室；材料：一则短文。

游戏的步骤：

从报纸或杂志上摘取一篇两三段的文章，注意选择的文章不要很热门，要保证大家都不熟悉。

将参与游戏的人分成5人一组，并按顺序编号。

请每组的1号留在房间里，其他人先出去。

把摘取的文章念给各组的1号听，但是不允许他们做记号或者提问。

接下来分别请每组的2号进来，让1号把听到的内容告诉2号，2号也不许做记录和提问。以此类推，直到5号接收到信息为止。

最后，请每组的5号复述他们听到的文章的内容。

游戏建议：

我们都知道，信息在传递的过程中会失真，即使一段简单的话，经过几个人的传递也会变样。这不仅因为人们在听的过程中漏掉了信息，更因为每个人在传递信息时都不自觉地加入了自己的理解，使得信息越来越偏离它本来的意思。做这个游戏的时候，要注意以下几点内容。

（1）注意聆听和沟通，以免漏掉有用信息，这样才能将正确、准确的信息传递下去。

（2）造成信息失真的原因有很多，主观因素有本人的记忆力、理解力和表达能力，客观因素有当时的环境和传递者对传递内容的熟悉程度。

（3）提高听力的有效方法有很多，比如做笔记、默记故事的关键词，最有效的就是记下故事里的逻辑关系，这样无论文章多长、关系多复杂，都不会影响我们获取有用的信息。

28 冰山理论:
你看到的远少于实际存在的

　　1895年，心理学家弗洛伊德与布罗伊尔合作发表《歇斯底里研究》，弗洛伊德著名的"冰山理论"也就传布于世。弗洛伊德认为，人的人格有意识的层面只是这个冰山的尖角，其实人的心理行为当中的绝大部分是冰山下面那个巨大的三角形底部，那是看不见的，但正是这看不见的部分决定着人类的行为，包括战争、法西斯，人跟人之间的恶劣的争斗等。

　　冰山运动之所以雄伟壮观，是因为它只有1/8在水面上。眼睛所看到的总是远远小于看不到的，而且浮在水面上的只是很小的一部分信息，隐藏在水面下的才是大部分重要的信息。能否发掘出水面下的大部分信息，充分为自己所用，是解决问题的关键所在。

你看到的信息不过是冰山一角

受各种因素的影响，我们认识世界的能力是有限的，甚至有时候我们所看到的世界并不一定是最真实的世界。我们不可能洞悉一切事物，实际上我们眼睛看到的远远小于看不到的。

冰山理论实际上就是向我们昭示，我们生活在一个信息不完全的世界中。

在生活中，随处可见信息不完全的情形。比如，你加倍努力干好工作，老板理应多付你工资，但因为他对你的努力程度只是有个模糊概念，所以你的业绩奖金只是你薪水的一小部分。如果老板能完全看清楚你的能力与努力，他就可以将你的薪水与表现挂钩。

如果我们把一个员工的全部才能看作一座冰山，浮在水面上的是他所拥有的资质、知识、行为和技能，这些就是员工的显性素质，可以通过各种学历证书、职业证书来证明，或者通过专业考试来验证。潜在水面之下的东西，包括职业道德、职业意识和职业态度，我们称之为隐性素质。显性素质和隐性素质的总和就构成了一个员工所具备的全部职业素质。

在青年人经常遭遇的招聘过程中，冰山理论也可以用来解释很多问题。比如：

为什么有经验的"海归"大受欢迎？

为什么有外企背景的人找工作相对容易很多？

为什么有些人学历低收入却很高？

为什么有些人总是能够得到赏识和重用？

相反的，我们再看看另一些问题：

为什么许多企业明确表明不招聘应届毕业生？

为什么经历丰富的你，专业很好，求职却屡受打击？

为什么你总是得不到提升，也得不到高薪？

为什么你做事，老板总不满意？

职业化素质既然有大部分潜伏在水底，就如同冰山有八分之七存在于水底一样，正是这八分之七的隐性素质支撑了一个员工的显性素质。显性的因素就像浮于海面上的冰山一角，事实上是非常有限的；冰山水底的隐性因素，在更深层次上影响着员工的发展。这就可以用来解释为什么外企背景的人找工作较受欢迎，工作环境和团队精神及职业精神的培养是外企经常强调的，所以这些人的隐性素质就相对较高，发展前景也会比较好。

因此，我们应该在注重培养显性素质的同时，仍需要培养自己的隐性素质，特别是自己的职业精神、学习能力、团队意识等，并将这些融入自己的职业生涯中，让"冰山"的支持更加牢固。

挖掘冰山下更珍贵的信息

我们所看到的信息不过是露出海面的冰山一角，很多有价值的信息都是隐性的，不轻易显露出来，能否发现并挖掘出这些隐藏于冰山下面的珍贵信息，是决定竞争成败的关键所在。

有一位工程师和一位经济学家是无话不谈的好友。一次，两人相约赴埃及参观著名的金字塔。到埃及后，工程师某天独自徜徉在街头，忽然耳边传来一位老妇人的叫卖声："卖猫啦，卖猫啦！"

工程师一看，在老妇人身旁放着一只黑色的玩具猫，标价500美元。这位妇人解释说，这只玩具猫是祖传宝物，因孙子病重，不得已才出售，以换取治疗费。工程师用手一举猫，发现猫身很重，看起来似乎是用黑铁铸就的。不过，那一对猫眼则是珍珠镶的。

于是，工程师就对那位老妇人说："我给你300美元，只买下两只猫眼吧。"

老妇人一算，觉得行，就同意了。工程师高高兴兴地回到了宾馆，对经济学家说："我只花了300美元，竟然买下两颗硕大的珍珠。"

经济学家一看这两颗大珍珠，少说也值上千美元，忙问朋友是怎么一回事。

当工程师讲完缘由，经济学家忙问："那位妇人是否还在原处？"

工程师回答说："她还坐在那里，想卖掉那只没有眼珠的黑铁猫。"

经济学家听后，忙跑到街上，给了老妇人200美元，把猫买了回来。

工程师见后，嘲笑道："你呀，花200美元买个没眼珠的黑铁猫。"

经济学家却不声不响地坐下来摆弄这只铁猫。突然，他灵机一动，用小刀刮铁猫的脚，当黑漆脱落后，露出的是黄灿灿的一道金色印迹。他高兴地大叫起来："正如我所想，这猫是纯金的。"

原来，当年铸造这只金猫的主人，怕金身暴露，便将猫身用黑漆漆过，俨然一只铁猫。

看过泰坦尼克号电影的人对电影中的冰山，应该都记忆犹新。冰山之所以如此壮观，并不是因为它显露在海上的一角，而在于沉没于海中的庞大底部。

美国著名作家海明威也曾在他的纪实性作品《午后之死》中，第一次把文学创作比作漂浮在大洋上的冰山，他说："冰山运动之雄伟壮观，是因为他只有八分之一在水面上。"文学作品中，文字和形象是所谓的"八分之一"，而情感和思想是所谓的"八分之七"。前两者是具体可见的，后两者是寓于前两者之中的。后来，大家在研究任何文学作品的时候，总是首先要搞清楚水下的"八分之七"，因为这一部分是冰山的基础。

世界上的很多道理都是相通的，就如同故事中的经济学家，看到工程师买到了珍珠猫眼，便料定那一尊黑猫不可能是铁铸成，从而获得了巨大收益。

少校的命令与信息传递的失真

完全信息是作出有效决策的前提条件，谁获得的信息丰富又准确，谁必定在经济生活中先行一步。

某部队的一次命令传递的过程是这样的：

少校对值班军官说："今晚8点左右，在这个地区可能看到哈雷彗星，这种彗星76年才能看见一次。命令所有士兵身穿野战服在操场上集合，我将向他们解释这一罕见现象。如果下雨的话，就在礼堂集合，我为他们放一部有关彗星的影片。"

值班军官对上尉说："根据少校的命令，今晚8点，76年出现一次的哈雷彗星将在操场上空出现。如果下雨，就让士兵身穿野战服前往礼堂，这一罕见现象将在那里出现。"

上尉对中尉说："根据少校命令，今晚8点，非凡的哈雷彗星将军将身穿野战服在礼堂出现。如果操场上有雨，少校将下达另一个命令，这种命令每隔76年才下达一次。"

中尉对上士说："今晚8点，少校将带着哈雷彗星在礼堂出现，这是每隔76年才有的事。如果下雨，少校将命令彗星穿上野战服到操场上去。"

上士对士兵说："在今晚8点下雨的时候，著名的76岁的哈雷将军将在少校的陪同下，身穿野战服，开着他那辆'彗星'牌汽车，经过操场前往礼堂。"

这个故事虽有戏谑的成分，不过在我们的日常生活中却常有类似的事情发生。中国有句俗话，"三人成虎"。一个人说街上有老虎，人们不信；两个人说街上有老虎，人们开始有点相信；当三个人都说街上有老虎时，即使街上根本没有老虎，人们也会相信。

少校的命令在转述中变样，三人成虎，这些都是信息在传递过程中的失真。

随着经济学研究的深入，特别是随着社会信息化进程的加快，人们认识到，信息在传递的过程中，往往存在失真的可能性。而信息的失真又会给我们带来额外的成本，因此，我们需要利用现代信息技术，减少信息传递的不必要环节。

比如在企业中，可以建立扁平化企业组织，这样能最大幅度降低信息失真成本。此外，还可以建立一套避免信息失真的保障制度，对那些专门制造虚假信息的提供者给予相应的处罚。

从所罗门王判案看信息甄别

铺天盖地的信息常常泥沙俱下、鱼龙混杂，这就需要我们对各种信息加以分析甄别，去粗取精，去伪存真，筛选出真正有价值的信息为己所用。

《列王纪上》中记载了所罗门王判案的故事：

两位母亲争夺一个孩子，双方都声称自己是孩子的亲生母亲，僵持不下。在那个没有亲子鉴定、DNA检测的时代，不可能用科技手段证明事实的真相。主持调解的所罗门王下令手下拿把刀来，告诉她们，将孩子一斩两半，两人各得一半。这时一位母亲的反应是："我得不到孩子，她也别想得到，斩就斩"，另一位母亲则哀求："王啊，求你不要斩孩子，我把孩子让给她好了"，所罗门王此时已经知道心疼孩子的是真正的母亲，就把这个孩子判给了她。

所罗门王判案是一次典型的信息甄别案例。在市场经济中，消费者面对琳琅满目的商品和纷繁的信息，甄别是一项非常复杂的工作。信息甄别是市场交易中没有私人信息的一方为了减弱非对称信息对自己的不利影响，能够区别不同类型的交易对象，而提出的一种交易方法。

在所罗门判案的例子中，其实所罗门王并没有将孩子劈为两半，而是发出"将孩子劈为两半"的信号来甄别谁才是孩子的母亲。在我们经济生活中，信息发送与信息甄别是比较常见的。

市场中的卖方，如果手中的商品有可能不为顾客所熟悉，但是商品质量确实比较高，他就会主动将商品信息向买方传递，让买方了解商品的信息。我们在市场中可以看到这样的情形：卖西瓜的小贩，会问你要不要给你挑好的西瓜切个三角形口子，如果不是鲜红的瓜瓤就不要你的钱了，这就是信号发送。

市场中的买方，因为怕自己得不到商品的真实信息而吃亏，面对纷繁的信息来源，买方必须运用自己的信息甄别能力来作决策。比如你要买一件羽绒服，就要想方设法知道里面究竟是鸡毛还是鸭绒。

为了降低信息甄别的成本，买方往往会要求卖方提供有关私人信息的可靠证据。当你买一件较贵重的物品时，对实际价值与价格不能鉴别，正在犹豫要不要买，老板有可能将他进货的发票在你面前晃一下，以表示这样的价格他只赚点毛利。当你真的看到发票上的价格时，你便坚定了买的决心。

一般来说，甄别信息的方法主要有以下几种。

（1）根据信息来源途径判别。第一手信息资料是相对可靠的，如果是道听途说，可靠程度就会降低。

（2）不盲目相信自己已获取的信息。根据自己的理性判断以及原有的经验来判断，不对获取的信息轻易下结论。

（3）多渠道获取信息。扩大信息获取的途径，广泛的信息量有助于自己作出理性的决策。

（4）向权威机构核实。比如自己不能对市场上的高仿真钞票进行鉴别，应该向银行或其他部门核实。

准确把握信息，回避逆向选择

虚假错误的信息让人走尽弯路，陷入逆境。掌握真实可靠的信息，是我们避免挫折、顺利走向成功的关键。

现代社会的发财商机几乎包括政治、社会风气、文化现象等多方面的内容，甚至对于有些经营者来说，人类出生率的高低和贫富比例这些专业的资料都是商业信息。或者再深入一些，其他同行公司的生产动向，自己公司生产的产品是否受消费者的欢迎，等等，都是我们所讲到的信息。

对于一般人来讲，如果市场发生大的变动或提供大的契机，是很容易发现的。因为这些机遇的征兆很明显，信息的暗示性很强烈。但是，这样的信息被大多数人捕获，真正属于你的机会有多大呢？所以，要想独辟蹊径地寻找生财机会，就必须留意那些被大多数人忽略掉的"小"信息。

在社会上，谁掌握了信息，谁就掌握了整个局面，而如果信息闭塞，那么就会陷入逆向选择的困境。

例如，你用很少的钱买了一箱银元，你觉得自己占了便宜，那么判断此箱银元是真是假的就至关重要。一旦是赝品，哪怕它被铸造得再逼真，你也彻底赔掉了，除非你把银元再卖给别人。在信息不对称的情况下，也就是大家对银元都不知道真假，都没有判断银元真假的技术的情况下，这箱银元便会在市场上流通。如果你碰见一个技术高手或者碰见一个检察机关的工作人员，那么你就可能赔了夫人又折兵。这是投资里的逆向选择，是由信息隐匿造成的，因为对项目信息没有全面而深刻的把握和了解。

在生活中，所有成就大事业的人，都对信息十分敏感，他们往往信奉信息决定一切，掌握了信息也就掌握了世界的理念，所以在他们的事业发展过程中，经常是一片坦途，很少发生逆向选择的触礁事故。

在信息经济时代，我们每个人应当及时捕捉信息，并及时利用，让信息为你所用，实现你的生财梦想。

冰山理论活学活用：养成高效收集信息的习惯

鲁迅的"拿来主义"是有选择地、是为我所用地拿，在这个信息泛滥的时代，聪明的"拿来主义者"都是善于收集信息的高手。我们在收集信息的时候，应当剔除无效信息，保留有效信息，充分利用信息作出正确决策，从而在成功的路上走得很顺畅。

有价值的信息不会自动跳进你的眼帘，需要你用心去寻找搜集。我们不要坐在那里被动地等待别人提供信息，当你确实需要资讯时，必须要主动地去搜集，养成高效收集信息的习惯。

如何养成高效收集信息的习惯呢？应当从以下几方面着手。

1. 要主动

优秀的人应当主动去"关心"信息，因为这是搜集信息的一个好方法。例如，在大街上，当你听到消防车喇叭声大作时，你会问："哪里失火了？哪里出现了紧急情况？"只有主动询问，你才能立刻了解到哪里出现了事故。当看到街头上围了一大群人，你要走上前挤进去，才能看得见那里发生了什么事。因为，要掌握一件事情的真相，光有好奇心是不够的，还要尽可能地亲身经历或亲眼所见。要搜集资讯，就必须主动出击，抢先获取第一手资料。当然，我们还应当培养自己判断价值信息的能力，这样才能在浩如烟海的信息世界里找到对自己有用的信息。

2. 要善于"套"情报

根据对信息的保密程度来划分，人不外乎两类：主动传播型和缄默型。当知道一项内部资讯时，主动传播型的人，不用你去问，他都会跑来告诉你整个事情的始末，并且会添油加醋；而缄默型，会三缄其口，不随意传话。

对缄默型的人，你要想办法从他们嘴里"套"出话来。你不能开门见山，要旁敲侧击。对主动传播型的人，无论他说给你什么，你都要很有兴趣地听完它，而不要对自认为有价值的就认真听，觉得没用的就提不起精神。否则，以后他就不会再告诉你什么东西了。

3. 建立个人信息网络

建立个人信息网络的重要性在于，当你想要哪一类资讯时，立刻可以找到能提供这方面信息的人；当你想得到最具权威性的资料时，马上有人为你提供最为科学的建议。怎样来建立你的信息资讯网呢？可以先以你的知交良朋、同一母校的校友、同时进入公司的同事、上各类培训班时认识的学员、同行业里认识的朋友为基础，逐渐扩大你的信息网络。若善加利用，这个网将是你一生中最为宝贵的财富之一。

4. 学会适当透露情报给别人

光是别人给你提供信息情报，你却不给别人透露一些他想要的资讯，这样的关系是不可能长久的。你必须提供令对方满意的情报，别人才会给你需要的信息。

5. 不要随便传播所得情报

一般来说，对方信任你，才会告诉你内部参考、内幕消息和独家机密，而且他们往往会叮嘱你"千万不要告诉别人"。如果你把这些事情随便告诉了其他人，一旦传到了当初告诉你的那个人耳中，以后你再也不能从他那里得到什么有价值的信息了。

29 格乌司原理:
定好对了，世界就对了

　　格乌司原理由俄罗斯人格乌司提出。格乌司将一种叫双小核草履虫和一种叫大草履虫的生物，分别放在两个相同浓度的细菌培养基中，几天后两种生物的种群数量都呈S形曲线增长。然后他又把它们放入同一环境中培养，几天后双小核草履虫仍自由地活着，而大草履虫却已消逝得无影无踪。他经过观察发现，双小核草履虫在与大草履虫竞争同一食物时增长比较快，大草履虫被赶出了培养基。

　　接着，格乌司又做了一种相反的实验。他把大草履虫与另一种袋状草履虫放在同一环境中进行培养，结果两者都能存活下来，并且达到一个稳定的平衡水平。这两种虫子虽然竞争同一食物，但袋状草履虫占用的是不被大草履虫所需要的那一部分食物。

　　格乌司原理，是指在大自然中，各种生物都有自己的"生态位"：亲缘关系接近的，具有同样生活习性的物种，不会在同一地方竞争同一生存空间。应用在企业经营上就是，同质产品或相似的服务，在同一市场区间竞争难以同时生存。

茅台啤酒为何不闻名

定位的力量来自对认知优势的充分发掘，所以定位的首要原则就是符合顾客已有的认知。一旦品牌认知与定位相冲突，就很难获得成功。

某省一位茅台啤酒代理商百思不得其解：茅台这么大的牌子，可茅台啤酒就为啥不被市场所接受呢？作为中国白酒类第一品牌的延伸产品——茅台啤酒，按品牌法则应当是红红火火的，可是什么原因使茅台啤酒这么多年来一直没做起来呢？

茅台啤酒也曾做过定位：茅台啤酒，啤酒中的茅台。其广告一段时间内也在央视强势推出，可市场反应平平。但是还是有很多消费者会反问：茅台也有啤酒？茅台生产啤酒吗？

一个冠名茅台的啤酒就和茅台白酒一样好！这个逻辑行得通吗？这些年茅台啤酒可以说是陷于困境：普通的人嫌它价贵不消费，高端人士不喝，因为没有消费它的理由。白酒价有高低之分，产品形象有尊贵之别。而啤酒却只有价格高低之分，没有产品形象尊贵之别！所以在地摊小店喝哈啤的人不会感到很有面子，而在五星酒店喝哈啤的人也不会感到丢面子。

茅台啤酒之所以不能像茅台白酒一样热销起来，关键在于定位不明，得不到市场和顾客的认可和接受，最终走向失败。

娃哈哈从AD钙奶到纯净水的延伸成功了，但向童装的延伸却失败了。从AD钙奶到纯净水的延伸，其实后者是借助了前者品牌在渠道和分销上的优势。而童装呢？渠道的优势完全没有了，它期望利用的是它品牌儿童专家的定位。娃哈哈是儿童专家吗？"娃哈哈？你说的是那个生产纯净水的吗？"产品定位是建立在消费者认可的基础上的。

就产品定位而言，至少存在以下五方面的误区。

1. 把品牌定位看作市场划分

这个问题的关键是在业务战略或市场细分、目标市场选择时就应该搞定。因为，在市场细分时，这个变量是不可或缺的。所以，品牌定位不是市场划分。

2. 把品牌定位看作产品差异化

定位也讲差异化，但更多的是战略层面的，在同一定位下面，不同产品可以有不同的差异化策略。

3. 把品牌定位看作竞争优势

比如，一个品牌的定位是"天然"，他们的员工会到处说："天然是我们的优势。"这句话，就把定位和竞争优势画等号了。

4. 把品牌定位看作广告语

从广告语里能够看出一个品牌的定位和承诺。但广告语可以不断更换，定位却不可以。

5. 把品牌定位看作企业价值观

很多企业老板们把定位和企业文化画等号。在企业里，如果一定要划分大小的话，企业价值观应该大于品牌定位，它是针对企业生存价值而言的，是企业标准、做事原则、员工风气等，通俗来讲，是企业的宗教。而品牌定位是针对消费者而言的，是考虑到价值观基础上的，与消费者直接沟通的工具。

当科技使人类生活获得更多自由后，人们对品牌的认识不仅停留在功能上，更是扩充到情感世界、生活态度等概念上。如星巴克在10年前还只是一个咖啡店的名字，今天已经成为一种生活标志。所以越来越多的企业用概念跨越的方法来打造单一品牌的多领域跨越。

由于不少企业对定位普遍的误读、误解、误用，一方面造成企业以为自己懂定位，有定位，在用定位；另一方面企业营销普遍受困于定位瓶颈，造成产品滞销、竞争乏力的矛盾局面。

要找到适合自己的"生态位"

企业在竞争中应当首先要看清自己的位置，明确自己处于什么样的竞争态势，找到适合自己的"生态位"，做到经营策略与自己所站的市场位置相符合，才能保证公司稳步前行。

在经营中，定位决定市场成功。定位就是要让自己进入消费者的大脑，让消费者对你的产品有个清晰的了解。这一理念，多年来一直影响着世界企业的市场营销战略。

企业在全面了解、分析目标消费者、供应商需求的信息以及竞争者在目标市场上的位置后，再确定自己的产品在市场上的位置及如何接近顾客，这样才能使营销获得最大限度的成功。

总的来说，企业要作出正确有效的定位，往往需要遵循一定的步骤。

1. 确定定位层次

确定定位层次是定位的第一步。确定定位层次就是要明确所要定位的客体，这个客体是行业、公司、产品组合，还是特定的产品或服务。

2. 识别重要属性

定位的第二步是识别影响目标市场顾客购买决策的重要因素。这些因素就是所要定位的客体应该或者必须具备的属性，或者是目标市场顾客具有的某些重要的共同特征。

3. 绘制定位图

在识别出了重要属性之后，就要绘制定位图，并在定位图上标示出本企业和竞争者所处的位置。一般都使用二维图。如果存在一系列重要属性，则可以通过统计程序将之简化为能代表顾客选择偏好的最主要的二维变量。定位图选择的二维变量，既可以是客观属性，也可以是主观属性，还可以是将两者结合起来的，但无论是选择主观属性，还是客观属性，都必须是"重要属性"。

4. 评估定位选择

里斯和屈劳特曾提出三种定位选择。一是强化现有位置，避免正面打击冲突；二是寻找市场空隙，获取先占优势；三是竞争者重新定位，即当竞争者占据了它不该占有的市场位置时，让顾客认清对手"不实"或"虚假"的一面，从而使竞争对手为自己让出它现有的位置。

5. 执行定位

定位最终需要通过各种沟通手段，如广告、员工的着装和行为举止以及服务的态度、质量等载体传递出去，并为顾客所认同。

企业要想得到平衡顺利的发展，首要的一步便是考察市场，因为一个地方的自然条件、地理条件及各种政治、经济、文化、交通等因素，对于各种经营的成败有着至关重要的影响。只有做好市场考察，才能有的放矢，才能赢在起跑线上。

市场定位准确是品牌成功的关键

所谓定位，就是让品牌在消费者的心智中占据最有利的位置，使品牌成为某个类别或某种特性的代表品牌。这样当消费者产生相关需求时，便会将定位品牌作为首选，也就是说这个品牌占据了这个定位。

奇瑞QQ是现代都市的一道亮丽的风景线，它之所以能迷倒这么多人，是与它对市场的准确定位分不开的。

奇瑞QQ的目标客户是收入并不高但有知识、有品位的年轻人，同时也兼顾有一定事业基础、心态年轻、追求时尚的中年人。一般大学毕业两三年的白领都是奇瑞QQ潜在的客户，人均月收入2 000元即可轻松拥有这款轿车。

许多时尚男女都因为奇瑞QQ的靓丽、高配置和优良的性价比而把这个可爱的小精灵领回家，从此与奇瑞QQ结成快乐的伙伴。

为了吸引年轻人，奇瑞QQ除了轿车应有的配置外，还装载了独有的"I-say"数码听系统，成为"会说话的奇瑞QQ"，堪称目前小型车时尚配置之最。

据介绍，"I-say"数码听是奇瑞公司为用户专门开发的一款车载数码装备，集文本朗读、MP3播放、U盘存储等多种时尚数码功能于一身，让QQ与电脑和互联网紧密相连，完全迎合了离开网络就像鱼儿离开水的年轻一代的需求。

在产品名称方面，QQ取自网络语言，意思为"我找到你"，如此一来，就使得奇瑞QQ突破了传统品牌名称非洋即古的窠臼，充满时代感的张力与亲和力，同时简洁明快，朗朗上口，富有冲击力。

在品牌个性方面，奇瑞QQ被赋予了"时尚、价值、自我"的品牌个性，在消费群体的心理情感中注入品牌内涵。

　　企业通过品牌定位有效地建立品牌与竞争者的差异性，以在消费者心中占据一个与众不同的位置。在产品越来越同质化的今天，要成功打造一个品牌，品牌定位已是举足轻重。

　　品牌的市场定位，就是要确定企业的品牌情感到底是要凝聚在谁的身上。对于大多数做产品的企业来说，这种品牌情感一定是落在需要你产品的那群消费者身上。如果说你的品牌情感不是建立在需要你产品的那群人身上，而是在另外的群体身上，那么你的品牌就没有价值了。

　　为此，你需要做到以下几点。

　　第一，找准自己的品牌所面向的人群，比如儿童、青年人等。

　　第二，着重于向目标群体进行宣传。

　　第三，务必使自己的产品符合你所定位的那个群体的要求。

常存忧患意识，立于不败之地

　　在市场丛林中，企业所面临的危机无处不在，如果不懂得以危机作为自己成长和进步的动力，就会难逃失败的宿命。企业要时刻保持危机意识，不断调整自己的经营战备，才能在竞争中立于不败之地。

　　一个物种只有一个"生态位"，但这并不排斥其他物种的侵占。商业竞争也一样，企业的产品在刚开始进入某个特定市场时，往往没有竞争对手，形成竞争前"生态位"。

　　但是，只要市场是开放的，很快就会有其他竞争者大举进入该市场，形成"生态位"的部分重叠。如果市场容量极大，大家尚能暂且相安无事，但随着市场份额的相对缩小，竞争就会日趋激烈。这时，企业无论大小强弱，都要像狮子与羚羊一样训练快速奔跑，否则你就会被"吃"掉。

　　早年，澳大利亚的牧场经常有狼群出没，牧民的羊群常遭到狼的袭击，损失不小。于是，牧民们求助政府，要求将狼群赶尽杀绝。很快，在人类的捕杀下，狼在澳洲大陆消失了。

没有了天敌的羊群，数量开始激增。牧民们非常高兴，认为美好的生活就要到来。可是，好景不长，没过几年，羊群的繁殖能力大为下降，而且大多体弱多病，羊毛的质量也大不如从前。

原来，失去了狼群的威胁，羊的生存能力与繁殖基因开始退化，最终导致羊群的数量和质量下降。这样的结果不是牧民们所期待的，于是，他们再次请求政府，希望重新引进狼群，增强羊群的体质。最终，狼群得以重回澳洲草原，羊的质量果然迅速回升。

可见，竞争能带来活力。对于个人，大家在你追我赶的激烈追逐中能共同获得迅速的进步；同样，企业的活力也往往来源于竞争的威胁。商家之间的竞争，不但会促使其改善服务与产品质量，往往还会使其做出调整管理结构的举措，从而保持长久的竞争力。消费者们往往会在竞争中享受到降价以及服务与产品质量提高的实惠；经营者也会因消费增长而获得更多的利润。竞争不但激发了企业的商业创新能力，还有效提升了企业的生存能力。

在竞争中，无论企业还是个人，强者与弱者的结合，才是对自己"生态位"的高度发挥。老虎是强者，但由于人们对其生存环境的开发，使得其数量越来越少。被视为弱者的老鼠，虽然时刻都面临着被人类迫害的命运，但还是到处都有。

因为老鼠的"生态位"没有发生根本的变化，使得它可以避开老鼠药和人们的棍棒而生存。

同样，衡量企业成功的标准是生存，而不是强大。事实证明，世界上的好企业都是百年不衰的企业。

做企业不是"百米冲刺"，而是"马拉松赛跑"。能生存就是好企业，偏离自己的"生态位"去做强者的企业，那注定是"昙花一现"。

个人的"生态位"也是指人的生存与发展环境，这不但包含自然环境，还包括由文化、观念、道德、政策等组成的社会环境。每个人都必须找到适合自己的"生态位"，即根据自己的爱好、特长、经验、社会资源等，确定自己的位置。看清楚自己目前所处的"生态位"，再给自己一个合适的定位，这样方能"到中流击水，浪遏飞舟"。

 **格乌司原理活学活用：规划有多远，企业走多远**

　　企业战略可以理解成企业谋略，是对企业长期发展的计划和谋划。企业制定战略就像运动员打棒球，球飞来的方向是不确定的，运动员必须随时调整自己的方向，准确击球。只有这样，才能保证企业战略实施的成功。

　　（1）经营战略应有序。如果企业在一种无序、无战略的状态下简单经营、粗放经营，这样的企业注定会失败。

　　（2）经营战略要建立在正确评估企业资源和条件基础上。战略很重要，管理者对企业的发展思考一旦停止，企业就会驶向下滑的方向。战略的形成不是个人兴趣，不是一时冲动，而是建立在正确评估企业资源和条件的基础上，科学对待企业发展前景，为企业发展所设计的一个安全航道。

　　企业的竞争力将主要取决于管理者的战略修炼。管理者必须能够做好战略上的抉择，塑造出企业的核心竞争力，善于分析和把握企业的战略环境，才能使企业走得更远。

　　企业领导进行企业经营战略的构想，往往是新创办的企业或对企业进行大规模调整之时的选择。所以，首先就要确定经营的基本方向。选择正确的企业经营方向，是企业经营中的"重中之重"，是企业战略的第一要务。

　　确定企业的经营方向遵循以下几条原则。

　　（1）企业的经营方向要适合国家长远规划和市场需求，避免盲目性，紧跟市场最新动态。

　　（2）搞清楚企业应该在什么行业经营，经营方向及经营范围是什么，服务的对象是谁，应选择对企业发展和生存最有利的、发展最有前途的行业经营。

　　（3）找出最能发挥企业特点和优势的行业，尽可能地开发与本企业的生产工艺、技术水平等相适应的产品，不要轻易离开本企业的长处从事完全陌生的事业。

　　（4）要保持灵敏的商业嗅觉。

　　（5）选择别的企业有美好前景的经营方向。

　　（6）寻求多种能和自己的经营范围起协调作用的经营方向。

　　（7）服务面越宽，企业的经营就越容易稳定。

　　（8）收集大量有价值的信息，从中得到启示。

30 快鱼法则：
快鱼吃慢鱼是商海的永恒规则

　　快鱼法则是美国思科公司总裁约翰·钱伯斯总结出来的，他在谈到新经济的规律时说，现代竞争已"不是大鱼吃小鱼，而是快鱼吃慢鱼。"

　　海底世界，在看似风平浪静的大海里，却存在着这种现象：海底生物在弱肉强食的竞争下，用以大吃小的方式获得生存，就是所谓的大鱼吃小鱼。当今市场竞争不是大鱼吃小鱼，而是快鱼吃慢鱼。

商海只适于快鱼生存

当今市场经济是残酷的优胜劣汰，原来可能是"大鱼吃小鱼"，现在则是"快鱼吃慢鱼"。

在竞争激烈、以速度制胜的今天，只有在市场上领先对手的企业，才能立于不败之地。任何企业存在的条件是要在市场上"数一数二"，否则将会被砍掉、整顿、关闭或出售。

比尔·盖茨是微软公司主席和首席软件架构师。微软公司在个人计算和商业计算软件、服务和互联网技术方面都是全球范围内的领导者。

在2008年6月截止的上个财年，微软公司的收入达620亿美元，在78个国家和地区开展业务，全球的员工总数超过91 000人。最开始，盖茨凭借个人电脑操作系统的独占优势，构建了自己的软件帝国。

但是，时间不长，这个软件帝国就遭到"免费操作系统"的威胁，特别是从20世纪90年代后半期互联网正式登场以后，每个人都可以自由地上网下载这种免费的操作系统。但是，因为使用不是特别方便，因此尚未对微软造成极大的威胁。微软之所以能独占操作系统软件市场，主要得益于易于操作的视窗操作系统所发挥的独特魅力。如果其他公司也推出具有同样功能的软件，就会对微软造成致命打击。

与此同时，很多大型企业也开始纷纷发出"微软的产品价格过高""为什么不降价"的抱怨声。甚至有企业威胁"要把公司内的操作系统全部换掉"，以逼迫微软降价，但是盖茨仍然不愿改变自己的做法，而且决定打出另外一副牌。

盖茨认为，在数字世界里，每个人都能得到相同的机会，使用者是客户也是敌人，所以不能掉以轻心。对业界也是一样，如果不加快速度想好下一步该怎么做，可能就会被市场淘汰。

"Linux"免费操作系统刚一出现，盖茨就着手研发下一代新的操作系统。正是由于盖茨快速察觉到情况的严重性，并且迅速做出回应，因此Linux的出现，才没有对微软造成实质性的威胁。

从这个案例来看，我们把微软的实力归功于速度也不为过。速度决定一个企业的存在，也左右一个企业的发展。

企业要增强危机意识、市场意识、责任意识，要真正意识到"不想做第一的企业早晚会完蛋"，并在实际行动中真正体现"速度"，体现效率，更要体现效益。

在信息社会的市场竞争中，有时不论大小，"快鱼吃慢鱼"的事时有发生。

如今市场竞争异常激烈，市场风云瞬息万变，市场信息流的传播速度大大加快。几乎所有的企业都在用尽浑身解数抢占市场、扩大销量。事实上，市场先机稍纵即逝，速度就成为了获胜的关键因素之一，谁能抢先一步获得信息、抢先一步做出应对，谁就能捷足先登，独占商机。

抢先的速度已成为竞争取胜的关键。实施"抢先战略"，意在"先"，贵在"抢"，因为"商机"是短暂的、有限的，有时是转瞬即逝的。正所谓"机不可失，时不再来"。

拥有闪电般行动的企业必然会战胜动作迟缓的对手，使"慢鱼"在没有硝烟的战场上败下阵来。此时市场的成败，就不能仅仅以"大鱼""小鱼"论，而要看"快"与"慢"了。

速度会转换为市场份额、利润率和经验，所以，也可以说是，对市场反应速度快的公司将吃掉对此反应迟钝的公司。

快鱼法则告诉我们，真正的快鱼追求的不仅是快，更是"准"，因为只有准确地把握住市场的脉搏，了解未来技术或服务的方向后，快速出击才是必要而有效的。

"快鱼吃慢鱼"强调了对市场机会和客户需求的快速反应，但绝不是追求盲目扩张和仓促出击。

捷足先登，独占商机

机不可失，时不再来。犹豫是机遇的大敌，成功需要有领先一步捕捉机遇的能力。

　　成功人士，他们的成功得益于在机遇面前有果敢决断和雷厉风行的魄力。他们有时难免犯错误，但是，比那些在机遇面前犹豫不决的人能力强得多，因而他们成功的机会也大得多。

　　我们面对的世界，是一个充满变数并且竞争非常激烈的世界，比跑得快不快，很可能成为决定成功与失败的关键。

　　华裔电脑名人王安博士声称，影响他一生的最大教训发生在他6岁时。有一天，王安外出玩耍，路经一棵大树的时候，突然有什么东西掉在他头上，伸手一抓，原来是个鸟巢，从里面滚出一只嗷嗷待哺的小麻雀。他很喜欢它，决定把它带回去喂养，于是连同鸟巢一起带回了家。

　　他走在路上。忽然想到妈妈不允许他在家里养小动物。他只好轻轻地把小麻雀放在门口，急忙走进屋内，请求妈妈的允许。在他的哀求下，妈妈破例答应了儿子的请求。王安兴奋地跑到了门，不料，小麻雀已经不见了。一只黑猫正在意犹未尽地擦拭着嘴巴。王安为此伤心了很久。

　　从这件事中，王安吸取了一个很大的教训：只要是自己认为对的事情，就应该有自信心，不能犹豫，必须马上付诸行动。没有及时行动的人，固然没有做错事的机会，但也失去了成功的机遇。

　　机会是一种稍纵即逝的东西。而且机会的产生也并非易事，因此不可能每个人什么时候都有机会可抓。一旦机会在你面前出现，千万别犹豫，抓住它，你就是成功者。

　　海尔集团董事局主席兼首席执行官张瑞敏在一次互动培训课程中，面对70多位中高层经理，提出互动培训的主题是"推进流程再造"，并首先出了一个很像"脑筋急转弯"的问题："你们说，如何让石头在水上漂起来？""把石头掏空！"有人喊道，张瑞敏摇摇头。

　　"把石头放在木板上！"张瑞敏说："没有木板！"

　　"做一块假石头！"大家哄堂大笑。张瑞敏说："石头是真的。"

　　此时，海尔集团副总裁喻子达顿悟："是速度！"张瑞敏斩钉截铁地说："正确！"他接着说："《孙子兵法》上有这样一句话，'激水之疾，至于漂石者，势也'。速度能使沉甸甸的石头漂起来。同样，在信息化时代，速度决定着企业的成败。海尔流程再造就是要以更快地响应市场的速度来满足全球用户的需求。"

作为一家国际知名企业，海尔集团拥有一流的管理能力和水平。在其管理的背后，发挥基础作用的是海尔独具特色的企业文化。

上面这则小故事，反映出了海尔管理的"真经"，今天的企业作决策，最关键的是速度。海尔从发展之初到今天所取得的成功经验，其中最重要的一个因素就是"速度制胜"。靠速度制胜的经营战略，能帮助企业在市场竞争中赢得更多的主动权。

敏锐果断地作出决策

一个成功者应该具有当机立断、把握机遇的能力。只要自己把事情审查清楚，计划周密，就不再怀疑，立刻勇敢果断地行事。因此，任何事情只要一到他们手里，往往能够随心所欲，大获成功。

有一个自称"只要能赚钱的生意都做"的年轻人，在一次偶然的机会，听人说市民缺乏便宜的塑料袋盛垃圾。他立即就进行了市场调查，通过认真预测，认为有利可图，马上着手行动，很快把价廉物美的塑料袋推向市场。结果，靠那条别人看来一文不值的"垃圾袋"的信息，两星期内，这位小伙子就赚了4万元。

相反，一位智商一流、执有大学文凭的翩翩才子决心下海做生意。有朋友建议他炒股票，他豪情冲天，但去办股东卡时，他又犹豫道："炒股有风险啊，等等看。"又有朋友建议他到夜校兼职讲课，他很有兴趣，但快到上课了，他又犹豫了："讲一堂课，才20块钱，没有什么意思。"他很有天分，却一直在犹豫中度过。两三年了，一直没有"下"过海，碌碌无为。

有些人不是没有成功立业的机遇，只因不善抓机遇，所以最终错失机遇。他们做人好像永远不能自主，非有人扶持不可，即使遇到任何一点小事，也得东奔西走地去和亲友邻人商量，同时脑子里更是胡思乱想，弄得自己一刻不宁。于是愈商量、愈拿不定主意、愈东猜西想、愈是糊涂，就愈弄得毫无结果，不知所终。

没有判断力的人，往往使一件事情无法开场，即使开了场，也无法进行。他们的一生，大半时间都消耗在没有主见的怀疑之中，即使给这种人成功的机遇，他们也永远不会达到成功的目的。

在行动前，很多人提心吊胆，犹豫不决。在这种情况下，首先你要问自己："我害怕什么？为什么我总是这样犹豫不决，抓不住机会？"在成功之路上奔跑的人，如果能在机遇来临之前就识别它，在它消逝之前就果断采取行动占有它，这样，幸运之神就会来到你的面前。

当机立断，将它抓获，以免转瞬即逝，或是日久生变。看来，握住机遇，眼力和勇气是不可缺少的。

机遇是一位神奇的、充满灵性的，但性格怪僻的天使。它对每一个人都是公平的，但绝不会无缘无故地降临。只有经过反复尝试，多方出击，才能寻觅到它。

在现代商业竞争中，抓住机会就是成功，而机会稍纵即逝，没有见微知著、敏锐果断的能力，就不能抓住机会。所谓见微知著、敏锐果断，就是在竞争中密切注视每一个细微的变化，并分析出内在的本质，判断事物的发展方向，然后作出敏锐果断的决定，使自己领先一步，抓住机会，取得成功。

固步自封会落后，与时俱进才会赢

竞争是残酷无情的，谁不适合时代，谁就将被残酷地淘汰出局。固步自封的结果，就只有落后。只有迎合时代发展的需要，才能在未来中成为领先者。

提起汽车工业，当然不能不提到亨利·福特。回顾福特公司的发展历程和汽车工业的轨迹，不难发现，亨利·福特是一位思想敏锐、与时代同步前进的伟大工业家。

农民出身的亨利·福特虽然没有受过高等教育，但却养成了勤奋好学、勤于思考的好习惯。科学技术的日新月异、工业生产的迅猛发展深深地刺激了福特，特别是汽车的发明，更令他激动万分。他决心亲自生产并驾驶这种代步的机器，与时代同步前进。

从1888年起，亨利·福特便投身汽车工业。但是前途荆棘密布，他先后创办的底特律汽车公司和福特汽车公司都失败了。但这两次失败并未吓退福特，他又第三次创办起了福特汽车公司。

与前两次创业不同，这次亨利·福特更加重视对人才的使用和现代化生产方式的采用以及管理体制的完善建立。

亨利·福特找到了詹姆斯·库兹恩斯这位专家担任公司的经理，并且在他的辅佐下，亨利·福特作出了三个载入史册的决策。

首先是进行市场预测。通过市场预测，亨利认识到，只有廉价才能多销。当时的汽车价格都很高，虽然利润也很大，但无法打入工薪阶层和农民家庭。亨利·福特由此出发主持制订了车身轻、功率大且可靠、廉价的T型汽车的制造计划。

其次，采取流水作业法。因为要廉价，必须像军事工业生产那样流水作业大量生产。为此，在库兹恩斯的举荐下，亨利·福特请来了有"机械化天才"之称的沃尔特·弗兰德斯和另外两位设计师，在1913年建成了几经改造的装配线——世界上第一条汽车流水生产线，使生产效率大为提高，由过去28分钟生产一辆提高到9分钟生产一辆的水平。此后，T型车就从这条生产线上源源不断地生产出来。

最后，建立销售网。到1912年，已有上千家商行从事销售福特汽车的工作。这使得刚刚诞生不久的廉价耐用的黑色T型汽车能够冲向全世界。

此外，亨利·福特还在以他作为现代企业家的魄力和勇气建立起富有效率的经营管理体制的同时，率先实行每日9小时工作制，使工作时间缩短了一小时，并采取了一些开明政策，如提高工资为5美元一天，以及雇用残疾人和犯过罪的人。这些非但没有产生副作用，反而激发了工人的积极性，缓和了劳资关系，使制造成本降低，销售利润大幅上升，更重要的是使公司安然度过了1931年至1933年的经济大萧条时期。

亨利·福特在福特汽车公司的革新导致了世界汽车工业的一场革命。此后，世界汽车工业飞速发展。虽然亨利·福特在其晚年也犯了固步自封、独断专行的错误，使福特汽车公司一度走了下坡路，被通用公司追了上去，最后亨利·福特不得不让位于他的孙子。但是，亨利·福特在20世纪20年代和30年代所具有的创新精神和魄力是不容抹杀的。从另一个角度讲，亨利·福特的被迫退位也说明了企业家必须保持一个与时代同步的思想的重要性。

 **快鱼法则活学活用：高效做事的13个习惯**

速度决定成败。我们要想运用快鱼法则来指导人生，就要从多方面去改变，比如心态、性格、做事方法等，逐渐培养做事高效的行为习惯。以下是一些建议。

（1）遇事有自己的主见，克服优柔寡断的性格。

（2）在处理事务时思想集中，在各种动机和目的之间及时作出取舍。

（3）确定计划和目标后，不要瞻前顾后，犹豫不决，否则将错失良机，浪费光阴。

（4）把握住大局和事物发展的规律。

（5）敢为自己的决断可能产生的后果承担责任。

（6）培养决策能力，学会独立地处理问题。

（7）多参与社会生活实践，提高预见力，增强自信和勇气。

（8）拓宽知识面，扩大信息量，辩证地、全面地分析和处理问题是至关重要的。

（9）一个社会经验丰富、能看清形势、有敏锐观察力的人便会迅速果断地处理生活中复杂的事物，确定自己的选择方向。多多参加社会实践，在此过程中增强预见力和洞察力。

（10）从日常小事做起，培养果断的性格。

（11）要在生活中克服依赖性，学会独立完成复杂的事情，逐步实现个人的独立性和自主性。

（12）可以通过制订计划（如学习计划、专题研究计划、体育锻炼计划等）并强迫自己执行，来培养个人意志的坚忍性和自我控制力。

（13）要培养乐观、开朗的心境，丢掉患得患失的思想包袱、遇事心平气和、头脑清醒、敢做敢为、敢于为自己的行为负责。

31 前景理论：
风险越大往往前景也越光明

2002年的诺贝尔经济学奖发给了心理学家卡尼曼，他带给人们一个新的理论——"前景理论"。瑞典皇家科学院称，卡尼曼因为"将来自心理研究领域的综合洞察力应用在了经济学当中，尤其是在不确定情况下的人为判断和决策方面作出了突出贡献"，摘得2002年度诺贝尔经济学奖的桂冠。

前景理论包括三个基本原理：一是大多数人在面临获得时具备风险规避意识；二是大多数人在面临损失时具备风险偏爱倾向；三是人们对损失比对获得更敏感。

也有学者将前景理论翻译为预期理论，在不同的风险预期条件下，人们的行为倾向是可以预测的。

得与失背后的风险决策

前景理论告诉我们，在面临获得与失去时，一定要以理性的视角去认识和分析风险，从而作出正确的选择。

有个著名的心理学实验，它让人们回答：假设你得了一种病，有十万分之一的可能性会突然死亡，现在有一种吃了以后可以把死亡的可能性降到零的药，你愿意花多少钱来买它呢？或者假定你身体很健康，医药公司想找一些人来测试新研制的一种药品，这种药用后会使你有十万分之一的概率突然死亡，那么医药公司起码要付多少钱给你你才愿意服用这种药呢？

实验中，人们在第二种情况下索取的金额要远远高于第一种情况下愿意支付的金额。我们觉得这并不矛盾，因为正常人都会作出这样的选择，但是仔细想想，人们的这种决策实际上是相互矛盾的。第一种情况下是你在考虑花多少钱消除十万分之一的死亡率，买回自己的健康；第二种情况是你要求得到多少补偿才肯出卖自己的健康，换来十万分之一的死亡率。两者都是十万分之一的死亡率和金钱的权衡，是等价的，客观上讲，人们的回答也应该是没有区别的。

为什么两种情况会给人带来不同的感觉，作出不同的回答呢？对于绝大多数人来说，失去一件东西时的痛苦程度比得到同样一件东西所经历的高兴程度要大。对于一个理性人来说，对"得失"的态度反映了一种理性的悖论。由于人们倾向于对"失"表现出更大的敏感性，往往在作决定时会因为不能及时换位思考而作出错误的选择。

一家商店正在清仓大甩卖，其中一套餐具有8个菜碟、8个汤碗和8个点心碗，共24件，每件都完好无损。同时有一套餐具，共40件，其中有24件和前面那套的种类大小完全相同，也完好无损，除此之外，还有8个杯子和8个茶托，不过2个杯子和7个茶托已经破损了。第二套餐具比第一套多出了6个好的杯子和1个好的茶托，但人们愿意支付的钱反而少了。

一套餐具的件数再多，即使只有一件破损，人们就会认为整套餐具都是次品，理应价廉；件数少，但全部完好，就成为合格品，当然应当高价。

在生活中，人们由于"有限理性"而对"得失"的判断屡屡失误，成了"理性的傻瓜"。

工人体育场将上演一场由众多明星参加的演唱会，票价很高，需要800元，这是你梦寐以求的演唱会，机会不容错过，因此很早就买到了演唱会的门票。演唱会的晚上，你正兴冲冲地准备出门，却发现门票没了。要想参加这场音乐会，必须重新掏一次腰包，那么你会再买一次门票吗？假设是另一种情况：同样是这场演唱会，票价也是800元，但是你没有提前买票，打算到了工人体育场后再买。刚要从家里出发的时候，你发现800元弄丢了。这个时候，你还会再花800元去买这场演唱会的门票吗？

与在第一种情况下选择再买演唱会门票的人相比，在第二种情况下选择仍旧购买演唱会门票的人绝对不会少。同样是损失了800元，为什么大多数人会有截然不同的选择呢？其实对于一个理性人来说，他们的理性是有限的，在他们心里，对每一枚硬币并不是一视同仁的，而是视它们来自何方、去往何处而采取不同的态度。这其实是一种非理性的思考。

走得最远的人是最敢冒险的人

人生最大的风险就是永远不冒险。做事要有冒险的勇气，走得最远的人常是愿意去做、愿意去冒险的人。

冒险这个名词其实我们是有些避讳的，好像它只是一种盲目行动或孤注一掷。其实冒险从本质上说体现着一种个体性，但这种个体性并不与和谐相冲突。重大的和谐便是持久的个体的和谐，是一种包含了冒险精神的和谐。

从福布斯排行榜看，这些富人的一个共同特征，那就是他们天生喜欢冒险，不管是钱还是其他，他们都敢拿去冒险。在任何一个时代任何一个国家都会有这样一部分人，他们善于冒险，敢于冒险，乐于冒险。摩洛·路易士就是这部分人中的一个。

摩洛·路易士的非凡成就来自两次成功的冒险，一次在20岁，一次在32岁。

19岁时摩洛·路易士随家人一起迁到纽约。他在一家广告公司找到一份差事，每周14美元的薪酬。那时摩洛·路易士经常跑外勤，工作非常忙碌，成天疯狂工作。六点下班以后，他还到哥伦比亚大学上夜校，主修广告学。有时候，由于没完成工作，下课后还会从学校赶回办公室继续完成工作，从晚上十一点一直工作到第二天凌晨两点，是经常的现象。

摩洛·路易士喜欢具有创意的工作，他也确实有这方面的才能。

在他20岁时，他放弃了广告公司颇有发展前景的工作，决心自己独闯一片天空。他开始了人生中的第一次冒险。他投身于未知的世界，从事创意的开发。主要是说服各大百货公司，通过CBS电视公司成为纽约交响乐节目的共同赞助商。当时，这种工作对人们来说是陌生的，很难接受，于是摩洛·路易士遇到了前所未有的困难。所以，几乎所有人都认为他不会成功。

摩洛·路易士却仍旧信心百倍地进行说服工作。工作有了相当进展：一方面，他的创意很受欢迎，与许多家百货公司签成合约；另一方面，他向CBS电台提出的策划方案也顺利被接受。成功近在咫尺了，但最终却由于合约存在的一些小问题而中途流产。但这并没使他一蹶不振，就在这件事结束之后不久，一家公司聘请他为纽约办事处新设销售业务部门的负责人，薪水也相当可观。于是，摩洛·路易士在这里充分发挥自己的潜力，施展了自己的才华。

几年后，摩洛·路易士又回到久别的广告业，担任承包华纳影片公司业务的汤普生智囊公司的副总经理。

当时，电视尚未普及，处于起步阶段。但摩洛·路易士却看好这个行业的前景，开始他人生中的第二次冒险。由他们公司所提供的多样化综艺节目，为CBS公司带来空前的效益。摩洛·路易士的冒险并不是孤注一掷，是看准后才下赌注的。最初两年，他仅是纯义务性地在"街上干杯"的节目中帮忙，没想到竟使该节目大受欢迎。从1948年开始到今天整整40多年的时间，它的播映从未间断过，这是在竞争激烈的电视界内的奇迹。

摩洛·路易士的成功在于敢为天下先，敢于冒险，这也是多数人走向成功的一个共同因素。人生本身就是在冒险，你之所以不能成功，就是因为你害怕冒险。

企业家=冒险精神+领导力+创新。这是在北京国际饭店国际厅，面对着200多位中国企业家，5位诺贝尔经济学奖得主联手给企业家精神下的共同定义。可见，冒险精神是一个企业家必须具备的重要特性。如果你不敢采取任何冒险行动，那你就永远也不会成功。如果你说不敢冒险的话，那么告诉你，其实，你每天都在冒险，开车上班是一种冒险，游泳是一种冒险，吃生鱼是一种冒险，只是由于你对其中的大多数情况习以为常，所以这些冒险没有引起你的注意而已。

敢于冒险，但不盲目冒险

冒险的目的并不是为了找刺激，当你的机会来临，要及时脱身这种"危险游戏"。

有一年，但维尔地区经济萧条，不少工厂和商店纷纷倒闭，被迫贱价抛售自己堆积如山的存货，价钱低到1美元可以买到100双袜子。

那时，约翰·甘布士还是一家纺织厂的小技师。他马上把自己积蓄的钱用于收购低价货物，人们见到他这股傻劲，都公然嘲笑他是个蠢材。

约翰·甘布士对别人的嘲笑漠然置之，依旧收购各工厂和商店抛售的货物，并租了很大的货仓来存货。

他妻子劝他说，不要买这些别人廉价抛售的东西，因为他们历年积蓄下来的钱数量有限，而且是准备用做子女学费的。如果此举血本无归，那么后果不堪设想。

对于妻子忧心忡忡的劝告，甘布士安慰她道："3个月以后，我们就可以靠这些廉价货物发大财了。"

过了十多天，那些工厂即使贱价抛售也找不到买主了，便把所有存货用车运走烧掉，以此稳定市场上的物价。

他妻子看到别人已经在焚烧货物，不由得焦急万分，抱怨起甘布士。对于妻子的抱怨，甘布士一言不发。

终于，美国政府采取了紧急行动，稳定了但维尔地区的物价，并且大力支持那里的厂商复业。

这时，但维尔地区因焚烧的货物过多，存货欠缺，物价一天天飞涨。约翰·甘布士马上把自己库存的大量货物抛售出去，一来赚了一大笔钱；二来使市场物价得以稳定，不致暴涨不断。

在他决定抛售货物时，他妻子又劝告他暂时不忙把货物出售，因为物价还在一天一天飞涨。

他平静地说："是抛售的时候了，再拖延一段时间，就会追悔莫及。"

果然，甘布士的存货刚刚售完，物价便跌了下来。他的妻子对他的远见钦佩不已。

后来，甘布士用这笔赚来的钱开设了5家百货商店，成为全美举足轻重的商业巨子。

事实上，冒险具有一定的危险性，抓住机遇也是件很不容易的事情，并不是每个人想做就能做到的事情。正因为如此，冒险才显得那么重要，冒险也才有冒险的价值。我们应有冒险精神，但是不要盲目冒险，才能真正抓住风险中的商机，圆自己的财富之梦。

 ## 前景理论活学活用：把钱存入银行也有风险

10多年前，一对老夫妇退休，当时他们有近5万元的储蓄，心里觉得很踏实，可以养老了。10多年后的今天，他们在银行的5万元虽然有一定的利息收入，退休工资调整了几次，可现在他们很不踏实：以现在的物价水平来看，几万块钱还能提供什么样的保证呢？

如果他们不是把这笔钱存在银行，而是进行投资，比如在10多年前投资房地产，那么现在他们拥有的资产就非常可观了。

当然，每个人的具体情况都不相同，但我们应该有这样一个意识：把钱存入银行也是有风险的；有可能的话，可以多些考虑和选择。

如果你是工薪阶层，存入银行的钱多半是从工资里省下来的。简单和节省的生活自然是正确的，然而你还应该认识到，要达到经济自由的状态，我们就不能挣固定数字的钱，就必须不仅仅是从老板手中接过自己创造的"剩余价值"的一小部分，而是要赚取别人创造的"剩余价值"。

要想富，唯一的道路就是自己当老板。别误会，我们说的是把钱拿去投资。自己为自己干，不受别人的"剥削"，甚至还可以"剥削"别人，承担风险，也享受利润——所有投资者都可视为"老板"。

在你的投资组合中，你可以把资金分成两部分，第一部分仍放在定存、活存以及国债中，这部分每年会有固定的利息收入，除了国债之外，本金并无亏损的风险，且兑现的速度快，可供不时之需。第二部分，如果你还有余钱，你不妨把资金放在股票、黄金、基金，甚至高风险、高报酬的外币及期货投资上。

不管做什么投资，你都必须有血本无归的心理准备，而且就算血本无归，也必须保证不会影响你的基本日常生活开支，否则就犯了投资过度、风险过高的"兵家大忌"。

如果你有房子、车子，也结了婚，有了孩子，那么保险是你理财规划中不可或缺的一环。正所谓"不怕一万，只怕万一"，一旦你半生辛苦所买下的房子在一场大火中付之一炬，一切从头来的打击是会令人难以招架的。因此，火险、车险、寿险等保险规划，都是这一阶段必修的课程。

把钱存入银行是一种因循守旧的做法，除了让银行有本钱赚取利润外没有更多的好处，而且需要记住的是，它并没有想象中那么安全。

32 博弈理论：
冲破利益与人性的迷雾

　　1944年，美国数学家冯·诺依曼和经济学家摩根斯坦创立了博弈论。

　　冯·诺依曼认为：策略博弈论是用来发展出一套经济行为理论的恰当工具，经济行为的典型问题是与一些适当的策略博弈的数学概念完全相同的。博弈论是一种关于决策和策略的理论，也是一种有效的分析方法。博弈论强调个体理性，强调在给定的约束条件下追求自身效用最大化。博弈论注重人与人关系的研究，特别是人与人之间行为的相互影响和作用、人们之间的利益冲突与一致、竞争与合作的研究，是分析经济活动中人们经济行为的有力工具。

我们的生活就是博弈论

我们的生活就是博弈论。任何的竞争，我们都可以采用博弈论。

很多人通常会把博弈等同于赌博。博弈和赌博看起来就如同孪生兄弟，但其"基因"却非常不同。对于博弈来说，基因就是收益，风险需要最大限度地规避；赌博的基因则是风险，收益只是目的，赌博需要冒风险，有时甚至要冒最大的风险。博弈和赌博的最大区别在于，博弈可以使你理性地选择风险最小、收益最大，亦即"性价比"最好的决定。

在一个大学的酒吧里，四个男生正商量着如何去追求一位漂亮女生，旁边一个男生却在喃喃自语："如果他们四个人全部去追求那个漂亮女生，那她一定会摆足架子，谁也不睬。然后他们再去追其他女孩子，别人也不会接受，因为没有人愿意当'次品'。但如果他们先去追其他女生，那么漂亮女生就会感到被孤立，这时再追她就会容易得多。"

在那个男生的眼里，追求女生就是一场博弈。这是影片《美丽心灵》中的一个情节。

爱情、婚姻问题，就像一场游戏、一场竞赛，在这场游戏和竞赛中，男人和女人都想"征服"或"打败"对方。当一个男人和一个女人产生爱的火花的时候，男人和女人之间的博弈就开始了。

但人生的博弈开始得更早。当你出生时，就开始了和自己、和别人的博弈。博弈论原本为游戏理论，这一理论涉及的游戏范围甚广：人际关系的互动、球赛或麻将的出招、股市的投资等等，都可以用博弈论巧妙地解释，可以说，红尘俗世，莫不博弈。博弈论探讨的就是聪明又自利的"局中人"如何采取行动及与对手互动。人生是由一局又一局的博弈所组成，你我皆在其中竞相争取高分。所以说，人生是一场永不停止的博弈游戏，每一步进退都事关成败。人生就是一场内容丰富的博弈，考试是博弈，事业中的决断是博弈，人生的选择也是博弈。在和别人的对决中，你只能使自己的招式没有弊病，尽量完美。但你是无法猜到对手的每一步棋的。人生的命运就是如此，你不知道下一步等待你的将会是什么，但你可以通过制定完美的策略，来应对每一场困境。在博弈中，最重要的是策略的选择。博弈论是通过"玩游戏"而获得的人生竞争知识的理论。如何在游戏中拔得头筹，成为最大的或是最后的赢家，这才是最重要的问题。

在博弈中，那些微妙的可能性都会导致最终结果的改变。生活中同样如此，生意场中一些无意的言辞也许就会泄露你的机密，在刑侦案件中一个细微的表情变化也会让刑警洞悉嫌疑人的心理。所谓心理战术无非是检测你的博弈水平。

研究博弈理论以及其中的各种均衡，是经济学家们的事。但是，把博弈论中的精髓拿来为我所用，争取获得每一次竞争和选择的胜利，是我们每个人都要关注的事情。

智猪理论：做一头聪明的小猪

到底是选择先发还是后发，在博弈论中，就要先分析形势，按照风险最小、利益最大的原则，把风险留给对手，把获益的机会把握在自己手中，做一头"聪明的小猪"。

智猪博弈的模型解析如下：假设猪圈里有一头大猪、一头小猪，它们在同一个石槽里进食。猪圈的一侧有猪食槽，另一侧安装着控制猪食供应的按钮，按一下按钮会有10个单位的猪食进槽，但是谁按按钮就会首先付出2个单位的成本，若大猪先到槽边，大小猪吃到食物的收益比是9∶1；同时到槽边，收益比是7∶3；小猪先到槽边，大小猪收益比是6∶4。那么，在两头猪都有智慧的前提下，最终结果是小猪选择等待。

实际上，小猪选择等待，让大猪去按控制按钮的原因很简单：在大猪选择行动的前提下，小猪也行动的话，小猪可得到1个单位的纯收益（吃到3个单位食品的同时也耗费2个单位的成本）。而小猪等待的话，则可以获得4个单位的纯收益，等待优于行动。在大猪选择等待的前提下，小猪如果行动的话，小猪的收入将不抵成本，纯收益为-1个单位。如果小猪也选择等待的话，那么小猪的收益为零，成本也为零，总之，等待还是要优于行动。如表32-1所示。

表32-1　智者博弈模型解析

大猪/小猪	踩踏板	等待
踩踏板	7/1	4/4
等待	9/-1	0/0

在智猪博弈模型中，反正受罪的都是大猪，小猪等着就行。智猪博弈模型可以解释为谁占有更多资源，谁就必须承担更多的义务。

智猪博弈存在的基础，就是双方都无法摆脱共存局面，而且必有一方要付出代价换取双方的利益。而一旦有一方的力量足够打破这种平衡，共存的局面便不复存在，智猪博弈的局面也随之被瓦解。

智猪博弈在社会领域很普遍。在一个股份公司中，股东都承担着监督经理的职能，但是大小股东从监督中获得的收益大小不一样。在监督成本相同的情况下，大股东从监督中获得的收益明显大于小股东。因此，小股东往往不会像大股东那样去监督经理人员，而大股东也明确无误地知道，不监督是小股东的优势策略，知道小股东要搭自己的便车，但大股东别无选择。大股东选择监督经理的责任、独自承担监督成本，是在小股东占优选择的前提下必须选择的最优策略。这样一来，从每股的净收益来看，小股东要大于大股东。

这样的客观事实为那些"小猪"提供了一个十分有用的成长方式，仅仅依靠自身的力量而不借助于外界的力量，是很难成功的。我们看一下智猪博弈就能明白这一点，小猪的优势策略是坐等大猪去踩踏板，然后从中受益。也就是说，小猪在博弈中拥有后发优势。在博弈中，抢占先机并不总是好事，因为这么做会暴露你的行动，对手可以观察你的选择，作出自己的决定，并且会利用你的选择尽可能占你的便宜。

到底是选择先发还是后发，在博弈论中，就要先分析形势，按照风险最小、利益最大的原则，把风险留给对手，把获益的机会把握在自己手中，做一只"聪明的小猪"。

正和博弈：取人之长补己之短

合作是共赢的必要条件，但前提是合作双方要具备对等的合作条件。

在白蚁社会中，其社会结构的复杂程度一点也不比人类差。蚁后、工蚁、兵蚁、繁殖蚁和蚁卵在时间与空间上形成一个复杂的系统结构，它们建造的蚁窝有柱子、拱壁和带有散热片的通风室，这使人类不得不感叹它们的智慧。白蚁的智慧不是来自于单个的白蚁，个体白蚁脑子极小而且十分迟钝，白蚁复杂的社会行为来自于其合作的努力。

例如，一群工蚁建造一堵墙时，没有任何关于建造这堵墙的蓝图，但它们不断释放化学讯号以协同建造这堵墙，协同使它们创造了很多让人不可思议的事情。

这说明，在自然界中，虽然个体的能力是有限的，但在争生存、求发展的斗争中，只要坚持团结合作，就有可能获得最终的成功。

这便是经济学中的正和博弈，为了更好地理解，我们不妨用"猎鹿模型"来解释合作的必要性。

在古代的一个村庄，有两个猎人。为了使问题简化，假设主要猎物只有两种：鹿和兔子。如果两个猎人齐心合力，忠实地守着自己的岗位，他们就可以共同捕得一只鹿；要是两个猎人各自行动，仅凭一个人的力量，是无法捕到鹿的，但可以抓住4只兔子。

从能够填饱肚子的角度来看，4只兔子可以供一个人吃4天；1只鹿如果被抓住将被两个猎人平分，可供每人吃10天。也就是说，对于两位猎人，他们的行为决策就成为这样的博弈形式：要么分别打兔子，每人吃4天；要么合作，每人吃10天。如果一个去抓兔子，另一个去打鹿，则前者收益为4，而后者只能是一无所获，收益为0。

在这个博弈中，要么两人分别打兔子，每人吃4天；要么大家合作，每人吃饱10天，这就是博弈的两个可能结局，如表32-2所示。

表32-2 猎鹿博弈

		猎人乙	
		猎鹿	猎兔
猎人甲	猎鹿	10, 10	0, 4
	猎兔	4, 0	4, 4

通过比较"猎鹿博弈"，明显的事实是，两人一起去猎鹿的好处比各自猎兔的好处要大得多。猎鹿博弈启示我们，双赢的可能性都是存在的，而且人们可以通过采取各种举措来达成这一局面。

显然，正和博弈对双方都有好处，通俗来讲，就是一种双赢的结果。这种双赢的结果是通过合作来达到的，必须是建立在彼此信任基础上的，是一种非对抗性博弈。

但是，有一点需要注意，为了让大家都赢，就是在合作初期，要对对方的合作条件有所评估。只有这样，才能达到最大的合作效果。

我们常说，"三个臭皮匠顶个诸葛亮"，三个臭皮匠要想赛过诸葛亮，并不是无条件的，而是有制度约束的。这里至少有三个必要条件。

（1）三人是实质性合作的。

（2）三人的智力结构是互补的，而不是完全同构的。

（3）存在着一个隐性的合作动机，即他们一定要超过诸葛亮。

正是这三点的存在，才有了"赛过诸葛亮"的可能性。由此可见，合作是共赢的必要条件，但前提是合作双方要具备对等的合作条件。

负和博弈：损人并不利己

在博弈中，双方的有效合作会带来意想不到的效果；不合作则有可能造成两败俱伤的恶果。

在竞争中，双方有可能恶行相向，最终却落得损人不利己的局面。

下面有个故事说明了这一点。

古时候，有一个木匠，技艺高超，非一般人可比。他制作了一件绝无仅有的杰作——一个跟真人一般大小的木头女孩。木匠叫她"木女"。那木女不但美丽可爱，而且还能行走、活动，唯一不足的是不会说话。木匠为此非常得意。

有一天，来了一位画家，技艺之高无人可比。木匠存心想要试探一下，自己的杰作能否骗过这位画家的眼睛。当夜，木匠请画家在家喝酒。木女除了端酒上菜，一直默不作声地伺候在旁边。夜色已深，木匠借故离去，并吩咐木女好好陪陪画家。

第二天清晨，木匠来到画家的卧室前。他往里一看，不禁大惊失色，只见画家自缢而死，旁边的木女早已身手俱散，成了一堆木头。木匠内心后悔不已，猜想画家发现木女是假人之后，羞愧至极，感到无颜见人，便自杀了。

他喊来了当地的官员及众人。验尸官让他先砍断绳索，木匠举刀用力砍去，只听得"当"的一声，刀砍在墙上。大家定睛一看，才知那是一张画而已。众人大哗，木匠顿感无地自容。

从博弈论的角度看，这个故事就是人际交往中一场不折不扣的"负和博弈"。所谓的负和博弈，就是指双方冲突和斗争的结果，是所得小于所失，就是我们通常所说的其结果的总和为负数，也是一种两败俱伤的博弈，结果双方都有不同程度的损失。

《左传·僖公五年》有"唇亡齿寒"这个故事。

春秋时，晋国的邻国是虢、虞两个小国。晋国想举兵攻打虢国，但要打虢国，晋国大军必须经过虞国。晋献公于是用美玉和名马做礼物，送给虞国国君虞公，请求借道让晋军攻打虢国。虞国大夫宫之奇谏劝虞公不要答应，但虞公贪图美玉和名马，还是答应给晋献公借道。宫之奇劝虞公说："虢国是虞国的依靠呀！虢国和虞国两国就好像嘴唇和牙齿一样，嘴唇没有了，牙齿岂能自保？一旦晋国灭掉虢国，虞国一定会跟着被灭亡。这'唇亡齿寒'的道理，您怎么就不明白？请您千万不要借道让晋军征伐虢国。"虞公不听谏劝。宫之奇见无法说服虞公，只得带着全家老小，逃到了曹国。这样，晋献公轻而易举地灭掉了虢国。晋军得胜归来，借口整顿兵马，驻扎在虞国，然后发动突然袭击，一下子又灭掉了虞国。

这种情况，在我们的生活中是经常出现的，在相处过程中，由于交往双方为了各自的利益或占有欲，而不能达成相互间的统一，使交际产生冲突和矛盾，结果是交际的双方都从中受到损失。

在现实中，我们时常会遇到与此类似的"负和博弈"现象。所以在遇到冲突的时候，不要总想着战胜对方，而应考虑怎样友好地谈判才能让彼此的损失降到最低。在遇到竞争的时候，一定要动用智慧、冷静行事、化干戈为玉帛，避免彼此的恶行冲突，减少双方损失。

斗鸡博弈：狭路相逢勇者胜

斗鸡博弈最好的结果是"不战而屈人之兵"。不战不是不采取措施，而是说应该巧妙营造声势，让对手处于不利的地位，那么自然你就是胜者。

伊索寓言中有一个"驴子和驴夫"的故事。

驴夫赶着驴子上路，但驴子逐渐偏离平坦的大道，沿着陡峭的山路走去。当驴子靠近悬崖边时，驴夫抓住驴子的尾巴，想把它拉回来。可驴子拼命挣扎，驴夫抓不住，驴子从山崖上滑下去了。驴夫无可奈何地说："你胜利了！"

其实驴子和驴夫之间展开的正是一场斗鸡博弈。斗鸡博弈的模型具体如下。

两只实力相当的斗鸡狭路相逢，每只斗鸡都有两个行动选择：一是退下来，一是进攻。如果斗鸡甲退下来，而斗鸡乙没有退下来，那么乙获得胜利，甲就很丢面子；如果对方也退下来，双方则打个平手；如果甲没退下来，而乙退下来，甲则胜利，乙则失败；如果两者都前进，则两败俱伤，见表32-3。

因此，对每个人来说，最好的结果是，对方退下来，而自己不退。但是这种追求可能导致两败俱伤。

表32-3　斗鸡博弈的收益矩阵

甲/乙	前进	后退
前进	−2/−2	−1/1
后退	1/−1	−1/−1

上表中的数字的意思是：两者如果均选择前进，结果是两败俱伤，两者均

获得-2的支付；如果一方前进，另外一方后退，前进者获得1的支付，赢得了面子，而后退者获得-1的支付，输掉了面子，但没有两者均前进受到的损失大；两者均后退，两者均输掉了面子，获得-1的支付。

斗鸡博弈的关键是谁进谁退，如果都不愿意后退，往往最后得到的是一种"驴子式的胜利"。

由此看来，斗鸡博弈描述的是两个强者在对抗冲突的时候，如何能让自己占据优势，力争得到最大收益，确保损失最少。但是凡事都要决出输赢胜负，那么必然会给自己带来不必要的损失。只有一方先撤退，才能使双方获利。特别是占据优势的一方，如果具有这种以退求进的智慧，提供给对方回旋的余地，就会给自己带来胜利，而且双方都会成为利益的获得者。

在生活中，还有很多这样的例子。毛泽东总结出游击战的指导方针是"敌退我进，敌进我退""打得赢就打，打不赢就跑"，这就是一种"斗鸡博弈"。敌退我不进，会坐失良机；敌进我不退，硬拼也不明智。打得赢不打，是不能敢于胜利的怯懦；而打不赢还不跑，革命的本钱都会赔进去了。

"斗鸡博弈"有两个"纳什均衡"："你进我退，你退我进"。自己的行为取决于对方的行为，而且双方都是这样的选择。那么，最后的"纳什均衡"究竟会出现在哪一点？也就是到底是谁进攻，谁撤退呢？这就要看谁使用了"威慑战略"，并更为有效了。

选择"威慑"的一方要表现出义无反顾、势不可挡的样子，以大无畏的气势震住对方。"狭路相逢勇者胜"，就是这个意思。当然"威慑战略"也是平等的，双方都可以采用，若对方表现得比你还勇猛，你就要"识时务者为俊杰"了，与"愣头青"去拼命是不值得的。

一场血腥战役之后，敌我双方的两个士兵狭路相逢了。他们都已身心疲惫，但双方都勉力对峙，枪口对着枪口，目光对着目光。终于，敌方士兵的信心崩溃了，扑通一下跪地求饶。当战士吃力地夺过对方枪支，发现里面根本没有子弹时，他也一下子瘫倒在地，因为他早就弹尽粮绝。

可见，勇还是不勇，有时并不需要真正的较量，而只需将"勇"的信息传递到对方即可。

囚徒困境：出卖，还是合作

　　如果你能够在作出决策之前与相关方取得最直接的联系，那么一定要选择双赢的策略，这才是长期合作的战略家眼光。

　　有一天，一位富翁在家中被杀，财物被盗。警方在此案的侦破过程中，抓到两个犯罪嫌疑人斯卡尔菲丝和那库尔斯，并从他们的住处搜出被害人家中丢失的财物。但是，他们矢口否认曾杀过人，辩称是先发现富翁被杀，然后只是顺手牵羊偷了点儿东西。于是警方将两人隔离，分别关在不同的房间进行审讯，由地方检察官分别和每个人单独谈话。检察官说："由于你们的偷盗罪已有确凿的证据，所以可以判你们一年刑期。但是，我可以和你做个交易。如果你单独坦白杀人的罪行，我只判你三个月的监禁，但你的同伙要被判十年刑。如果你拒不坦白，而被同伙检举，那么你就将被判十年刑，他只判三个月的监禁。但是，如果你们两人都坦白交代，那么，你们都要被判五年刑。"

　　斯卡尔菲丝和那库尔斯该怎么办呢？他们面临着两难的选择——坦白或抵赖。显然最好的策略是双方都抵赖，结果是大家都只被判一年。但是由于两人处于隔离的情况下无法串供，所以，假设每一个人都是从利己的目的出发，他们选择坦白交代是最佳策略。因为坦白交代可以期望得到很短的监禁——三个月，但前提是同伙抵赖，显然要比自己抵赖而坐十年牢好。这是种损人利己的策略。不仅如此，坦白还有更多的好处。如果对方坦白了而自己抵赖了，那自己就得坐十年牢。太不划算了！因此，在这种情况下还是应该选择坦白交代，即使两人同时坦白，至多也只判五年，总比被判十年好吧。所以，两人合理的选择是坦白，原本对双方都有利的策略（抵赖）和结局（被判一年刑）没有出现。

　　假如他们在接受审问之前有机会见面好好谈清楚，那该有多好，因为彼此一定会同意拒不认罪。不过，接下来他们很快就会意识到，无论如何，那样一个协议都不见得管用。一旦他们被分开，审问开始，每个人内心深处那种企图通过出卖别人而换取一个更好判决的想法就会变得非常强烈。这么一来，他们最终还是逃脱不了被判刑的命运，这就是博弈论里经典的囚徒困境的例子，又称之为囚犯的两难选择，如表32-4所示。

表32-4　囚徒困境

		那库尔斯	
		坦白	抵赖
斯卡尔菲丝	坦白	-5，-5	-10，0
	抵赖	0，-10	-1，-1

囚徒困境所反映的是个人最佳选择并非团体最佳选择。虽然困境本身只属模型性质，但现实中的价格竞争、环境保护等方面，也会频繁出现类似情况。

囚徒困境假定每个参与者都是利己的，即都寻求最大自身利益，而不关心另一参与者的利益。参与者某一策略所得利益，如果在任何情况下都比其他策略要低的话，此策略称为"严格劣势"，理性的参与者绝不会选择。另外，没有任何其他力量干预个人决策，参与者可完全按照自己意愿选择策略。

以全体利益而言，如果两个参与者都保持沉默，两人都只会被判刑一年，总体利益更高，结果也比两人背叛对方、判刑五年的情况好。但根据以上假设，两人均为理性个人，且只追求个人利益。均衡状况会是两个囚徒都选择背叛，结果总体利益较合作为低。这就是困境所在。

囚徒困境的主旨为，囚徒们虽然彼此合作，坚不吐实，可为全体带来最佳利益，但在信息不明的情况下，因为出卖同伙可为自己带来利益。

单次发生的囚徒困境，和多次重复的囚徒困境结果不会一样。在重复的囚徒困境中，博弈被反复地进行。因而每个参与者都有机会去"惩罚"另一个参与者前一回合的不合作行为。这时，合作可能会作为均衡的结果出现。欺骗的动机这时可能被受到惩罚的威胁克服，从而可能导向一个较好的、合作的结果。

其实，破解囚徒困境的解决方法应该在困境本身之外。最重要的条件是，策略必须"友善"，这就是说，不要在对手背叛之前先背叛。然后是要学会宽恕，如果对手不继续背叛，它们会一再退却到合作，这就会使两人同时走出困境，实现利益最优化。

 **博弈理论活学活用：博弈没有最终的赢家**

小王夫妻近来工作忙，上幼儿园的孩子没人接送，决定找一个保姆。提到要找哪里的保姆时，夫妻俩一致表示要找一个乡下的。理由是乡下人老实，能让人放心。

为什么大部分乡下人比城里人更淳朴？这是因为大家在一个村子里，世代生活在一起，整日"低头不见抬头见"，家长里短不出半日就能为全村所知道。若做损人利己之事，必招致对方的记恨以及村民的道德谴责。

城市里的人，一来流动性大，某个人干了坏事，转眼就消失在茫茫人海之中，对方难以对他实施报复；二来更注重隐私，同楼居民"电视之声相闻，老死不相往来"者甚多，若做了不道德之事，也难以受到道德谴责。

这和博弈有什么关系吗？有。"熟人社会"就是重复博弈，而"陌生人社会"则是一次性博弈。

在现实生活中，我们往往能发现这样的情况：在公共汽车上，两个陌生人会为一个座位而争吵，可如果他们相互认识，就会相互谦让。这是因为人们之间是一种"不定次数的重复博弈"。在较长的视野内，人与人交往关系的重复所造成的"低头不见抬头见"，因此使得自私的主体之间走向合作。事实上，重复博弈更逼真地反映了日常人际关系。

在重复博弈中，合作的长期性能够纠正人们短期行为的冲动，为以后长期利益计，必须维持好与周围人的人际关系。

重复博弈同样可以解释很多商业行为。我们可以发现，在车站和旅游景点这些人群流动性比较大的地方，不但商品和服务质量差，而且假货横行，因为商家和顾客没有"下一次"的博弈机会，因为旅客因为质优价廉而再次光临的可能性微乎其微。因而，大多数人的选择是："一锤子买卖"，不赚白不赚！一次性买卖往往发生在双方以后不再有买卖机会的时候，特点是尽量牟取暴利并且带有欺骗性。而靠"熟客""回头客"为主要顾客群的厂商，他们一般会通过薄利多销的行为使得双方能继续合作下去，他们一般不会选择"宰客"。

实际上，我们也可以借用博弈论来解释夫妻之间的一些行为。夫妻之间的博弈不是一次博弈，而是多次博弈。也正是由于夫妻之间博弈的重复性，所以在博弈过程中只要双方还在理智的情况下，谁也不敢动真格地整治对方，只是吓唬吓唬而已。丈夫打妻子，他不敢真正下狠手，而妻子一般也不敢闹得太过分，因为他们都明白，仅为一时出口气而给对方造成的伤害，到头来还得要自己来承担。也正因为这样，夫妻之间都知道："别看你现在这么凶，其实你并不敢真的把我怎么样。"所以有许多家庭，只要一方挑起事端，另一方就会积极应战，夫妻之间的博弈就时断时续。所谓"争争吵吵，相伴到老"，其实就是对这种博弈情形的形象写照。因为对于夫妻而言，博弈的目的不是为了在分手时能得到更多的"好处"，而是希望能更好地维持合作的稳定性，从而缔结连理，白首偕老。

在经历多次的博弈之后，会达到一个均衡点——纳什均衡。在纳什均衡点上，每个参与者的策略是最好的，此时没有人愿意先改变或主动改变自己的策略。也就是说，此时如果他改变策略，他的收益将会降低，每一个理性的参与者都不会有单独改变策略的冲动。因此，在经历了多次的重复博弈后，博弈的双方都不希望这种最优状态发生改变，这种相对稳定的结构会一直持续下去，直到博弈的终点。